U0738172

亚马逊
跨境电商数据化
运营指南

叶鹏飞（@旭鹏）◎著

中国铁道出版社有限公司
CHINA RAILWAY PUBLISHING HOUSE CO., LTD.

内容简介

本书内容主要围绕数据分析与数据化运营展开，其中包含运营、产品、市场、营销等多个体系。全书共分为11章，其中第1~3章主要讲述亚马逊数据化运营的概念和有关图表的基础知识，同时阐明了数据化运营的四大步骤。第4~10章为亚马逊数据化运营的主体部分，分别从用户、运营、市场、产品、营销、库存、管理这七个角度，详细讲解数据化运营的思路和方法。第11章结合全书内容阐述未来数据化运营的发展趋势，以及数据化运营无法触及的运营实际操作中的细节问题。

本书针对亚马逊跨境电商从业者和创业者阅读使用，亦可作为刚入门想要学习跨境电商知识的读者使用，还可作为大中专院校电子商务专业的教材使用。

图书在版编目（CIP）数据

亚马逊跨境电商数据化运营指南/叶鹏飞著.—北京：中国铁道出版社有限公司，2020.7（2022.8重印）
ISBN 978-7-113-26807-7

Ⅰ.①亚… Ⅱ.①叶… Ⅲ.①电子商务-数据处理-研究 Ⅳ.①F713.36 ②TP274

中国版本图书馆CIP数据核字(2020)第062191号

书　　名：亚马逊跨境电商数据化运营指南
YAMAXUN KUAJING DIANSHANG SHUJUHUA YUNYING ZHINAN
作　　者：叶鹏飞

责任编辑：张　丹　　**读者热线**：（010）51873028　　**邮箱**：232262382@qq.com
封面设计：宿　萌
责任印制：赵星辰

出版发行：中国铁道出版社有限公司（100054，北京市西城区右安门西街8号）
印　　刷：国铁印务有限公司
版　　次：2020年7月第1版　2022年8月第6次印刷
开　　本：787 mm×1092 mm 1/16　印张：16.75　字数：367千
书　　号：ISBN 978-7-113-26807-7
定　　价：79.80元

版权所有　侵权必究

凡购买铁道版图书，如有印制质量问题，请与本社读者服务部联系调换。电话：（010）51873174
打击盗版举报电话：（010）63549461

推荐序

1

难得的实操型工具书，叶鹏飞将Amazon运营的方方面面通过真实案例阐述出来。运营小白可以非常具象地了解到前后端运营的真实情况，已有一定经验的运营从业者也可以从中补全自己的知识体系，发掘一些之前可能遗漏的实用功能和“战术”。相比其他偏向于理论的书籍，本书可以更加全面地帮助读者去实现“计划–执行–分析–优化”的闭环，推荐正在从事跨境电商工作的伙伴们阅读。

——哈啰出行 产品总监 赵征宇

2

本书适合对于电商行业（或网上店铺）有一定运营经验，并且有意在亚马逊电商平台进行高效数据化运营的从业人员。相较于其他同类型的书籍，作者在陈述了数据化运营对于在亚马逊平台运营店铺和商品的重要性之后，运用大量实践案例以及手把手的指导，帮助读者建立数据思维、活用表格和图形工具，找到机会点，优化产品、定价、广告等。本人在国内电商相关行业工作超过七年，阅读本书之后，仍然觉得书中有不少内容给我带来新的输入和启发。相信只要是电商从业者，绝对是开卷有益。

——哔哩哔哩电商事业部 高级运营经理 丁丁

3

在跨境电商这个领域里，能够做到笔耕不辍，长期持续稳定地把自己的运营思路和经验技巧分享出来的人不多，真心感谢叶鹏飞在做这件事，而且做得很用心。这是一种难能可贵的精神，对于亚马逊卖家来说，这也是一件幸事。

我有幸提前拿到书稿并认真阅读，在叶鹏飞的这本新书里，他从数据化分析的角度，把亚马逊卖家应该掌握的重要数据做了非常全面深入地分析。从选品中应该关注的数据指标，到如何做用户画像以确保可以更精准地营销；从Listing优化的各个维度和细节，到站内广告数据的全面解读及优化等亚马逊卖家应该关注的数据模块都讲到了。从宏观到微观，从运营思路到操作细节，事无巨细，一一讲解，书中很多见讲都令我印象深刻。结合本人多年的亚马逊运营经验，能够感受到这些分析和解读对运营的重要性，也能够感受到书中所讲述内容的实用性。

正是因为书中的内容是经过运营工作

的沉淀总结出来的干货，相信对于读者来说，是非常有价值的。如果能够将书中的方法和技巧应用于运营实践中，相信大家在运营工作上一定会大有裨益。

单独的卖家靠自己摸索前行，成长不易，点滴经验的积累可能都是付出过血与泪的代价所换来的，但庆幸有像叶鹏飞这样的作者，用自己的心得和经验为广大亚马逊卖家朋友铺设一条能够少走弯路、更快速成长的学习之路。

所以，我诚挚地建议大家读一读这本书，也感谢叶鹏飞，用自己的行动和努力，为跨境电商行业的发展创造了更美好的氛围。

——赢商荟创始人 老魏（《亚马逊跨境电商运营宝典》作者）

4

不知道从什么时候开始，有人问：你是做什么的？答：我是做淘宝的；我是做亚马逊的；我是做阿里巴巴国际站的。生意的渠道何以成为生意？

出口跨境电商，是个不大不小的风口，站在供应链与欧美购买力市场的点线面上。当这个行业，涌入更多中长尾卖家，靠一两个品，一两个平台取得了第一次销售流水，他们如何面对生意大局的2/8定律；如何面对彼此间激烈地竞争；当行业利润率随竞争逐步下降，他们应该如何发展？

唯一的出路在于两点：1. “道”，就是战略，是否真的创造价值；2. 管理和效率，这点和销售额一样区分电商平台大小卖家。

管理和效率的核心点是从经验化运营向数字化运营的跨越。这其实很难，难在订单量不足以构成数据化运营的样本，难在告别“拍脑袋”式的决策。

旭鹏老师的这本书，提供了基于商业BI的决策思路，是一本聚焦数字化运营底层决策逻辑的好书。

由衷希望，很多如我辈长尾卖家，实现从经验化运营到数字化运营的跨越。

——墨纳密（常州）网络技术有限公司销售总经理 肆毛

5

相信有很多亚马逊卖家和我一样，都知道数据化运营的重要性，但是长期以来一直困惑缺乏一套系统实用的方法论，指导我们如何从各种繁杂的数据中提取有价值的信息，以指导自己的运营工作；如何厘清各种数据之间的关系，洞悉数据背后的秘密；如何提升公司的数据应用能力，通过数据化运营帮我们获得竞争优势。

叶老师的新书面市，解答了我多年以来所有关于亚马逊数据运营方面的困惑和问题。它紧密贴合亚马逊运营的各种实际工作场景，从用户体系、运营体系、市场体系、产品体系、营销体系、库存体系，详细介绍了一整套简单实用又立竿见影的方法和工作流程。书中采用理论与案例结合，理论与业务模型结合的方式，系统详细地讲解了亚马逊电商运营框架、数据运营指标、数据分析方法以及业务模型。

通过这本书的学习让我了解如何理解数据的价值，如何获取各类有效的数据，如何整理数据，如何分析数据，通过数据发现运营中的问题，并找到解决问题的思路。

叶老师是资深的亚马逊运营实战专家，从事亚马逊运营多年，本书是他多年从事亚马逊实操工作的宝贵经验的总结。本书真正做到，手把手教会从业者如何运用这套方法论来提升自己的数据化运营能力，是一本指导亚马逊电商数据化运营的实战宝典！

——深圳贯达技术有限公司 总经理

岳旭鹏

6

我是在知乎上认识旭鹏的，非常认同他的运营方法。2018年我正式从互联网行业回归电商行业，并很快成为一名资深亚马逊运营专家，很大原因在于我擅长互联网运营中的数据化运营方法。

在公司内部培训上，我常常以数据冰山作为培训的引子——冰山游荡在水面上，我们大多数人只能看见浮在水面上的那一块，而真正的冰山肯定不止这一点，那么怎样才能知道冰山的真面目呢？我的答案是引入数据工具。旭鹏在本书中全面丰富地讲解各种工具在亚马逊运营中的实际运用，填补了我的很多空白知识，也告诉了我如何才能快速成长，不断地给公司创造更大价值。

同时，旭鹏也是我认识的一个见识很广的运营专家，我认为再好的资源与个人能力，如果没有一定的见识水平是很难在亚马逊这种竞争激烈的环境中取得成就的，他将自己的经历，以及身边领航者的经验，以非常认真细致的方式阐述出来，为亚马逊运营者提供一个更加宽广的视角。

——山西新和实业国际B2C业务

运营经理 管文飞

7

跨境电商发展迅猛，同时挑战重重，要想脱颖而出持续发展，需要多方面要素的配合，其中保持不断地学习尤为重要。

我在近十年的电商培训行业中，接触过许多资深卖家，其中有许多优秀的卖家成为我们合作的讲师。他们的风格各有不同，有直觉派的，有经验派的，有博采众长派的，其中旭鹏自成一派，让我印象非常深刻。除了拥有丰富的实战经验外，还能通过现象分析本质，寻找底层逻辑，对数据的把握能力很强。这些特质对跨境电商的运营工作来讲是很稀缺的能力。难能可贵的是，旭鹏可以把自己的经验拿出来分享，把隐性知识有效地转化为显性知识让更多人受益。

本书包含很多运营经验干货，提供了大量实用的工具和模型，辅以真实的数据和案例，很适合卖家仔细研读和实践操作，来提升自己的业务能力。

——亚马逊跨境电商培训项目经理

王猛

8

跨境电商是近几年最为火热的行业之一，动辄三位数的销售额增长率，造就了大批资金和人才的涌入。借助行业红利期，很多人凭借运气和胆量赚取了第一桶金。由于行业特有的快速赚钱效应，大部分卖家采取短平快的经营模式，玩黑科技、走捷径、赌运气，整个行业充斥了急功近利的心态和“一夜暴富”的风气，但是风口迟早会过，任何行业都有其爆发期和平稳期。随着平台门槛上升，竞争激烈，信息透明，简单粗暴的方式慢慢被淘汰，大潮退去，才知道谁在“裸泳”。

亚马逊做的不是一个平台，甚至不是跨境电商，亚马逊最终还是会回到其本质——电子商务。叶鹏飞可以说是当前浮躁的跨境电商行业里的一股清流，与以往电商行业的“短命黑科技”不同，授之以鱼不如授之以渔，在本书中，作者分享了大量数据分析技术方法，可以说是电商行业教科书级的宝典。

现阶段，大部分行业从业者并非受过系统性的培训，数据分析能力薄弱，对于这类读者，这本书会让你受益匪浅。叶鹏飞通过常用的办公图表，简单的数学公式，将那些平时看起来死气沉沉的数字以更加直观、灵动的图表方式呈现出来，让你很自然地发现这些数字背后隐藏的规律和巨大的商机，大大提高了从业者的工作效率。另一方面也展现出叶鹏飞在数据分析领域深厚扎实的功底，我也从书中学到了很多数据分析的方法和思维逻辑，再次感谢叶鹏飞无私的分享，让我可以从另一个角度认识跨境电商这个行业。

作为一本关于亚马逊数据化运营的书，本书适合各类运营行业从业者。对于行业新人，可以为将来的跨境工作打下坚实的数据分析基础；对于已经从业的人员，可以为你过去的工作经历做一次系统性的复盘，尤其对于有自主品牌的工厂型研发企业，在调研新产品的布局和市场定位上，具有重大的指导意义。

借此也号召更多的从业者，能够学习叶鹏飞这种“沉下来”的精神，不要急功近利，而要更多地从顾客以及市场的角度来做好跨境电商，营造一个更加健康的从商环境。

——亚马逊宠物用品类目卖家 跨叔

9

本书以数据化运营为角度，为亚马逊跨境从业者详细解读了日常运营中的产品分析、广告投放、市场定位、库存管理、供应链优化等内容，是一本结构严谨、视角独特的好书。作为一名资深的亚马逊卖家，我在阅读本书之后获得了很多新的运营思路和分析方法，收获很大。对于想要提升亚马逊运营技能的跨境从业者来说，这是一本不可多得的好书！

——亚马逊资深卖家 《亚马逊跨境电商运营手册》作者 Mike

10

本书以数据化的角度对亚马逊的运营工作进行全新诠释，未来跨境电商行业的发展势必是以数据化驱动的，推荐亚马逊的从业人员都能学习借鉴书中数据化的思维方式，对于运营工作将大有裨益。同时也希望有更多亚马逊从业者能像旭鹏这样，将自己丰富的从业经验分享出来，共同促进行业发展！

——广告投放师 亚马逊官方卖家讲师 劳伦斯杨杨

11

通常来说，跨境行业和技术圈的分享不同，技术圈内的分享交流，大家都会把自己的“看家本领”拿出来，让别人知道自己水平有多高，有炫技和荣耀感。

在电商圈，从业者大多都是闷声赚钱，即使有分享也仅限内部交流，内容从来不外流。大家倾向于把内部的核心信息当作核心竞争力。

这本书试图打破行业内的部分“潜规则”，把一部分内部信息和方法公开分享，促进行业交流。最终的结果，会促使运营从业人员提高运营和营销水平，而不是单纯依赖所谓黑科技和简单粗暴的刷单方式。

希望本书，可以帮助跨境从业人员回归到运营和信息的源头，利用数据化作为指导，逐步提高优化，不断改进。

——知乎跨境电商大V　超哥（跨境电商创业者）

12

亚马逊运营是门艺术，经过多年经验积累，无论是选品还是后续运营，老师傅的经验化运营方式已经有了“模糊的正确”，而跨境新人入行时蓝海已成红海，师傅“模糊的正确”经验无法传递，人云亦云设置的KPI指标缺乏内在逻辑与可执行性，操作起来变成“精确的错误”，新人面对亚马逊的数据海洋一脸茫然。如何让经验化运营进阶成数据化运营，是一个跨境电商企业由小到大发展，团队从一到多壮大，行业的痛点由此而生。

如果说老师傅“传帮带”方式讲的是“知其然”阶段，那么在新市场竞争环境下对运营人员的外语能力、数据解读能力，激励框架都已大不相同，如何进阶到新组织架构的“知其所以然”就是新时代下跨境电商机构竞争的秘密武器。

叶鹏飞的新书解决的就是，亚马逊运营在规模化过程中是从“模糊的正确”到“可量化的正确”的问题，我相信这也是跨境电商行业在数据化运营方面非常前沿、细致的剖析解读。

——YouTube&知乎海麦跨境方法内容创作者 韩大海

13

数据运营一直是电商整体流程中一个核心的关键环节，在跨境电商领域体现得更加明显，因为我们面对的是来自全球超过200个国家和地区的用户。本书会帮你学会如何从繁杂的数据中归纳整理，并提炼出一套行之有效的方法论，对于需要实操上手的朋友有极大地帮助。

——跨境电商自媒体人 覃亮

14

本书从产品、营销、用户、管理等方面深入阐述数据化运营的精髓，如果说旭鹏的第一本书《亚马逊跨境电商运营实战：揭开畅销品与A9算法的秘密》是为新手小白打开了亚马逊神秘之门，那么这本书则为小白进阶成为大卖家提供了解密钥匙。

——亚马逊跨境电商资深服装设计师 Jump

前言

献给陪伴我的朋友、家人，以及我所热爱的事业

随着最近几年各种数据分析工具的普及与推广，“数据化运营”与“数据分析”逐渐走到大家的视线中。无论是以阿里巴巴“千人千面”为代表的大数据技术，还是以亚马逊“AWS”为代表的云计算服务，都在印证着一个事实——数据，这个互联网的基本组成单位，正在彰显着它独有的价值与魅力。

不同于国内电商数据分析技术的普及，跨境电商尤其是亚马逊跨境电商领域，大多数运营者仍然在以近似盲人摸象的方式探索着各类数据的意义，这一方面是因为亚马逊跨境电商领域暂时并没有像国内电商一样拥有大量专业的数据技术服务商，另一方面也是因为电商运营者在外文平台上进行数据采集与分析会更加困难。除此之外，如今在职场教育和行业工具书领域，对于数据分析或者数据化运营相关的书籍，大多不完全适用于亚马逊跨境电商行业，这类书要么知识门槛太高，要求读者有一定编程基础，或者IT能力；要么业务只与国内电商相关，而无法套用到跨境电商行业。因此，笔者首先整理了多数亚马逊跨境电商从业者的数据化运营需求，然后结合自身多年的业务及培训经验完成本书的创作。在写作过程中，为了彻底解决“如何大幅度降低数据类知识的阅读门槛”这一问题，笔者在每个涉及具体数据分析操作的章节中都附加了相关的程序和Excel表格，从而确保读者可以无障碍地学习和使用数据化运营的相关知识。

在本书的写作过程中，笔者将结合自身电商从业经验及数据分析的专业知识，帮助读者构建出一套高效且便捷的亚马逊平台数据化运营体系，同时向跨境电子商务从业者提供先进的运营理念和技术操作。本书不同于市场上其他跨境电商运营书籍，将着重从“数据”二字出发，讲述每个电商运营维度的优化方法和运营思路。除此之外，在介绍一些专业知识时，本书将极力降低读者阅读和学习的难度。例如，本书不会涉及任何过高难度的编程和IT知识，大多数数据处理操作是围绕Excel展开的，少数需要编程语言的操作也能通过二维码直接下载相关文档；其次，本书尽可能地避免复杂公式、流程的讲述，而是采取更易于阅读的形式，将数据化运营的理念和知识呈现给读者。

除了定位上的特殊和内容上的改进外，本书采用了“音频教学+案例文档+文本阅读”的立体创作形式。“音频教学”指的是在书中重点章节创作完成后，笔者会根据该章节的每个小节的重点/难点内容录制相关音频，帮助读者理解和消化。“案例文档”指的是当某一章节涉及大量数据处理和案例分析时，会提供该案例的原始数据文档，只需要登录电子资源平台，读者就可以将文件下载到电脑上自行操作。“文本阅读”则是传统的书籍写作形式，包含文字、表格、图片等信息。

在本书的写作过程中，笔者非常感激周围家人与朋友对自己的支持与鼓励，感谢人美心善的田开睿对本书细节的指正，感谢数据分析专家周宇轩、王培龙对本书的技术支持，感谢互联网运营专家杨强、刘宇真对本书内容细节的完善，正是你们这些奋斗在各行各业的朋友们给了笔者坚持下去的动力。

于此，共勉。

整体下载包

为了方便不同网络环境的读者学习，也为了提升图书的附加价值，本书重要案例数据下载及各章核心音频讲解整理成整体下载包，请读者在电脑端打开链接下载学习。如有问题可以关注公众号：旭鹏跨境电商前哨站，然后回复“数据化运营资料”也可获得相关下载链接。

出版社网址：http://www.m.crphdm.com/2020/0515/14259.shtml

网盘下载：https://pan.baidu.com/s/1VayWVGBqV6byetJB2_C8-g

提取码：3rn3

扫一扫，复制网址到电脑端下载文件

叶鹏飞

2020年3月1日

目录

第 1 章

了解亚马逊数据化运营的概念（数据化运营和传统经验化运营的区别是什么？数据化运营有什么作用？数据化运营的优势有哪些？）

第 2 章

搭建数据图表的认知体系（哪些数据图表是运营过程中很常用的？不同的数据图表有什么差别？）

第 5 章 运营体系数据化（站内广告如何通过数据化运营的方式做到精准优化？ listing 的转化率如何通过数据分析找到优化重心？）

第10章 管理体系数据化（当面对大量管理维度上的宏观数据时如何做出有效的判断？亚马逊运营管理者该如何形成高效的数据化管理思路？）

第11章 亚马逊数据化运营总述（除了前十章中提到的内容，还有其他数据化运营的技巧吗？数据化运营是万能的吗？有什么环节不能只依赖数据呢？）

第 1 章
了解亚马逊数据化运营的概念

数据化运营和传统经验化运营的区别是什么？数据化运营有什么作用？数据化运营的优势有哪些？

1.1 什么是亚马逊数据化运营

最近五年，除了中国国内电子商务（简称电商）蓬勃发展，跨境电商，尤其是亚马逊跨境电商行业也经历了“爆炸式”的成长。随着亚马逊CEO杰夫·贝索斯于2018年3月7日以1120亿美元的总财富成为新一任世界首富，越来越多的中国传统企业将目光放到了亚马逊平台以及它背后的广阔海外市场上。那么在竞争越发激烈的亚马逊平台上，作为平台运营者或者企业管理人，怎样才能让自己的产品生存下来呢？解决这个核心问题最重要的一个因素就是数据化运营，从市场分析、类目选择，到选品、定价、库存管理、广告优化等，都需通过数据去推动、去执行。如果脱离数据分析，而仅仅依赖经验化运营，那么在跨境电商这个行业投机赚快钱可能还有一点机会，但若要在亚马逊平台持续生存下去则会非常艰难。

马云说：“互联网还没搞清楚的时候，移动互联就来了；移动互联还没搞清楚的时候，大数据就来了。”亚马逊平台就和马云所说的一样，是一个典型的“数据驱动”或者“技术驱动”的平台，无论是其大名鼎鼎的A9算法，还是亚马逊公司近乎垄断的“云计算”市场份额（图1-1），都证明了亚马逊公司的“数据”基因。因此，作为平台运营者，我们不能再忽视数据的重要性，每一次listing的成长或者波动，每一次广告的曝光与点击，在亚马逊平台上发生的一切数据变化都是由A9算法精确计算所得。亚马逊数据化运营的本质，就是通过图形、表格、程序等数据处理工具，将亚马逊平台产生的数据进行准确且合理地分析，然后得出相关运营结论，从而提升运营业绩。例如，通过特定的数据化运营手段，亚马逊运营者就可以对访客数、转化率、客单价、访问深度、用户画像、产品定位等运营要素做出准确分析，从而利用精细化操作的方式提升自己的核心竞争力。

Worldwide cloud infrastructure spending and annual growth
Canalys estimates: Full-year 2018

Vendor	2018 (US$ billion)	2018 Market share	2017 (US$ billion)	2017 Market share	Annual growth
AWS	25.4	31.7%	17.3	31.5%	+47.1%
Microsoft Azure	13.5	16.8%	7.4	13.5%	+82.4%
Google Cloud	6.8	8.5%	3.5	6.4%	+93.9%
Alibaba Cloud	3.2	4.0%	1.7	3.0%	+91.8%
IBM Cloud	3.1	3.8%	2.6	4.7%	+17.6%
Others	28.3	35.2%	22.4	40.8%	+26.1%
Total	80.4	100.0%	54.9	100.0%	+46.5%

图1-1　AWS（Amazon Web Services）亚马逊云计算服务在2018年以31.7%的市场占有率保持着近乎垄断的地位

1.2　跨境电商和国内电商数据化运营的区别

1.2.1　数据处理工具的精细化程度不同

在中国电商行业中，数据化运营代替经验化运营已成为主流运营方式。例如，在淘宝运营职位中，利用“生意参谋”进行基本的用户画像分析已经成为基本的运营操作之一。页面如图1-2所示。

图1-2　淘宝运营“生意参谋”页面

从图1-2中可以看到，在淘宝网上搜索“中老年棉服”的用户占83.67%为女性，其中公司职员占比最多，比例为40.48%。除了基本的性别与职业区分外，“生意参谋”还提供了类似于“近90天支付金额”“年龄分布”“省份分布排名”“城市分布排名”等用户画像信息，可谓一应俱全。

相比于国内淘宝天猫等面面俱到的数据工具，亚马逊平台的相关数据辅助工具则显得“寒酸”很多，很多工具只能帮助运营者抓取和分析基本的销售数据，例如review波动、价格变化、排名波动等，如图1-3所示。

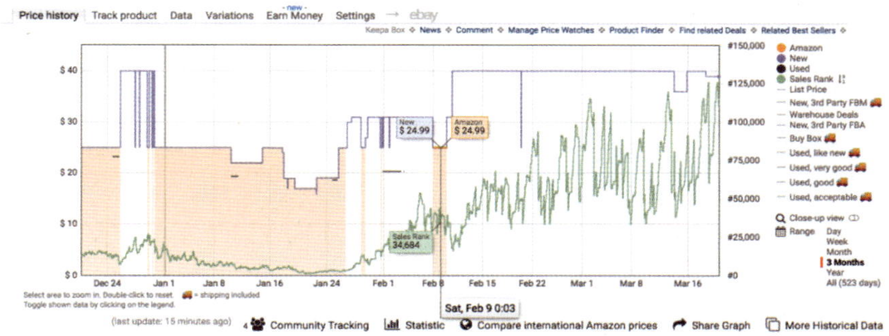

图1-3　利用“Keepa”插件抓取的数据截图（其中包含了排名/价格波动信息）

相比于微观数据上的不足，在宏观数据上亚马逊运营者可以使用“Google Trends”之类的工具去评判一个大类关键字的流量变化，如图1-4所示。

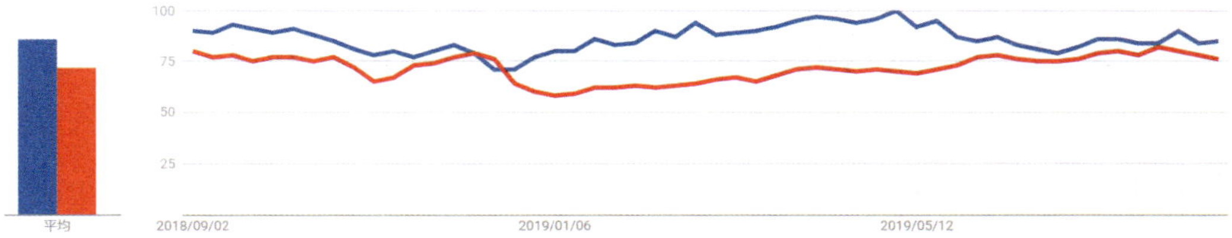

图1-4　图中红色线条代表了“shirt”一词在过去一年中的搜索热度变化，蓝色线条代表了“dress”一词在过去一年中的搜索热度变化

美中不足的是“Google Trends”只能作为一种宏观上的参考，因其数据精准性的不足，所以“Google Trends”中的关键字数据并不能直接用来作为选品依据。

由此我们可以发现**国内电商运营的数据处理工具在精细化程度上要远胜于亚马逊平台的数据处理工具**，这是由以下几点原因造成的：

1 亚马逊平台更注重用户隐私，用户的个人数据如职业、年龄、地区等信息会被严格保密，即使是平台入驻商也很难获得用户的个人资料。

2 亚马逊平台有意弱化“运营”而强调“产品”，这是因为其平台有较为先进的A9算法来帮助用户找到适合的产品，所以不需要运营者过度依赖数据处理工具。

3 国内电商竞争环境更加激烈，需要通过更加精细化的数据处理工具来获得竞争力与利润，如利用用户画像实现“价格歧视”（对高收入用户曝光高价商品，对低收入用户曝光低价商品，商品价格虽然有不同，但是产品质量完全一致）等。

1.2.2 数据化运营的用途不同

国内数据化运营除了“电商运营”的职责，有时还要承担“流量运营”的责任，这是因为随着国内电商行业竞争的加剧，获客成本即“流量获取”成本也在飞速上升，如何以低成本获取流量成为重中之重。因此，除了要抓取各个电商平台的站内流量外，如何通过新兴的内容平台（如知乎、微信公众号、喜马拉雅等内容平台）获得站外流量成为关键。在这种高强度竞争的大背景下，国内电商运营者除了要处理电商平台的数据外，更要关注很多站外流量的数据价值。

与国内电商重营销的运营方式不同，亚马逊跨境电商在营销领域的要求并不是很多，数据化运营强调的是电商运营本身，这是由如下几个原因造成的：

1 亚马逊平台本身站内流量仍在增加，如澳大利亚市场的开放就吸引了一大批中国企业进驻澳大利亚市场。相比昂贵的站外引流，通过数据化运营掌握站内流量就已经可以获得丰厚的利润。

2 亚马逊平台站外营销的门槛非常高，一方面是因为外国文化及语言的限制，另一方面是因为Facebook、Google、YouTube上高昂的推广成本。

1.3 亚马逊数据化运营和经验化运营的区别

1.3.1 适用团队及场景的不同

数据化运营依赖IT技术与数据分析能力，其特点是操作可复制性强，逻辑清晰，且运营效率随数据量与分析能力的提升而提升，数据化运营适合电商领域任意规模的团队与公司。

经验化运营依赖从业者的相关业务经验与判断能力，其特点是应用速度快，技术要求低，且运营效率随运营者从业时间的增加而提升，经验化运营适合电商领域中小规模的团队与公司。

1.3.2 适用运营环节的不同

数据化运营旨在解决经验化运营无法“精确”处理的问题，如亚马逊站内广告的单次竞价选择、多广告组的筛选与优化、店铺群的管理等，经验化运营对上述问题只能给出一个“模棱两可”的方案，而数据化运营可以“有理有据”地帮助运营者解决问题。例如，在“亚马逊站内广告的单次竞价选择”这一问题上，经验化运营者一般通过高单次竞价逐步递减的方式进行操作，而数据化运营者可以通过如图1-5所示的图表判断在

哪个时间段需要增加竞价，在哪个时间段需要减少竞价。（图1-5的制作方法，将在第5章中的广告单次竞价优化内容中介绍）

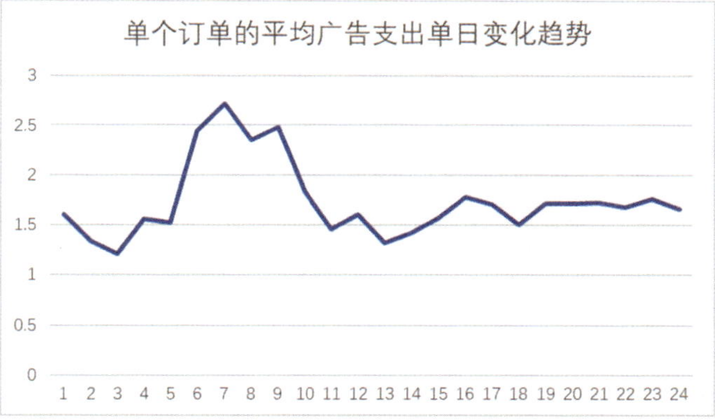

图1-5　单个订单的平均广告支出单日变化趋势图（其中横轴代表了一天的24小时，纵轴代表了单个订单的平均广告支出，通过这个图表我们可以发现在每日5：00~11：00间广告支出偏高，需要调整广告竞价）

1.3.3　适用技术门槛不同

“三分运营七分选品”，在亚马逊跨境电商运营领域，选品的重要性众所周知，而数据化运营同样也适用于选品领域。与传统的经验化选品不同，数据化选品强调“数据分析+图像识别”，前者用来判断一个产品是否热销，后者则用来判断一个产品的卖点是什么。例如，在服装领域的裙子类目，如今的图像识别技术已经可以辨认出每条裙子独特的花纹与设计，如图1-6所示。

图1-6　图像识别技术辨别裙子示例（其中1号识别区为裙摆设计，2号识别区为上衣设计）

在完成上述的图片识别后，数据化选品程序就可以结合产品的具体销量/排名信息对商品图片进行分析，从而找出热卖商品图片的共性。一般而言，数据化运营者可以使用雷达图来比较商品的图片信息，其重叠部分就是爆款商品的共有卖点，这时候只需要结合这些共有卖点再去做产品比对和选品工作，爆款命中率就会显著提高，卖点分析的雷达图如图1-7所示。

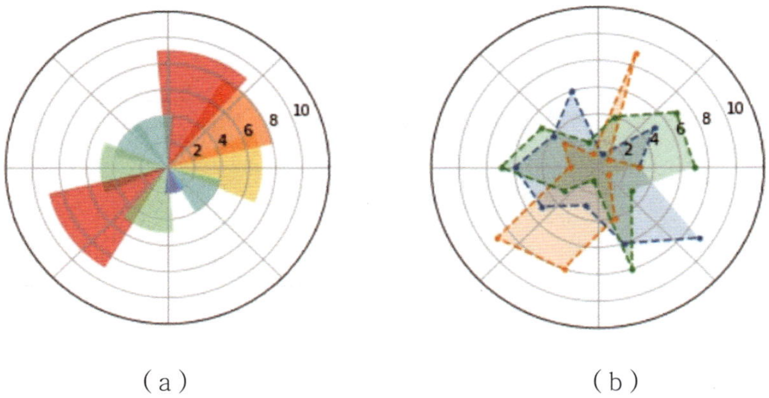

图1-7　卖点分析雷达图示例（图中某一设计的数值越高，拥有这一设计的产品爆款率更高）

“数据分析＋图像识别”的数据化选品对于技术的要求非常高，需要运营者或者所在公司独立开发选品软件与程序，而经验化选品则依赖选品者的运营经验与产品理解，这就是数据化运营与经验化运营在适用技术门槛上的不同。（需要注意的是，因为本书的针对对象为亚马逊运营者而非IT业人员，所以在后续章节中基本不会涉及IT相关内容。）

1.4　数据化运营有什么要求

1.4.1　数据的要求

作为数据化运营的原材料，数据必然是不可或缺的，在亚马逊数据化运营的过程中，数据可以分为**后台数据**和**前台数据**两大类。

后台数据，顾名思义就是运营者可以直接从店铺后台下载得到的数据，其中最重要的是店铺订单数据，如图1-8所示。

在后续章节中无论是listing的数据化运营，还是用户画像的建立，都离不开后台数据的支持，这是实现亚马逊数据化运营的第一个要素。

列	Columns
显示/隐藏字段：	Show/Hide Fields:
☑ (父）ASIN	☑ (Parent) ASIN
☑ （子）ASIN	☑ (Child) ASIN
☑ 商品名称	☑ Title
☑ 买家访问次数	☑ Sessions
☑ 买家访问次数百分比	☑ Session Percentage
☑ 页面浏览次数	☑ Page Views
☑ 页面浏览次数百分比	☑ Page Views Percentage
☑ 购买按钮赢得率	☑ Buy Box Percentage
☑ 已订购商品数量	☑ Units Ordered
☑ 订购数量 – B2B	☑ Units Ordered - B2B
☑ 订单商品数量转化率	☑ Unit Session Percentage
☑ 商品转化率 – B2B	☑ Unit Session Percentage - B2B
☑ 已订购商品销售额	☑ Ordered Product Sales
☑ 已订购商品的销售额 – B2B	☑ Ordered Product Sales - B2B
☑ 订单商品种类数	☑ Total Order Items
☑ 订单商品总数 – B2B	☑ Total Order Items - B2B

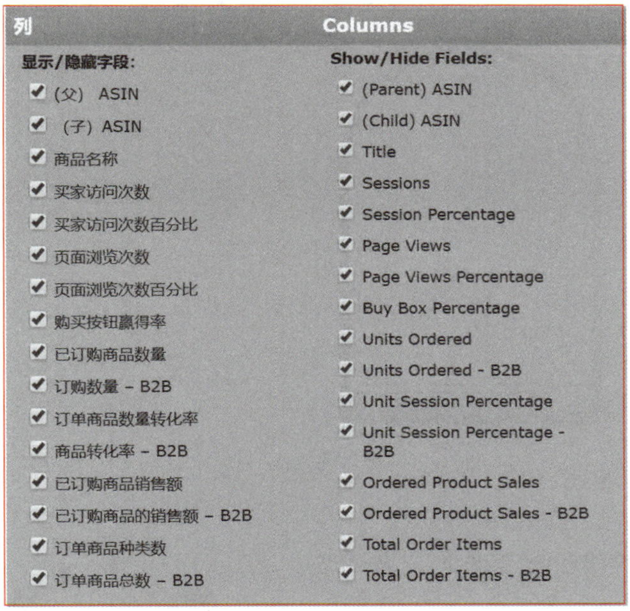

图1-8　店铺后台订单数据列表（左边为中文列表，右边为英文列表）

亚马逊数据化运营的第二个要素就是前台数据，即在亚马逊平台前台网站中可以查看、抓取、分析的一系列数据源，其数据种类繁多，如图1-9~图1-15所示。

Stone & Beam Modern Round Arc Iron Hanging Wall Mirror With Shelf, 30 Inch Height, Dark Bronze
★★★★☆ ˅ 76
$92⁴⁹
✓prime

Stone & Beam Wood and Iron Hanging Wall Mirror, 42.25" Height, Natural Wood and Black
★★★★☆ ˅ 28

Stone & Beam Antique-Style Metal Frame Hanging Wall Mirror Decor, 32 Inch Height, Brown
★★★★☆ ˅ 34
$91⁹⁹
✓prime

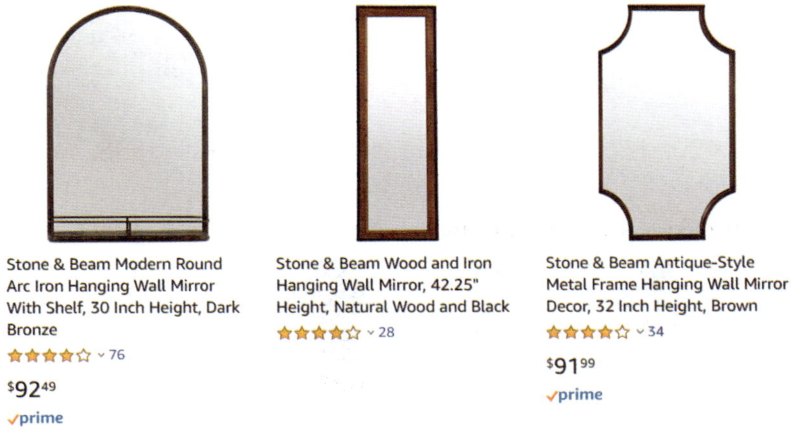

图1-9　前台搜索listing信息（包含主图、标题、价格、review分值、prime服务信息等）

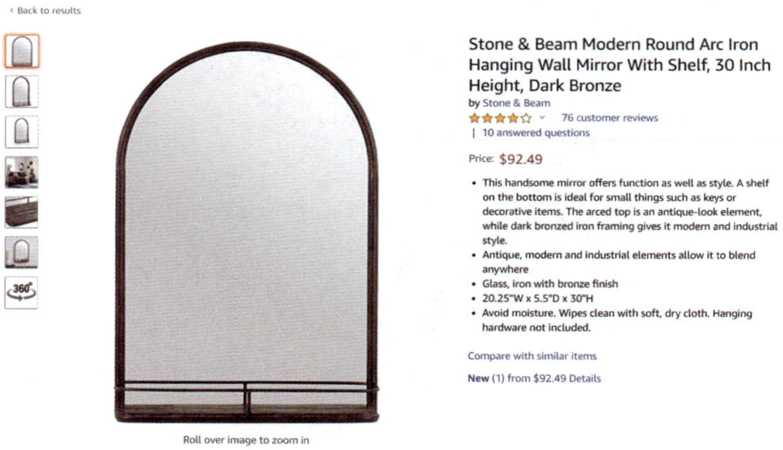

图1–10　listing详情信息（包含五点描述功能、特色、质地、尺寸、注意事项、副图、变体信息等）

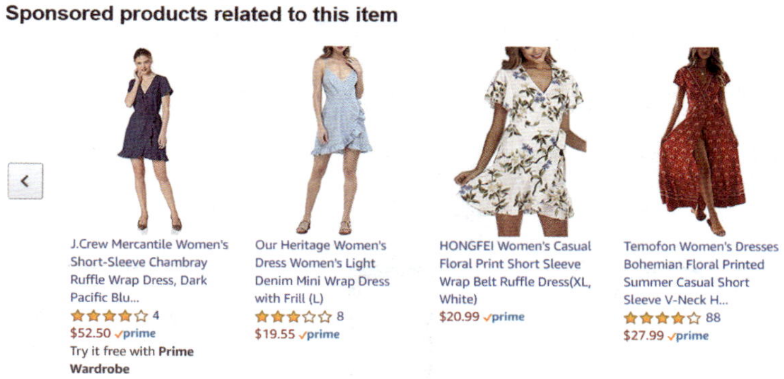

图1–11　关联曝光广告信息（包含广告曝光listing排序、曝光listing价格、review分值等）

Customers who viewed this item also viewed（浏览此商品的顾客也曾浏览了如下商品）

图1–12　关联曝光listing信息（包含曝光listing排序、曝光listing价格、review分值等）

图1-13　review信息（包含出评速度、出评时间、差评/好评比例、视频及图文评价比例等）

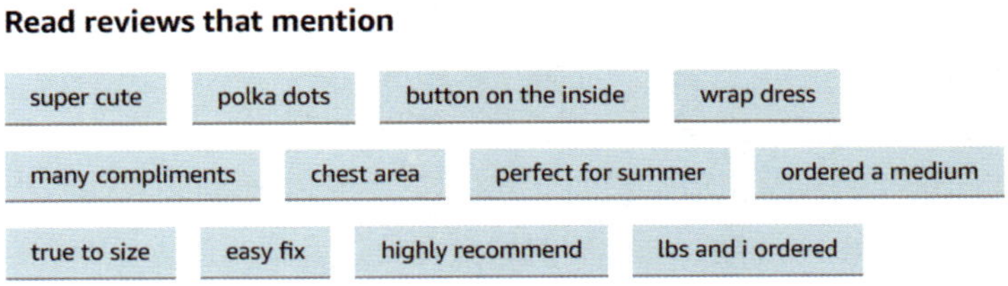

图1-14　review关键字信息（包含关键字生成时间、关键字内容等）

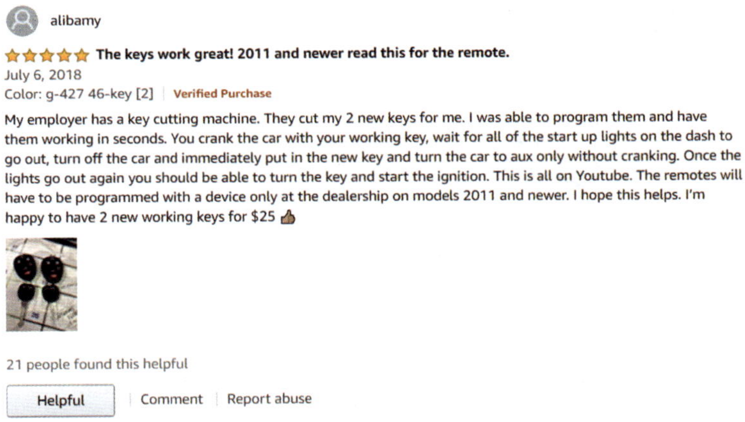

alibamy
The keys work great! 2011 and newer read this for the remote.
July 6, 2018
Color: g-427 46-key [2] | Verified Purchase
My employer has a key cutting machine. They cut my 2 new keys for me. I was able to program them and have them working in seconds. You crank the car with your working key, wait for all of the start up lights on the dash to go out, turn off the car and immediately put in the new key and turn the car to aux only without cranking. Once the lights go out again you should be able to turn the key and start the ignition. This is all on Youtube. The remotes will have to be programmed with a device only at the dealership on models 2011 and newer. I hope this helps. I'm happy to have 2 new working keys for $25
21 people found this helpful
Helpful
Comment
Report abuse

图1-15　review详情信息（包含review高频词汇、点赞数变动、用户留评历史信息等）

除了以上列举的前台数据外，还有例如Q&A信息、购物车信息、库存信息等多个前台数据可以作为数据化运营的参考。如果说后台数据可以帮助运营者更好地理解自己，那么前台数据就可以帮助运营者更好地理解竞争对手，然后通过市场容量分析、类目竞争度分析等数据分析方式做到精细化运营，最终提升自身的业绩。

1.4.2　分析的要求

有了数据化运营的原材料——数据，自然需要处理分析这些数据的工具与人员，本书涉及的数据分析工具主要为Excel（2016版），在拓展部分会包含少量的编程知识，读者只需要根据自己的需求阅读学习即可。数据化运营人员需要掌握基本的统计学与数学知识，如ROI（投资回报率）的计算、数值环比/同比的变化等，在涉及相关内容时，本书会将计算过程的解释添加到章节附录中，以方便读者查阅。

1.5 数据化运营有什么优势

数据化运营最大的特点是可复制性强，逻辑清晰。其优势可分为以下三大类：

1 搭建成熟的数据化选品体系：市场分析+数据化选品。

2 搭建科学的数据化运营体系：SEO/SEM优化+listing最优化运营。

3 搭建高效的数据化营销体系：用户画像+精准营销。

关于第1点即选品，数据化运营正如1.3.3小节中所提到的那样采用“数据分析+图像识别”的方式进行自动化选品。与此同时，数据化选品强调通过抓取类目review总数波动，以及产品排名波动（图1-16）来判断一个市场的容量和竞争度，精准度出色，选品的效率也较高。

图1-16 用爬虫程序抓取的非稳定产品排名波动折线图

关于第2点即运营，与国内电商运营一样，数据化运营也会把重心放在SEO和SEM上，前者针对的是listing站内优化，后者针对的是站内PPC广告优化，如图1-17所示。

除了SEO与SEM，数据化运营的另一个常用的思维工具是漏斗分析模型，如图1-18所示。

漏斗分析模型中的“展示量”是指广告或者listing的曝光量；“点击量”即所谓的点击流量；“访问量”则是指页面有效流量，其计算方式在第5章的内容中有所涉及；“咨询量”是指用户在有效浏览完listing页面后，有购物意向且商品加入购物车与实际购买的比例；“成交量”则是我们通俗意义上的转化率。通过漏斗分析模型，运营者可以根据曝光、流量、有效流量、转化率、投资回报率（ROI）等具体电商数值依次做出分析和判断，从而有明确的优化目标，而不再像经验化运营那样眉毛胡子一把抓。

关于第3点即营销，数据化运营的最常用手段就是用户画像，如图1-19所示。

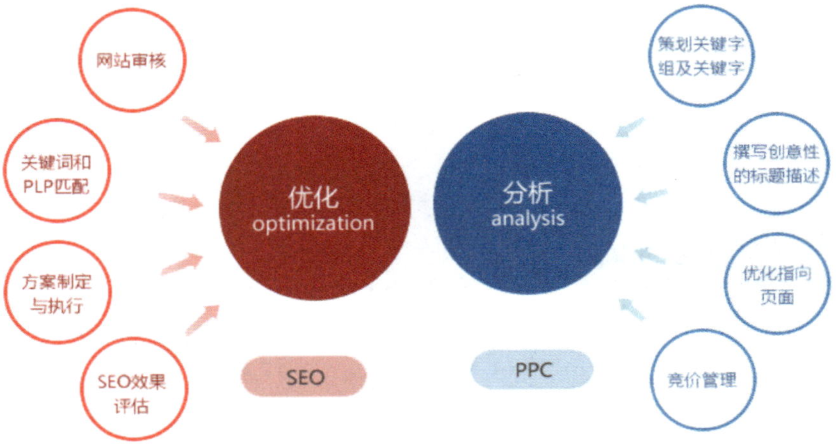

图1-17　SEO与PPC优化策略示意图

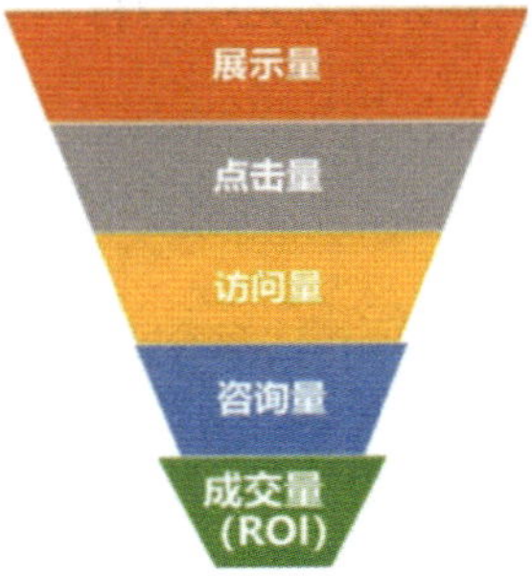

图1-18　漏斗分析模型示意图

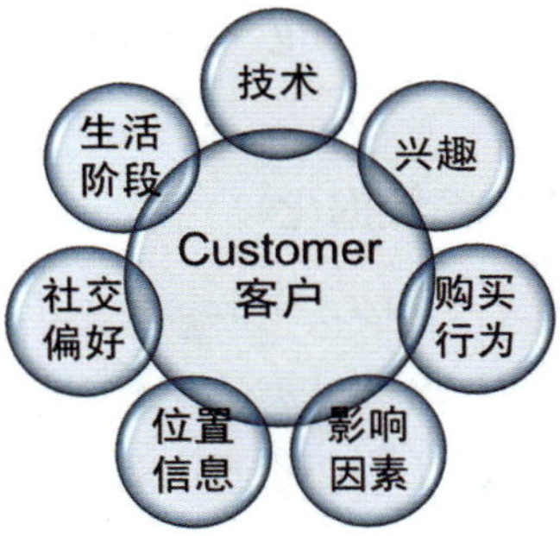

图1-19　用户画像示意图

“用户画像”可以帮助运营者知道自己的顾客到底来自哪些地区，拥有怎样的购物习惯，对于价格拥有怎样的偏好，等等。例如，数据化运营者可以通过对订单报表中“ship-state”信息的整理得出店铺受众用户的地域信息图表，如图1-20所示。

通过图1-20的信息，运营者可以得知哪些地区属于产品的头部地区（如CA、TX、IL地区），哪些地区构成了80%的主要市场，哪些地区构成了剩下20%的低单市场等，从而在日常的运营工作做到有的放矢，能够根据自身的用户定位调整营销策略，最终实现精准营销。

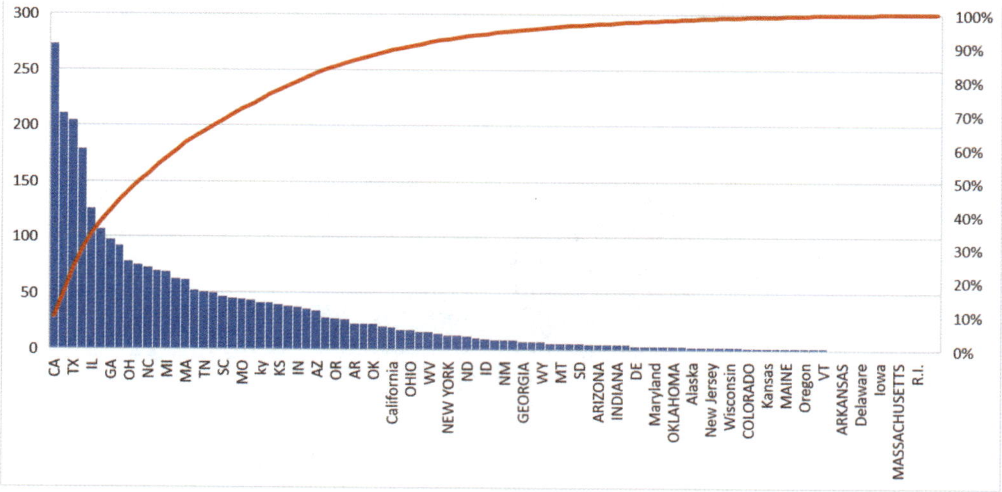

图1-20　不同地区订单对比及订单累积分布

1.6　亚马逊数据化运营的体系及其作用

1.6.1　用户体系数据化

在用户部分，本书主要围绕“用户画像”这一数据化运营手段展开，其中包含用户地区分布、价格敏感度计算、购物习惯分析以及复购率推导等内容。用户体系数据化旨在搭建店铺运营者自己的用户画像体系，帮助运营者明确自己的店铺及产品定位，其数据来源主要是后台数据中的订单报表数据。

1.6.2　运营体系数据化

在运营部分，本书主要围绕广告与listing这两大要素展开，其中包含广告单次竞价的优化方法、多广告组的象限分析法、产品listing流量/转化率数据化优化方法等内容。运营体系数据化旨在以“数据驱动”的理念重新厘清亚马逊运营者的运营思路，帮助运营者解决原本经验化运营无法解决的诸多问题，其数据来源主要是后台数据中的广告及listing流量报表数据。

1.6.3　市场体系数据化

在市场部分，本书主要围绕销售波动趋势与类目市场分析两大要素展开，其中包含店铺销售的周趋势分析、类目淡旺季更替规律、类目市场容量/竞争度分析等内容。市场体系数据化旨在通过一系列数理模型，帮助运营者对自身的销量做出合理预测，也能根据业绩的波动找出对应类目市场的规律，其数据来源主要是后台数据中的店铺业绩数据。

1.6.4 产品体系数据化

在产品部分，本书主要围绕产品定位和数据化选品两大要素展开，其中包含产品类目选择、产品价格定位、产品图片分析、数据化选品的数据抓取方法等内容。产品体系数据化旨在通过对于某一类目竞争对手产品各个数据维度的分析（如图片、review、价格等），找出具有竞争性的产品要素作为选品依据，同时通过数据化选品的方式提升选品效率，其数据来源主要是前台数据中的listing曝光数据。

1.6.5 营销体系数据化

在营销部分，本书主要围绕营销渠道对比和实体营销册效果分析来展开，其中包含站内单渠道数据分析、站外营销技巧及数据分析方法、实体营销册效果分析这三方面内容。营销体系数据化旨在帮助运营者以数据化运营的理念，对比各个不同渠道的流量成本及推广效果，其数据来源主要是营销推广时产生的费用及订单数据。

1.6.6 库存体系数据化

在库存部分，本书主要围绕仓储备货的不同思路进行讨论及比较，其中包含库存数据的量化及分析、仓储备货的经验化/数据化思路、仿真型仓储备货分析等内容。库存体系数据化旨在利用合理的供应链库存优化模型，尽最大可能降低库存风险，其数据来源主要是后台数据中的产品销售及库存数据。

1.6.7 管理体系数据化

在管理部分，本书主要围绕店铺群管理、渠道管理和运营人员管理三点展开，其中包含店铺群数据化管理、业务渠道数据化管理、业务饱和度数据分析。管理体系数据化旨在通过数据可视化的方式将管理效果直观地展现出来，从而可以根据不同管理维度上的数据差异提升管理职能，其数据来源主要是企业经营活动中的财务数据。

1.7 数据化运营入门思路讲解：过程标准化，结果可视化

在运营时如果涉及关键字优化、标题优化，或者广告优化时，因为其优化过程与产品的随机性，以及优化逻辑的模糊性，经验化运营很难准确判断一个优化行为或思路是否是可靠的。运营者很容易犯一个错误：今天我优化了×××产品，明天这个产品出单

了或销量提升了，因此这个优化是好的，以后都这么做。这种思考明显忽略了“幸存者偏差”[①]（例如，某一天你使用某个第三方软件将其推荐的关键字输入到某个产品的关键字栏中，这个产品的销量突然提升了，但这并不百分之百意味着该第三方软件推荐的关键字都是优秀的），所以亚马逊运营者在进行运营优化的时候，要使过程“标准化”，结果“可视化”。

案例分析：关键字优化效果评估

假设表格左栏是产品SKU，右栏是优化相关记录，如果运营者不做一些优化过程的“标准化”，该Excel表格则可能如表1-1所示。

表1-1 运营优化方法示例

产品货号	优化说明
F21084	采用了流量最大的词汇 ×××
F21085	采用了搜索热度最大词汇 ×××
F21086	采用了大卖们最多使用的标题 ×××
F21087	采用了Review里最多使用的词汇 ×××
F21088	采用了 ××× 软件推荐的词汇 ×××

表1-1 中的优化说明基本都属于主观性说明，比如流量最大的标准是什么，是一天流量最大还是一个月流量最大？review里最多使用的词汇标准是什么，是某一个listing的review统计还是一个类目的review统计？

因此，亚马逊运营者需要把优化过程“标准化”，需要严格定义每一个优化过程，即“控制变量”，通过严格定义使优化工作“可重复化”，继而“数据可比较化”。

A. 采用了流量最大的词汇 × × × →采用了在 × × 类目中 × 月~× 月流量最大的词

B. 采用了Google Trends中 × × × 类目 × 月~× 月搜索热度最大的词

C. 采用了于 × 月~× 月，处于 × × × 类目前 × × 名大卖们最多使用的词

D. 采用了于 × 月~× 月，处于 × × × 类目前 × × 名大卖listing中出现最多的词

E. 采用了 × × × 软件在 × 月推荐的 × × × 词汇，使用理由为该词 × × × × ×

当把优化思路“标准化”后，运营者可以将上述的优化方法定义为A~E。这时就需要开始“假设检验”[②]，假设运营者需要测验C是否有效，那么就需要把优化的结果可视化，因为一旦失去这个步骤，运营工作表格很可能如表1-2所示。

虽然方法“标准化”了，且有了平均流量这种可以记录和分析的具体数值，但是随着数据的增加，纯数值化的分析需要巨大的精力，因此运营者需要把这些数据“可视化”。

① 幸存者偏差是指当取得资讯的渠道仅来自幸存者即成功对象时，此资讯可能会存在与实际情况不同的偏差。

② 铃木敏文《零售的哲学》一书中强调“假设”并不是凭空想象，而是以销售数据为出发点，结合市场信息，提前预知顾客的消费心理，从而完成“假设→执行→验证”这一系列步骤。

表 1–2　运营优化方法数值记录示意表

产品货号	根据C方法优化几个关键字	优化后平均流量
F21084	4	18
F21085	5	15
F21086	3	5
F21087	1	2
F21088	5	21

在做“可视化”的工作之前，运营者首先要厘清所谓“优化有效”的逻辑关系。以上述优化记录表格为例，“优化有效”的逻辑如下：优化方法有效→平均流量增多，对于流量和出单时间有多种“可视化”的方式，本文选择使用颜色色差的方式来体现。

颜色越深代表效果越好，其颜色由深到浅分别为深绿→浅绿。对于C方法优化的关键字而言，同样采用深色到浅色的渐变。假设深绿为优化了五个词，浅绿为优化了1个词，并设置如下对应图表，如表1–3和表1–4所示。

表 1–3　流量对应表格

平均流量	对应颜色
0~3	
4~6	
7~9	
10~15	
15+	

表 1–4　优化关键字数量对应表格

优化关键字数量	对应颜色
1	
2	
3	
4	
5	

那么这时运营工作表格如表1–5所示。

表 1–5　运营优化方法与效果颜色对比

产品货号	流量
F21084	18
F21085	15
F21086	5
F21087	2
F21088	21
F21093	3
F21094	6
F21095	12
F21096	1
F21097	5
F21098	9
F21099	6
F21100	13
F21101	20

然后运营者就可以做出判断：如果深色对应深色，浅色对应浅色，那么证明优化方法有效。很明显以上图表基本符合这个规律，那么C优化方法就是个有效的优化方法。

综上所述，只要合理搭配色彩和文本，一张图表可以承载大量的运营信息来帮助运营者对业务进行判断，从而厘清运营的逻辑，这就是数据化运营的基本思路与方法。

第 2 章 搭建数据图表的认知体系

哪些数据图表是运营过程中最常用的？不同的数据图表有什么差别？

2.1 利用柱状图比较数据大小[①]

2.1.1 利用二维柱状图比较数值大小

作为基本的图表形式，二维柱状图常用来比较数值大小，如图2-1所示。

从图2-1中可以直观地了解不同头部地区订单数量上的差异，柱状图的横轴代表了美国不同的州，纵轴则表示一个季度内该地区产生的订单数量。从图中可以看到CA地区的订单数是最大的，FL与TX地区紧跟其后，NY、IL、PA地区分别排列第4~6位，剩下的地区订单数都小于100单。

在Excel（2016版）中生成二维柱状图的方法也较为简单，首先下载并且打开“柱状图表格示例”的Excel文件，页面如图2-2所示。

然后选择需要的数据，因为生成的图表是需要比较头部市场的订单数量，所以只需要选择订单数量即“数量”大于等于50的信息即可，如图2-3所示。

之后在Excel上方的工具栏中选择“插入”，再点击“推荐的图表”，如图2-4所示。

---

① 注意：2.1 节所讲解的图表示例对应 Excel 文件“柱状图表格示例”，请根据自身学习需要自行下载查看。

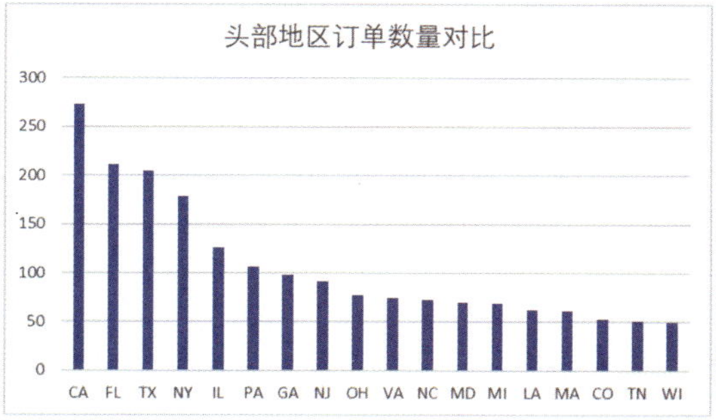

图2-1　某一店铺一季度内头部地区（订单数大于50单的地区）订单数量对比柱状图

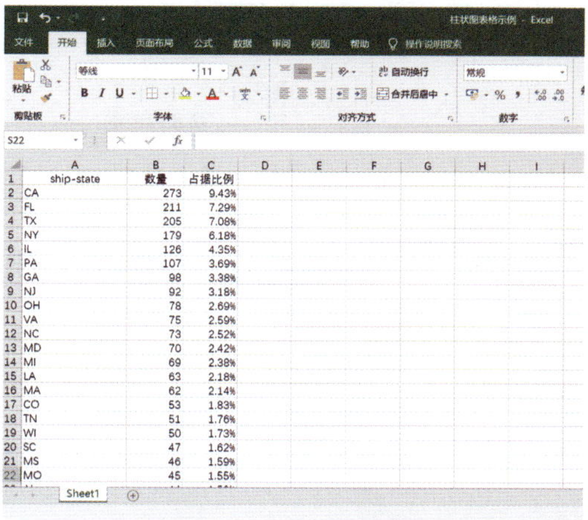

图2-2　“柱状图表格示例”Excel文件打开后的页面

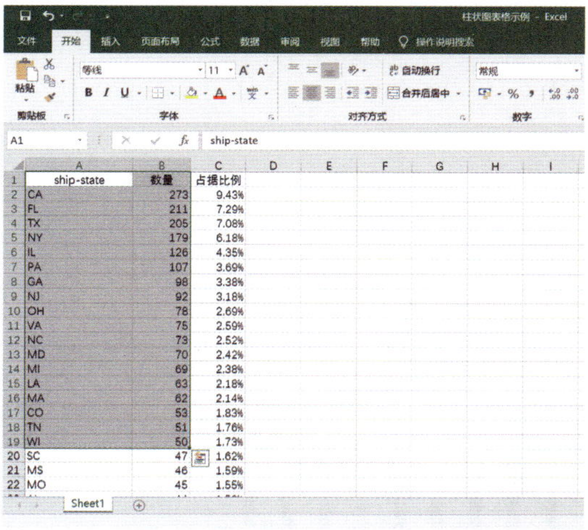

图2-3　选择订单数量即“数量”大于等于50的市场及其对应订单数

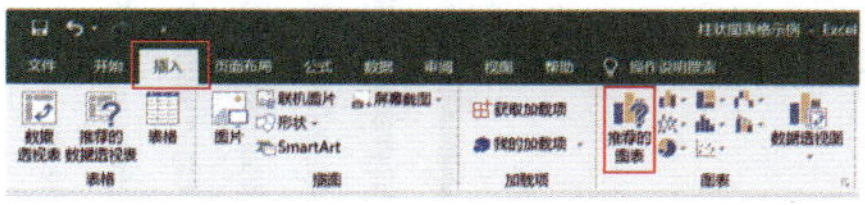

图2-4　点击“推荐的图表”

在弹出的“插入图表”对话框中选择“所有图表”，然后选择“柱形图”，直接使用默认的“簇状柱形图”即可，如图2-5所示。

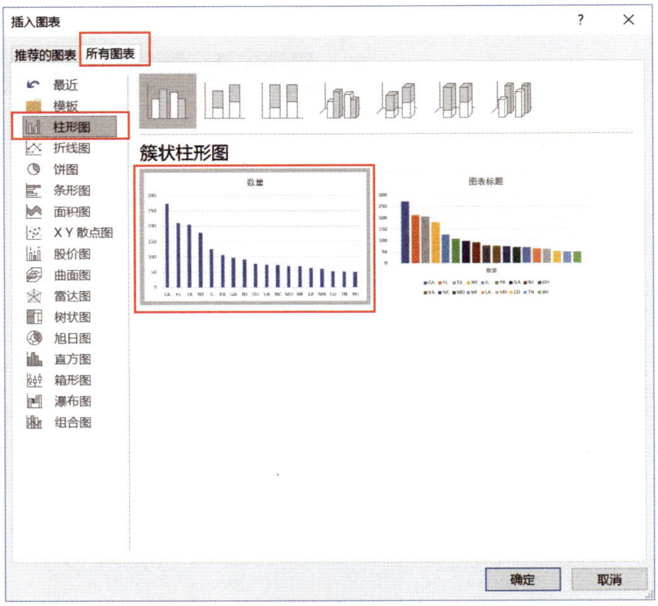

图2-5 “插入图表”对话框

最后我们就可以得到一张基础的二维柱状图了，如图2-6所示。

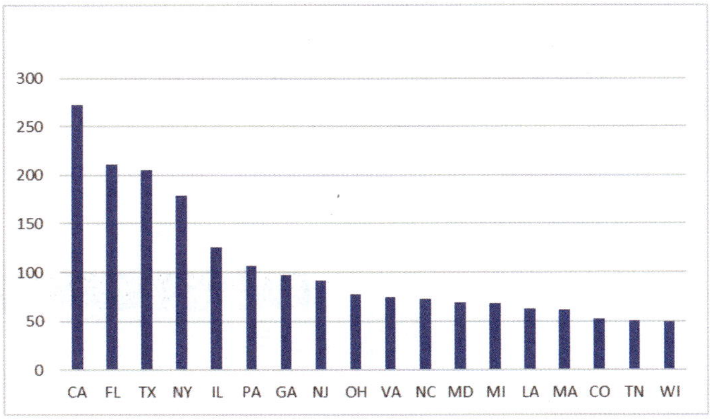

图2-6 二维柱状图

在Excel（2016版）中还可以根据自身需求更改图表的颜色、文本、设计风格等，因为本节的内容只是向读者介绍柱状图的作用和基本操作，所以关于图表的自定义更改不再赘述，读者可以根据自身的需要自行探索和学习。

2.1.2 利用三维柱状图比较地区差异

在实际的运营过程中，虽然运营者可以通过二维柱状图来比较不同数值的大小，但是因为其图表形式的限制，二维柱状图所能承载的信息量有限。如在2.1.1小节中，即便运营者已经通过二维柱状图了解了美国各个州地区的订单差异，但是无法结合地理信息获得一个直观的结论，比如是否美国沿海地区订单更多？或者是否美国东西部地区订单差异明显？而这些问题可以通过三维柱状图来解决。

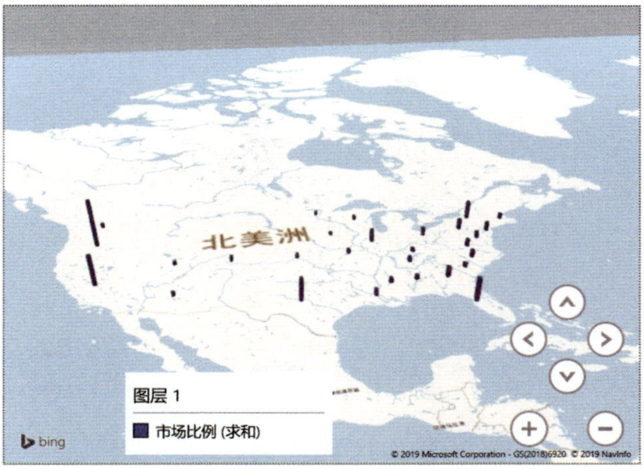

图2-7　三维柱状图

在Excel（2016版）中，可以通过Excel自带的“三维地图”功能直接生成三维柱状图，如图2-7所示。

从三维柱状图中可以看到，美国中西部地区具有完全不同的订单分布和占比，东部地区订单更加分散，而西部地区订单则较为集中。

本节仍然使用“柱状图表格示例”的Excel文件为例来讲解。首先选择所有的数据，如图2-8所示。

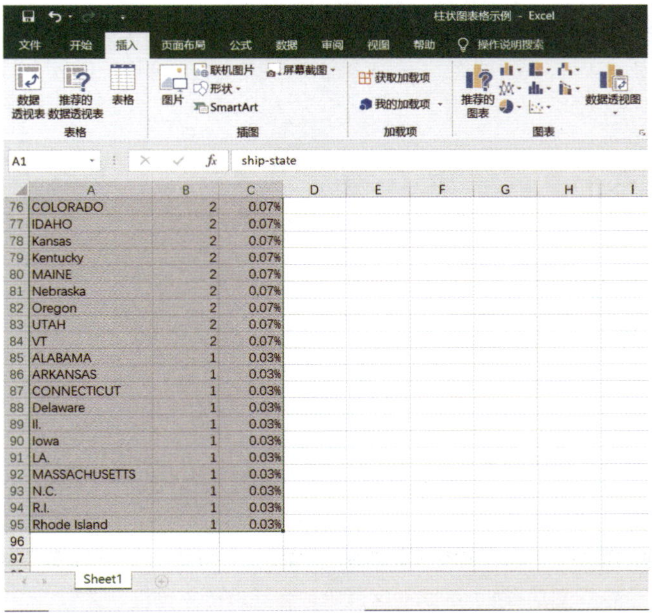

图2-8　选择所有数据

之后在Excel上方的工具栏中选择“插入”，再点击“三维地图”，如图2-9所示。

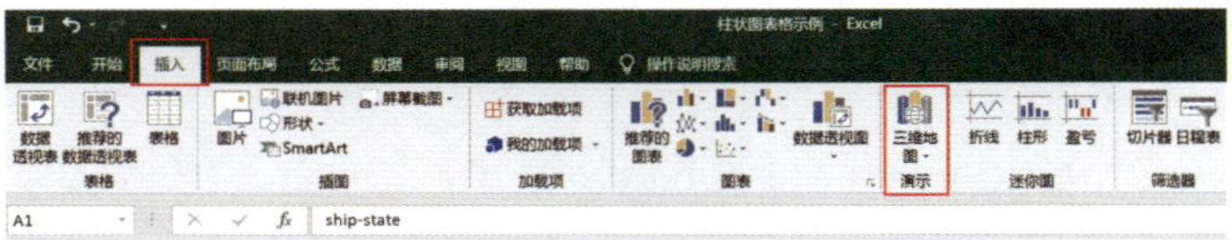

图2-9　点击“三维地图”

然后，在弹出的页面中将“字段列表”中的“数量”拖拽到右边数据栏中的“高度”栏，如图2-10所示。

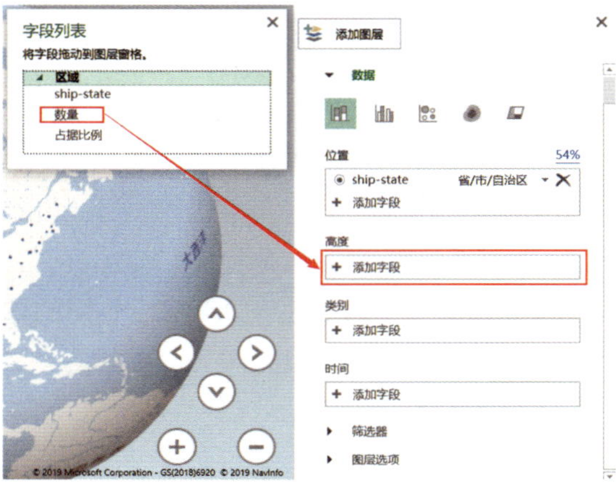

图2-10　拖拽到“高度”栏

最后就可以得到关于不同地区订单数量比较的三维柱状图，如图2-11所示。

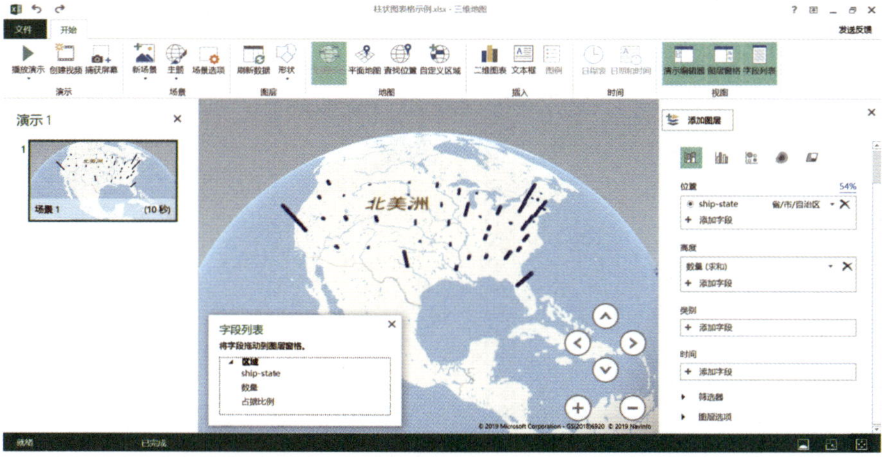

图2-11　不同地区订单数量比较的三维柱状图

在Excel中的“三维地图”还有非常多的功能，在此不再赘述，读者可以结合自身的业务需求去逐一尝试。

2.1.3 利用排列图分析累加数值

在亚马逊跨境电商运营领域，也有着运营从业者熟知的“二八分布”现象，即“20%的区域与用户占据了80%的市场份额”。虽然在实际的运营过程中其数值的比例不一定像“二八分布”一样精确，但是小比例人口与区域占据大比例市场的现象却十分常见。因此，为了能够通过图表找到那80%的市场，运营需要借助Excel中的排列图来分析，如图2-12所示。

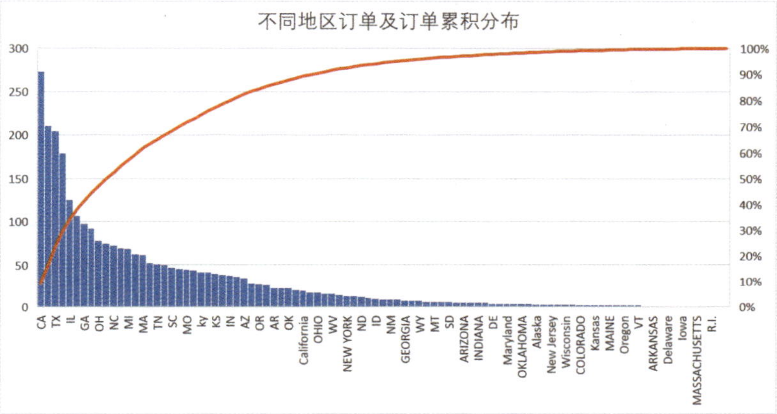

图2-12 不同地区订单及订单累积分布

图2-12中，横轴代表了不同的地区，左纵轴代表了不同地区的订单数，右纵轴代表了订单累计数量占订单总数的比例。因此，如果运营者想要知晓自身店铺80%的市场份额来自哪些地区，就可以先从右纵轴中找到80%的数值，然后再通过地区对应关系找到相关联的订单产生地，如图2-13所示。

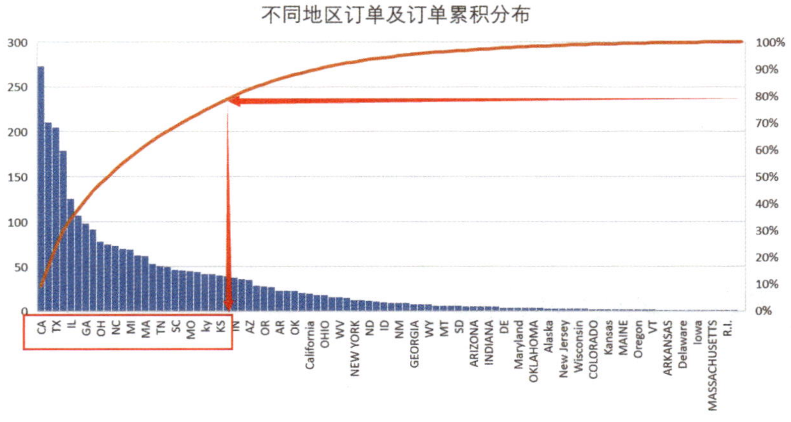

图2-13 找到订单产生地

本小节仍然使用“柱状图表格示例”的Excel文件为例来讲解，首先选择所有的数据，如图2-14所示。

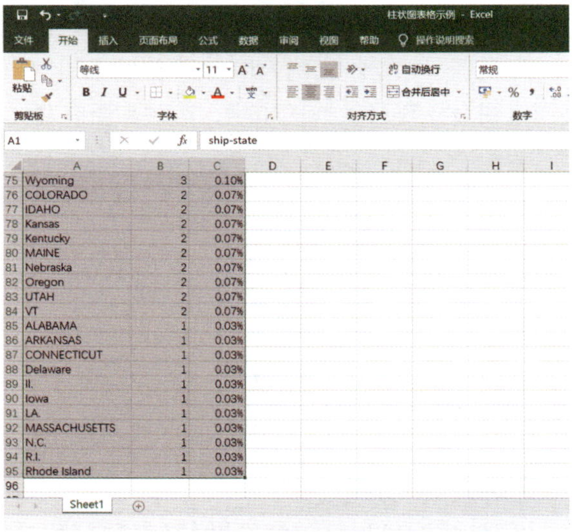

图2-14　选择所有数据

之后在Excel上方的工具栏中选择“插入”按钮，再点击“推荐的图表”，如图2-15所示。

在弹出的操作页面上方选择“所有图表”，然后选择“直方图”，再点击“排列图”，如图2-16所示。

图2-15　点击“推荐的图表”

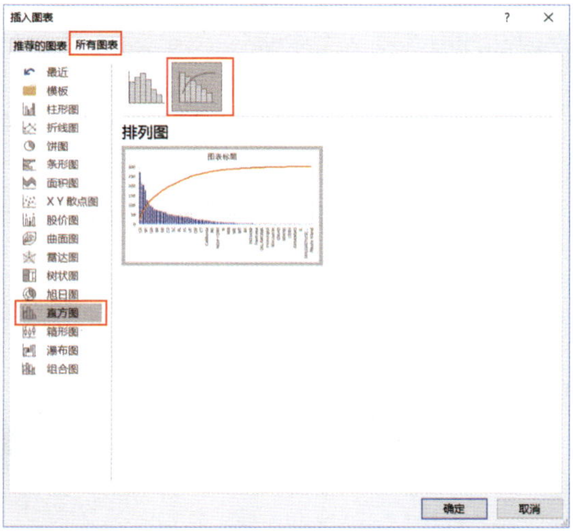

图2-16　在“插入图表”中进行操作

最后就可以得到关于不同地区订单数量比较以及累计订单比例变化的排列图，如图2-17所示。

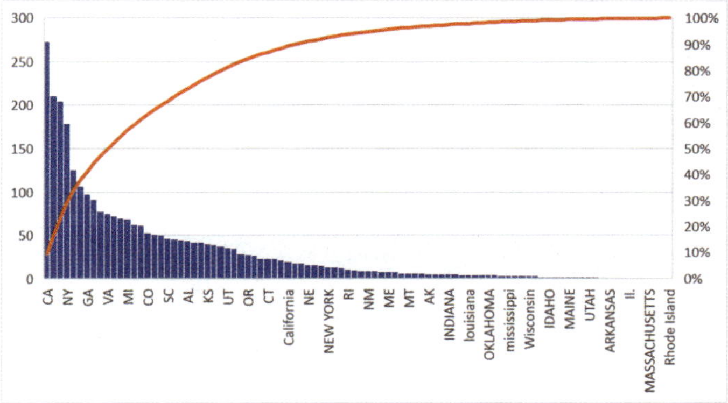

图2-17 订单比例变化排列图

2.2 利用散点图表示数据关系①

2.2.1 利用散点图比较信息对象

作为常用的图表形式，散点图常用来比较各个信息对象的不同，如图2-18所示。

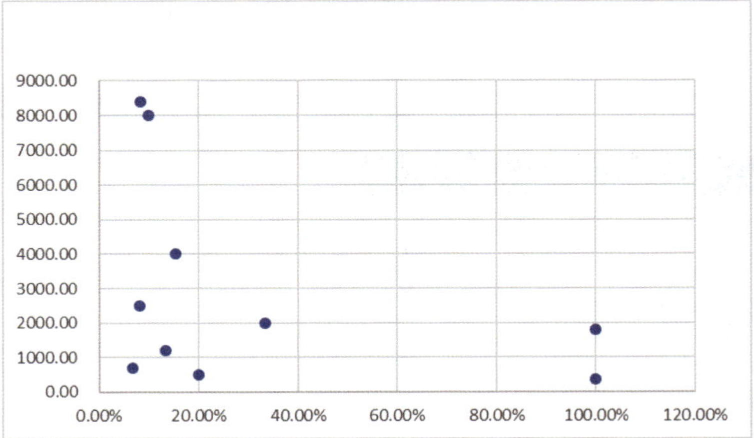

图2-18 某一店铺内10个产品的广告ACOS数值与订单额的散点图

① 注意：2.2章节所讲解的图表示例对应Excel文件“散点图表格示例”，请根据自身学习需要自行下载查看。

从图2-18中可以看到不同信息对象，即产品的定位。表格的横轴代表了不同产品的广告ACOS数值，表格的纵轴代表了不同产品的总订单额。例如，表格左上角的位置代表了低ACOS数值且高订单额，那么处于这个区域的产品就是表现较为优秀的产品；表格右下角的位置代表了高ACOS且低订单额，那么处于这个区域的产品就是表现较为糟糕的产品。

在Excel（2016版）中可以直接生成如图2-18所示的简易散点图。首先下载并且打开“散点图表格示例”的Excel文件，页面如图2-19所示。

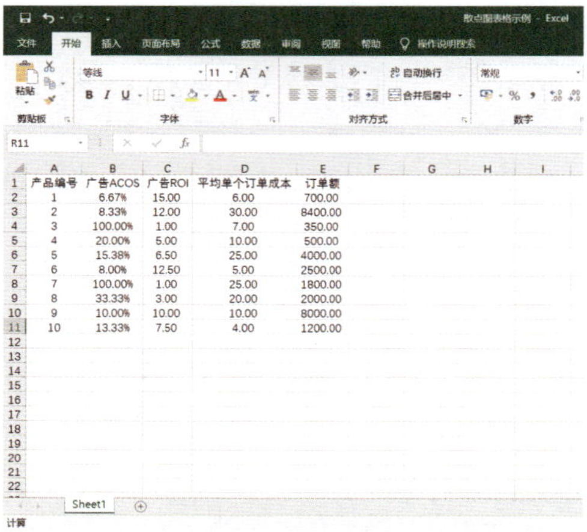

产品编号	广告ACOS	广告ROI	平均单个订单成本	订单额
1	6.67%	15.00	6.00	700.00
2	8.33%	12.00	30.00	8400.00
3	100.00%	1.00	7.00	350.00
4	20.00%	5.00	10.00	500.00
5	15.38%	6.50	25.00	4000.00
6	8.00%	12.50	5.00	2500.00
7	100.00%	1.00	25.00	1800.00
8	33.33%	3.00	20.00	2000.00
9	10.00%	10.00	10.00	8000.00
10	13.33%	7.50	4.00	1200.00

图2-19　打开“散点图表格示例”页面

制作散点图需要筛选具体的信息对象，本例讲解选择“广告ACOS”与“订单额”，如图2-20所示。

之后在Excel上方的工具栏中选择“插入”，再点击“推荐的图表”，如图2-21所示。

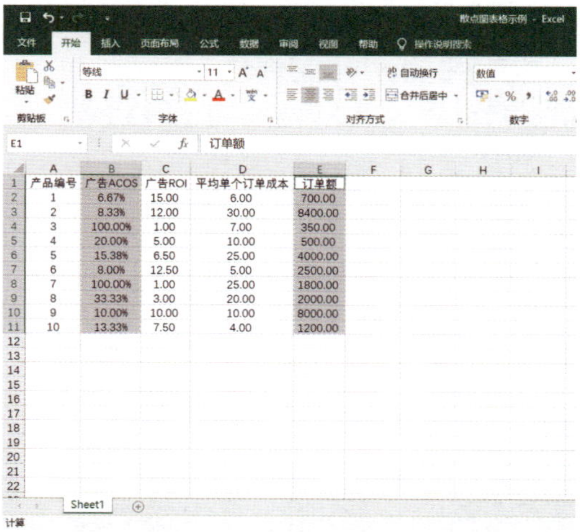

图2-20　选择“广告ACOS”与“订单额”

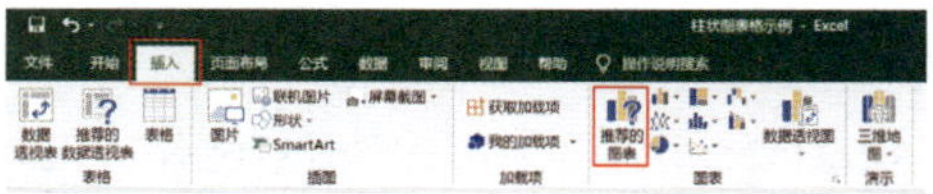

图2-21　点击“推荐的图表”

在弹出的操作页面上方选择“所有图表”，然后选择“X Y散点图”，再点击第二种散点图图表形式，如图2-22所示。

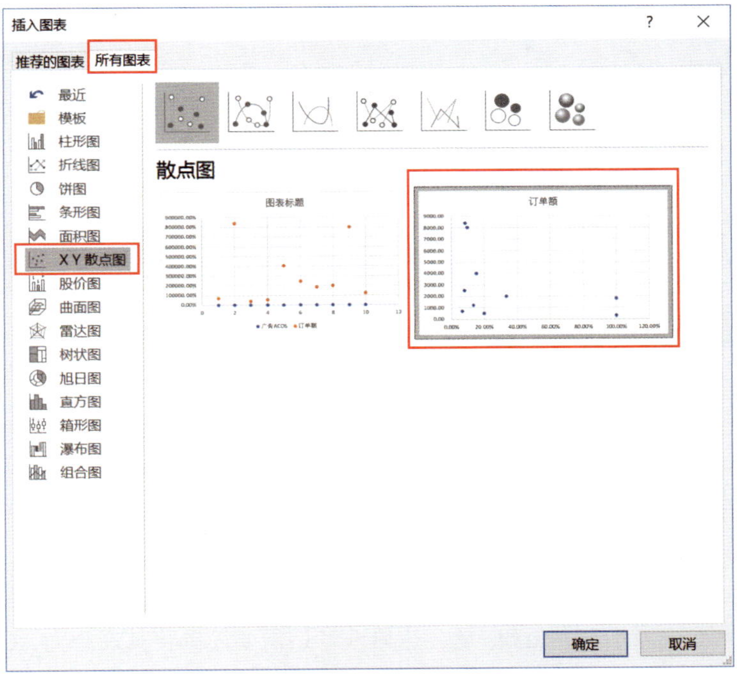

图2-22　点击“XY散点图”

最后，即可以得到10个不同产品广告ACOS数值与总订单额的对应关系，如图2-23所示。

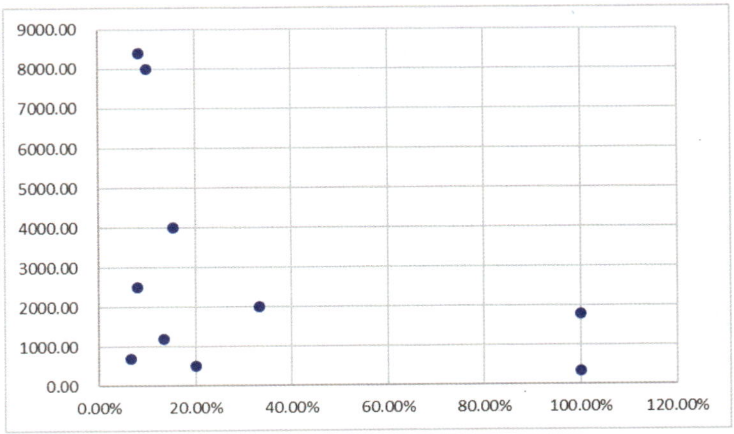

图2-23　广告ACOS数值与总订单额散点图

2.2.2 利用气泡图观察多指标间的关系

虽然普通散点图已经可以对比不同信息对象之间的关系，但就如同二维柱状图一样，散点图能够承载的信息量非常有限，如果想要在图表中添加更多的信息，需要使用气泡图来完成，如图2-24所示。

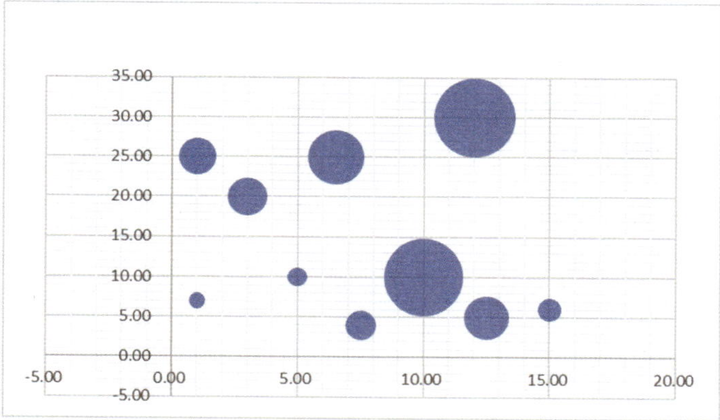

图2-24 不同产品信息对比气泡图

在图2-24所示的气泡图中，横轴代表了10个不同产品的广告投资回报率即ROI（关于ROI的计算会在后续章节陆续涉及，这里读者只需要简单将其理解为ACOS的倒数即可），纵轴代表了10个不同产品的单个订单的平均成本（注意，这里的订单成本不仅仅包含广告成本，还包含了库存成本、人工成本、生产成本在内的所有费用支出），气泡图中气泡的面积大小代表了不同产品的总订单额。

气泡图和散点图一样，不同的区域也拥有不同的含义：表格左上角的位置代表了低投资回报率且高订单成本，处于这个区域的产品就是表现较为糟糕的产品；表格右下角的位置代表了高投资回报率且低订单成本，处于这个区域的产品就是表现较为优秀的产品。

除此之外，气泡图中的气泡面积可以结合气泡区域进行分析。例如，如果有产品处于气泡图左上角区域，且气泡面积较大（即订单额较高），那么作为运营者可以有两种策略：一是优化该产品使其逐渐转移到气泡图的其他位置；二是尽量减小该产品气泡的面积（即减少该产品的订单额）从而能够控制风险。反之亦然，如果有产品处于气泡图右下角区域，且气泡面积较小（即产品订单额较低），那么作为运营者只需要在维持该产品气泡位置不变的情况下，尽量扩大气泡面积（即增加产品订单额）即可。

本小节仍然使用“散点图表格示例”的Excel文件为例来讲解。首先选择“广告ROI”“平均单个订单成本”“订单额”这三列数据，如图2-25所示。

之后在Excel上方的工具栏中选择“插入”，再点击“推荐的图表”，如图2-26所示。

在弹出的操作页面上方选择“所有图表”，然后选择“X Y散点图”，点击上方排列第六的“气泡图”，再选择第二种气泡图图表形式，如图2-27所示。

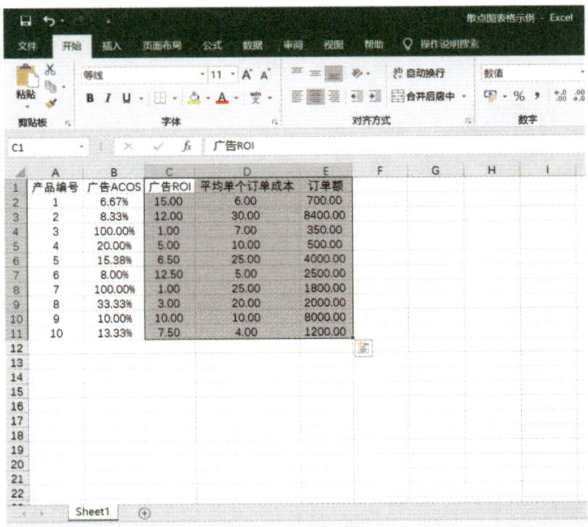

图2-25　选择三列数据

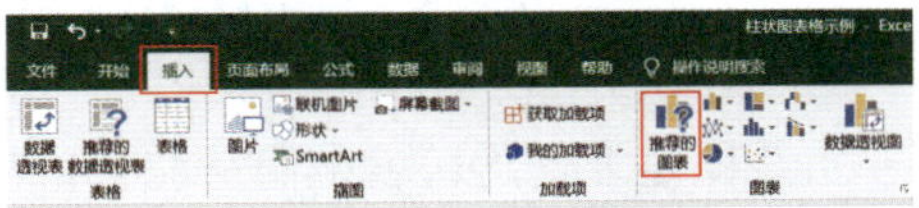

图2-26　点击“推荐的图表”

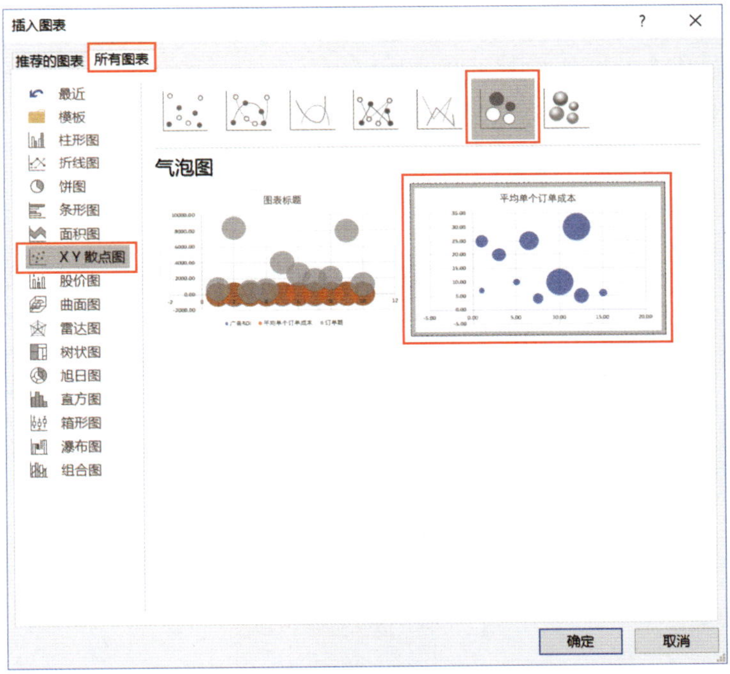

图2-27　选择气泡图图表形式

最后就可以得到10个不同产品的气泡图，其中包含了“广告ROI”“平均单个订单成本”“订单额”三个数据维度，如图2-28所示。

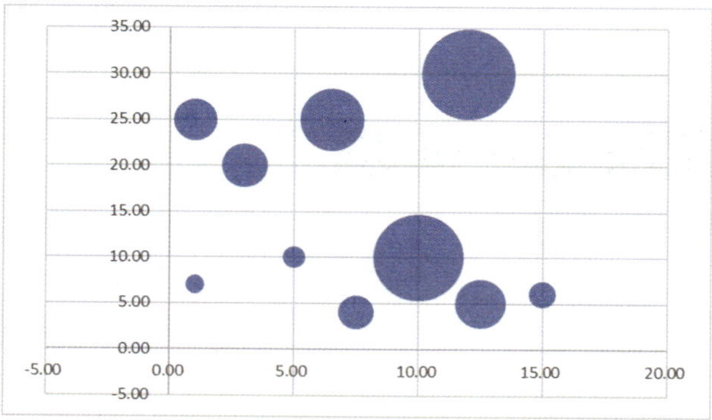

图2-28　三个数据维度气泡图

2.3　利用折线图观察时间序列数据①

折线图是亚马逊跨境电商从业者日常运营过程中最常见的图表之一，在处理店铺日常业绩时，运营者时常需要运用折线图来进行业绩分析和运营决策，而折线图本身就是处理这类时间序列数据的利器。时间序列数据（time series data）是在不同时间上搜集到的数据，这类数据是按时间顺序搜集的，用于所描述现象随时间变化的情况，亚马逊平台上产生的运营业绩就属于时间序列数据中的一种。运用Excel软件，运营者可以结合需要的信息与数据快速生成折线图表，如图2-29所示。

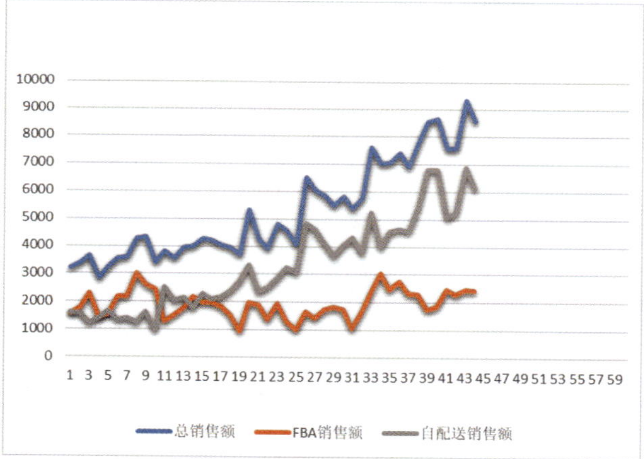

图2-29　运营业绩折线图

图2-29中，折线图的横轴代表了不同的运营天数，即第1天到第60天；纵轴代表了

① 注意：2.3节所讲解的图表示例对应Excel文件“折线图表格示例”，请根据自身学习需要自行下载查看。

当天的业绩。图表中一共包含了三种不同的业绩数据，分别为“总销售额”“FBA销售额”（FBA即“Fulfillment by Amazon”，指的是亚马逊“prime order”配送服务）和“自配送销售额”（自配送又被称为FBM即“Fulfilment by Merchant”）。其中，总销售额=FBA销售额+自配送销售额。从图中可以看到“总销售额”与“自配送销售额”都处于一个快速上升的阶段，而“FBA销售额”处于一个震荡波动的阶段，至于具体的业绩预测方法会在下文中依次讲述。

在Excel（2016版）中可以直接生成如图2-29所示的基本折线图。首先下载并且打开“折线图表格示例”的Excel文件，页面如图2-30所示。

考虑到业绩本身是时间序列数据，所以需要将数据全部选择，如图2-31所示。

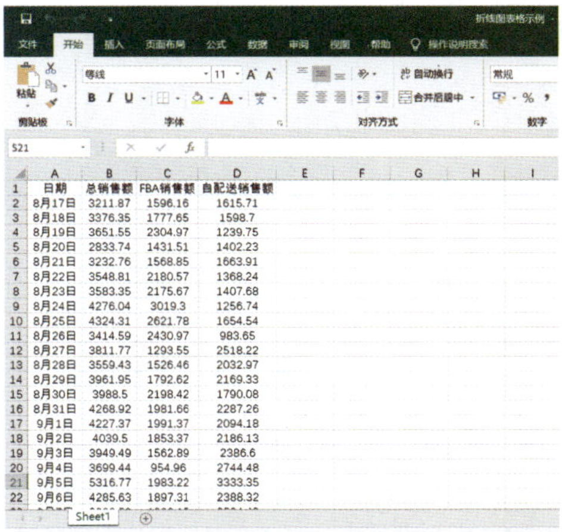

图2-30 “折线图表格示例”页面

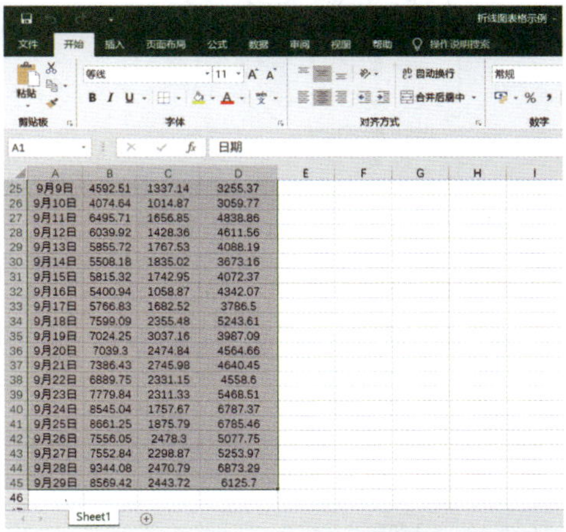

图2-31 选择全部数据页面

之后在Excel上方的工具栏中选择“插入”，再点击“推荐的图表”，如图2-32所示。

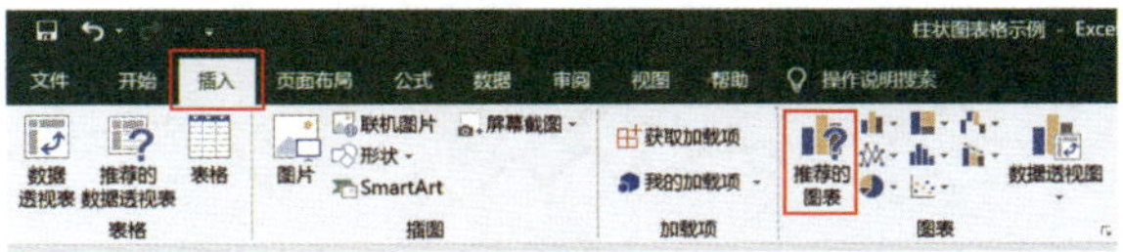

图2-32 点击“推荐的图表”

在弹出的操作页面上方选择“所有图表”，然后选择“折线图”，直接选择默认图表形式即可，如图2-33所示。

最后就可以得到关于“总销售额”“FBA销售额”和“自配送销售额”的折线图了，如图2-34所示。

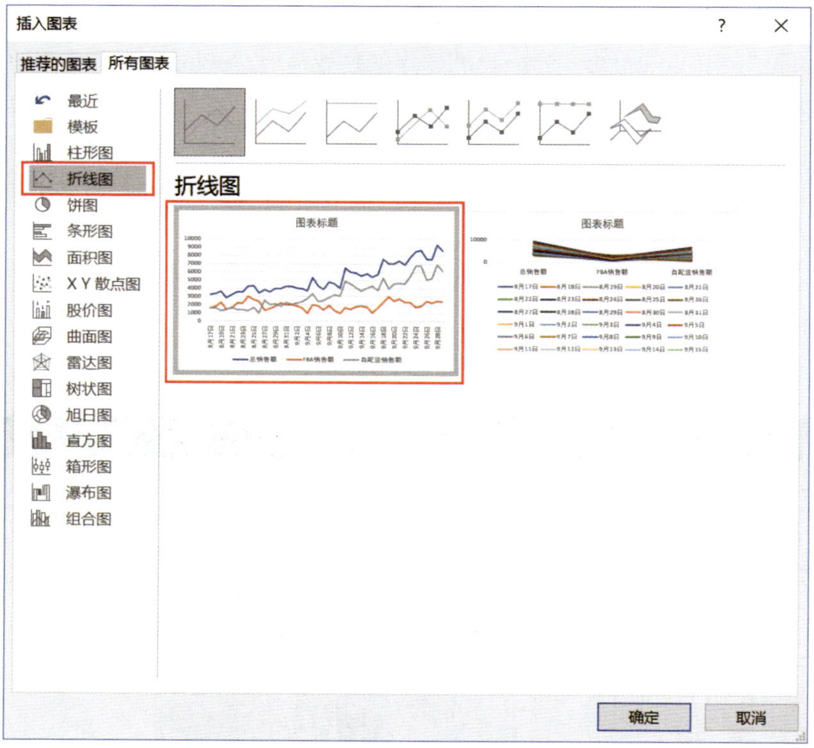

图2-33 选择“折线图”操作

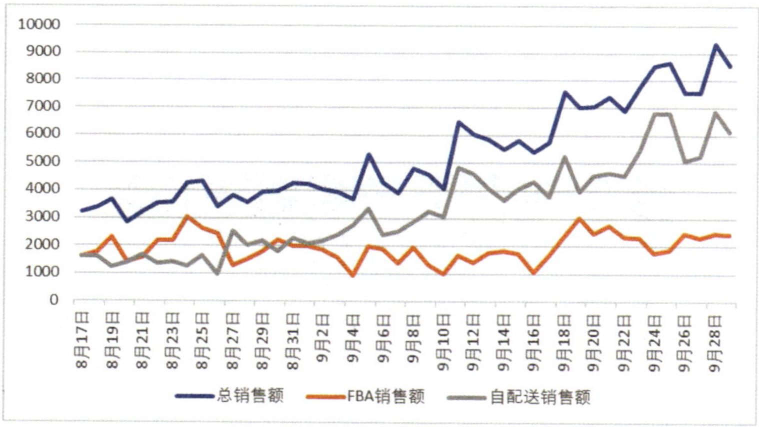

图2-34 三项销售额折线图

在Excel（2016版）中，可以直接在折线图表中添加预测线即“趋势线”。“趋势线”会根据图表中的数据信息自动生成一条直线，运营者可以根据“趋势线”来判断未来业绩的波动趋势。如果想要添加“趋势线”，首先单击折线图表，在其右边出现的选择项中选择第一个即“图表元素”，如图2-35所示。

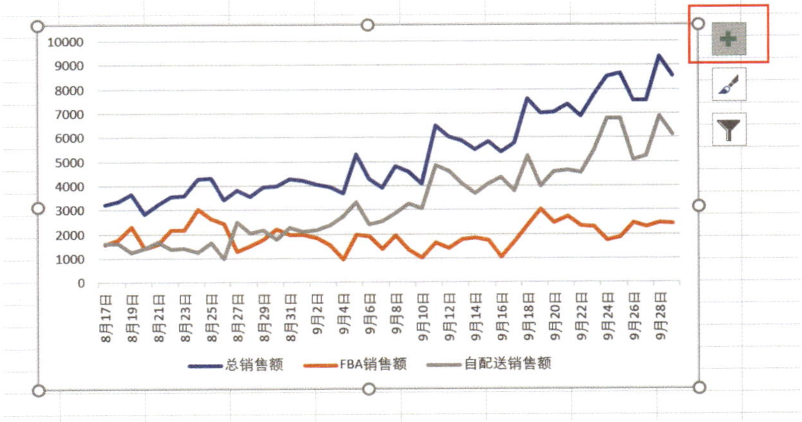

图2-35　选择“图表元素”操作

然后在弹出的图标元素选择栏中选择“趋势线”，如图2-36所示。

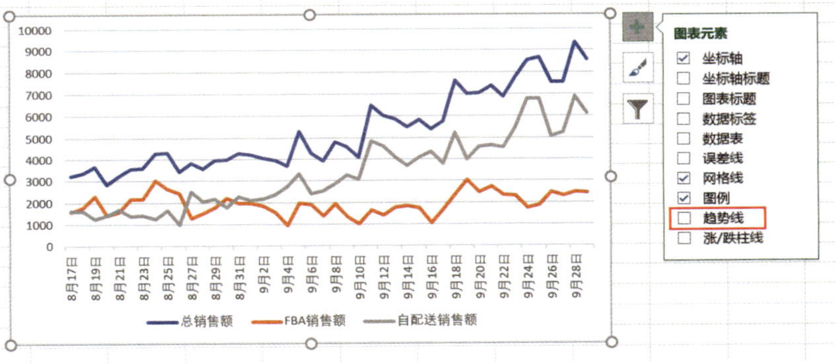

图2-36　选择“趋势线”操作

随后在弹出的页面中选择需要绘制“趋势线”的数据源。本次案例讲解以“总销售额”为例，直接选择默认数据源即可，如图2-37所示。

最后就可以得到关于“总销售额”的“趋势线”。在原图表中“趋势线”会以虚线的形式展现。在通常的运营场景下，如果只是为了做简单的销量预测和风险估计，那么“线性预测”就已经可以符合运营要求，其最终图表形式如图2-38所示。

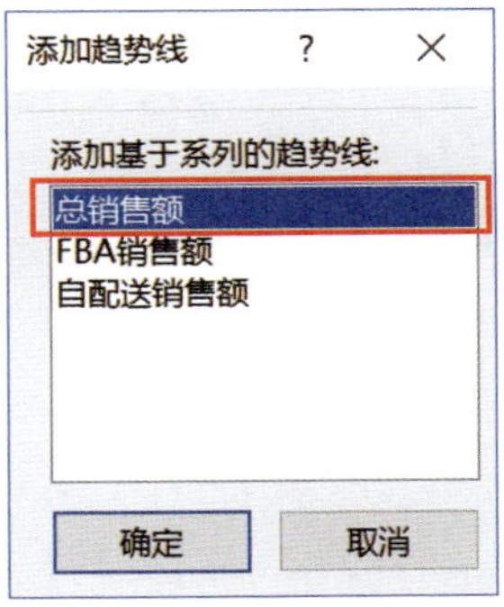

图2-37　选择“总销售额”数据源

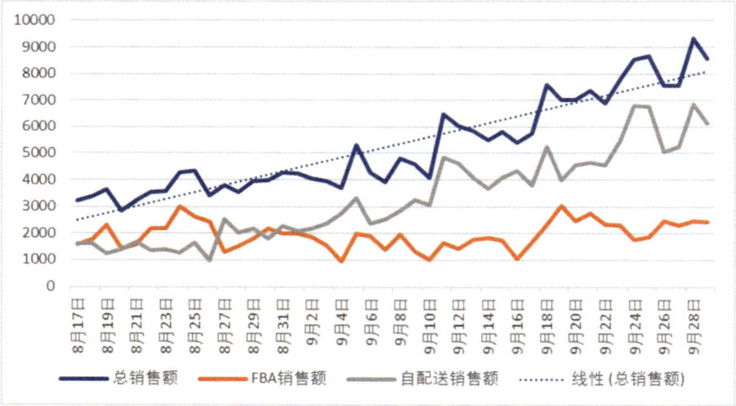

图2-38　总销售额“趋势线”图

关于“FBA销售额”与“自配送销售额”的“趋势线”可以根据上述步骤如法炮制。

2.4　利用雷达图展现多维数据

注意：2.4章节所讲解的图表示例对应Excel文件“雷达图表格示例”，请根据自身学习需要自行下载查看。

雷达图与上述的柱状图、散点图、折线图不同，其核心理念是“多维对比”，它能够直观地呈现复数个信息对象在多个指标上的对比情况，如图2-39所示为产品属性雷达图。

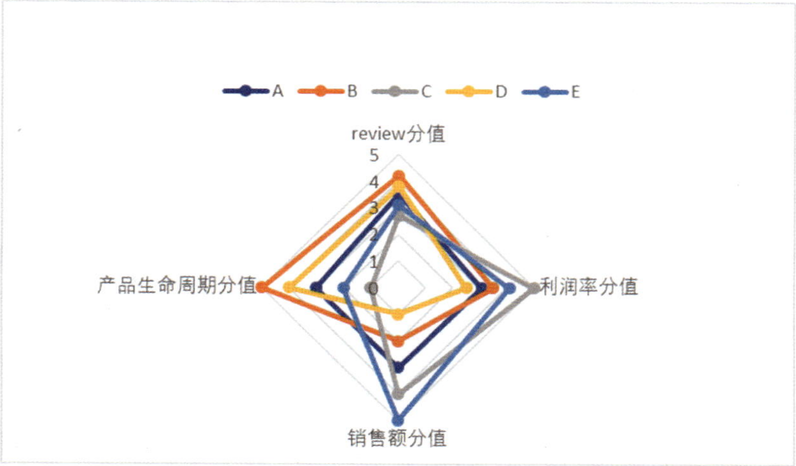

图2-39　多维雷达图

从图2-39的雷达图中可以看到，产品E在销售额属性上的表现是最佳的，但是其在产品生命周期与review评分上表现较差。与之相反的是产品B与产品D，虽然它们销售额一般，但是产品生命周期较长，review评分也较为理想。运营者通过雷达图就可以直观地对比不同产品的多个属性，从而对于各个产品的定位有一个更加清晰的理解。

在Excel（2016版）中可以直接生成如图2-39所示的多维雷达图。首先下载并且打开“雷达图表格示例”的Excel文件，页面如下图2-40所示。

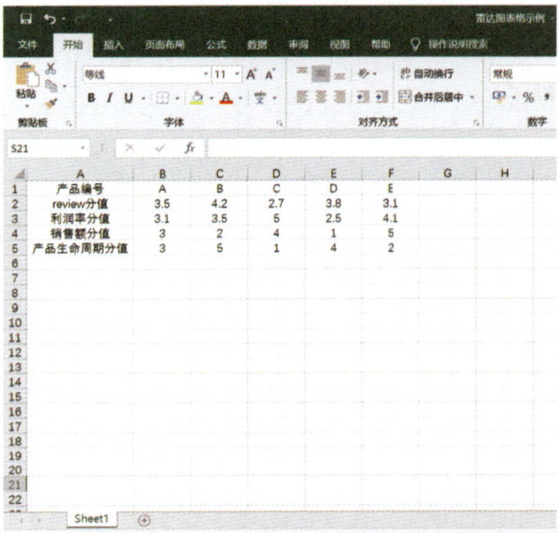

图2-40 “雷达图表格示例”页面

然后选择所有数据，如图2-41所示。

之后在Excel上方的工具栏中选择“插入”，再点击“推荐的图表”，如图2-42所示。

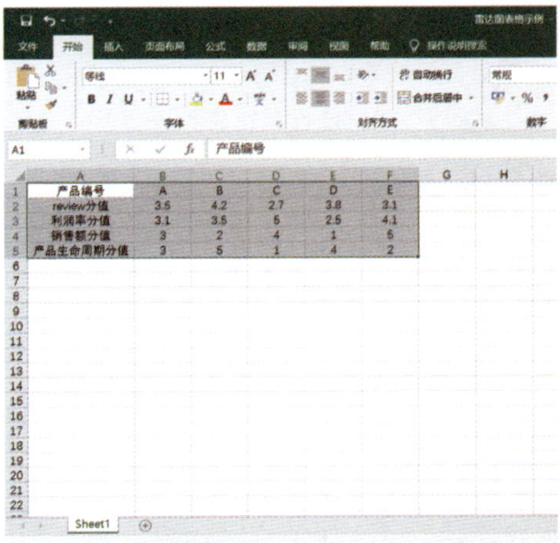

图2-41 选择所有数据

图2-42 点击“推荐的图表”

在弹出的操作页面上方选择“所有图表”，然后选择“雷达图”，点击第二种雷达图展现形式，如图2-43所示。

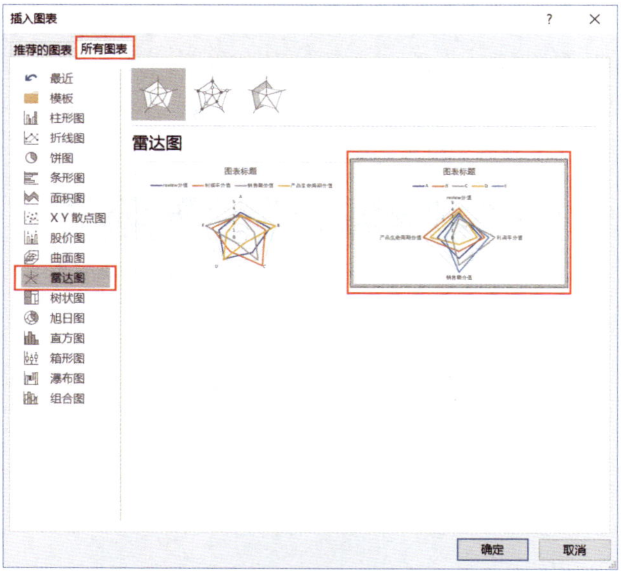

图2-43　选择“雷达图”

最后就可以得到针对A、B、C、D、E五个不同产品在“review”“产品生命周期”“销售额”和“利润率”四种不同维度上的雷达图了，如图2-44所示。

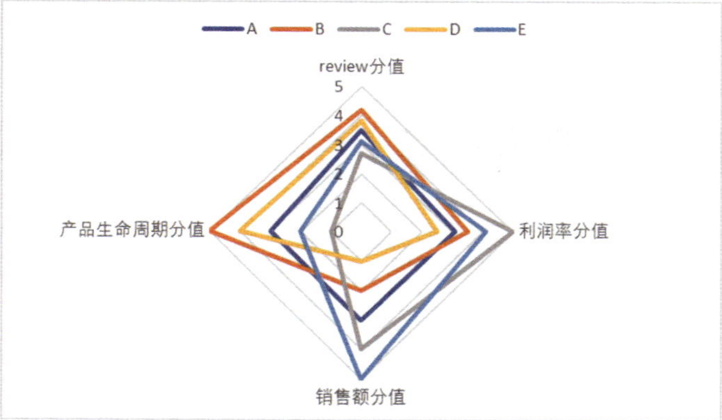

图2-44　四种不同维度上的雷达图

在雷达图的制作过程中，需要注意以下几点：

1 雷达图展现的线条不要多于5条，衡量的指标不要多于8个。

2 雷达图的指标必须是正向的，即数值越大，指标对应的事务就越好。

3 雷达图的指标需要标准化，如在本小节使用的案例中，A~E五个产品的四种属性都被标准化为1~5的分值进行打分。

4 雷达图可以用来衡量截面数据，但是不适用于衡量时间序列数据。

雷达图的具体应用将在后续章节中详细介绍。本节读者只需理解雷达图的基本用途和操作方式即可。

2.5　利用漏斗图分析数据转化

注意： 2.5章节所讲解的图表示例对应Excel文件“漏斗图表格示例”，请根据自身学习需要自行下载查看。

在从事亚马逊运营的过程中，为了能够了解在电商购物环节流量的流失比例，运营者需要通过漏斗图来量化电商流程内的环节，并且追踪各个环节的转化效率，如图2-45所示。

图2-45漏斗图展示了亚马逊运营过程中常见的“listing曝光漏斗”情况，漏斗的最上端为“曝光量”，其次为“点击量”，之后为“订单量”，最后是“留评量”。在此案例中，从曝光→点击的流量流失率为（1000-300）/1000=70%，从点击→订单的流量流失率为（300-60）/300=80%，从订单→留评的流量流失率为（60-6）/60=90%。在后续章节中将结合流量流失率和漏斗图，对运营中的广告优化环节和listing优化环节依次进行详述。在本小节的内容中读者只需要掌握流量流失率的基本计算方法和漏斗图的绘图操作即可。

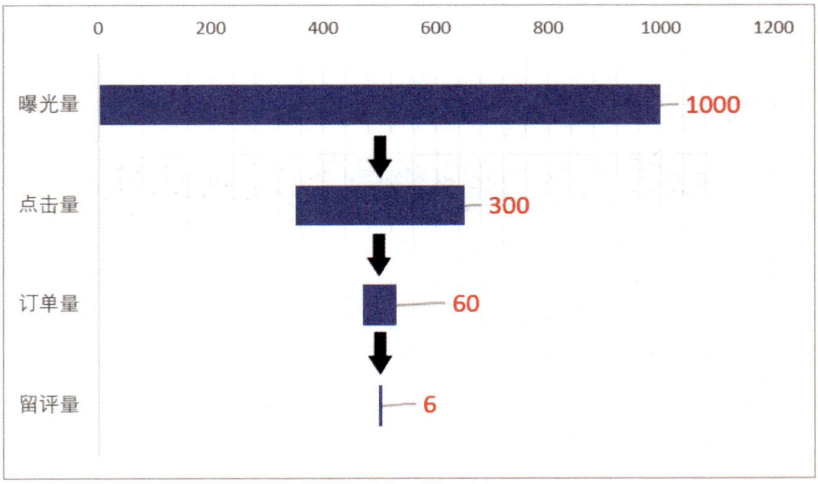

图2-45　漏斗图示意图

在Excel（2016版）中并不能直接根据表格数据生成漏斗图，但是可以通过一些图表的转换来绘制漏斗图，首先下载并且打开“漏斗图表格示例”的Excel文件，页面如下图2-46所示。

需要注意的是，表格中除了有基本的listing数据即“数值”列，还存在一个辅助绘图“占位数据”（图2-47）。占位数据指的是在后续绘图过程中“占据栏位”的空白数据，其计算方法为漏斗最上方栏位数值减去当前栏位数值，然后再除以2。例如，“点击量”的“占位数据”为（1000-300）÷2=350，而“订单量”的“占位数据”为（1000-60）÷2=470。表格中的环节转化率的计算方法为当前栏位数值除以上一栏位的数值，如“点击量”的环节转化率为300/1000=30%，订单量的环节转化率为60/300=20%。

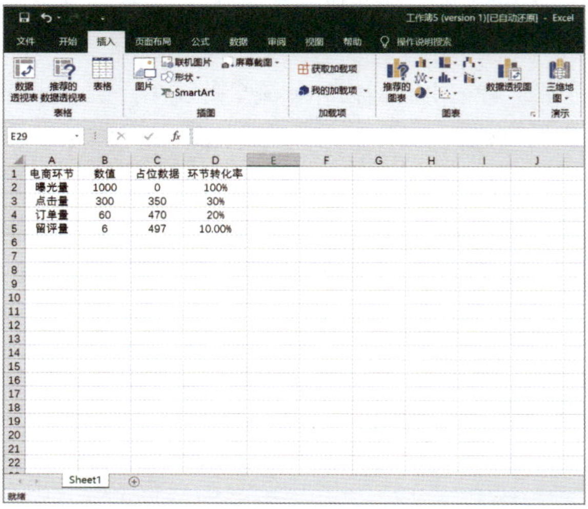

图2-46 “漏斗图表格示例”页面

电商环节	数值	占位数据	环节转化率
曝光量	1000	0	100%
点击量	300	350	30%
订单量	60	470	20%
留评量	6	497	10.00%

图2-47 辅助绘图“占位数据”

在理解了“占位数据”和“环节转化率”后，选择前3列数据作为绘图数据源，如图2-48所示。

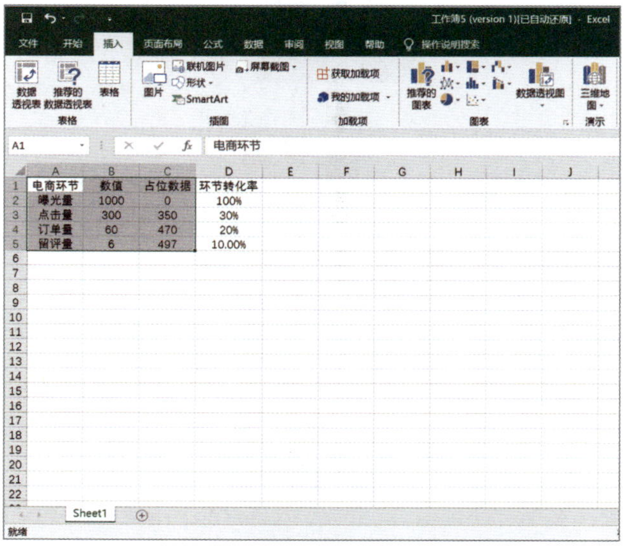

图2-48 选择绘图数据源

之后在Excel上方的工具栏中选择“插入”，再点击“推荐的图表”，如图2-49所示。

在弹出的操作页面上方选择“所有图表”，然后选择“条形图”，之后点击“堆积条形图”，直接选择默认的图表形式即可，如图2-50所示。

图2-49　点击“推荐的图表”

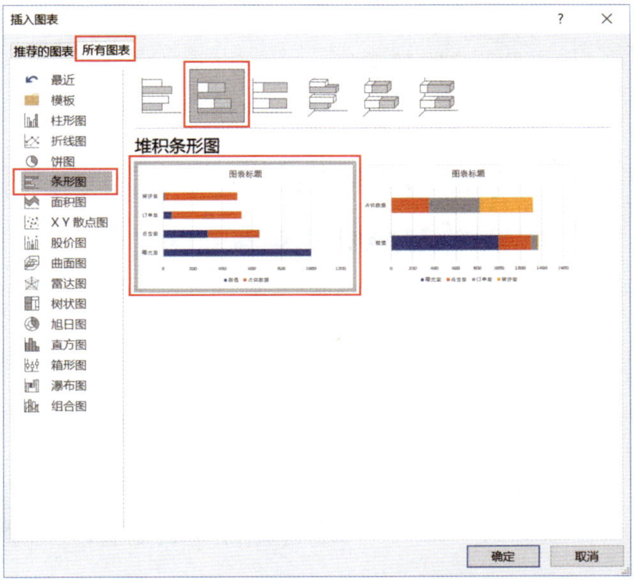

图2-50　选择“条形图”

尔后就可以得到一个初始的堆积条形图，如图2-51所示。

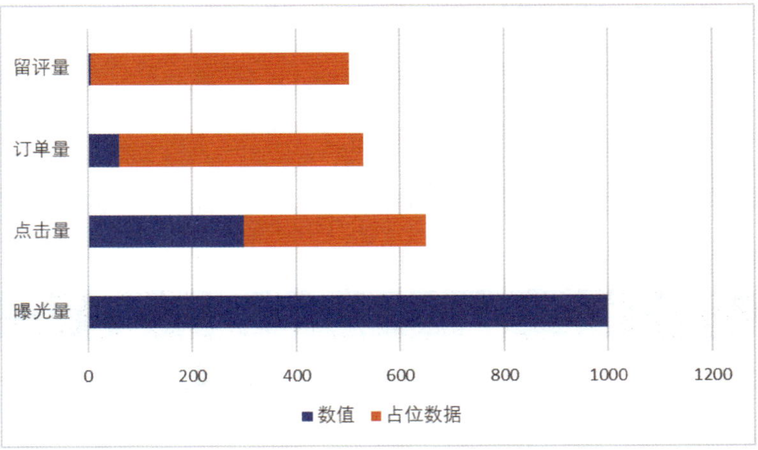

图2-51　初始堆积条形图

双击堆积条形图的纵轴即“垂直轴”，会弹出“设置坐标轴格式”的窗口，在窗口的下端选择“逆序类别”，如图2-52、图2-53所示。

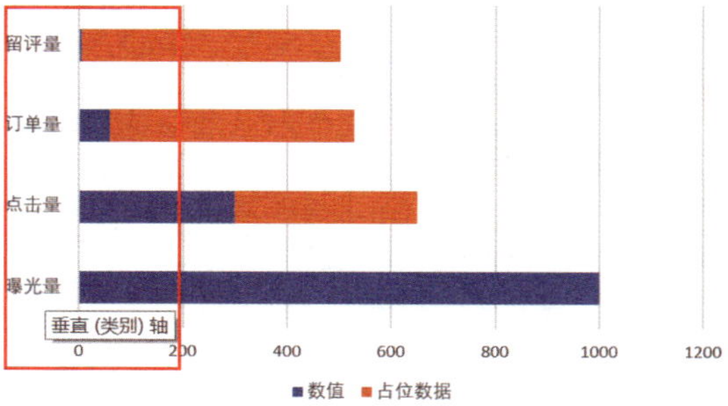

图2-52　双击“垂直轴”

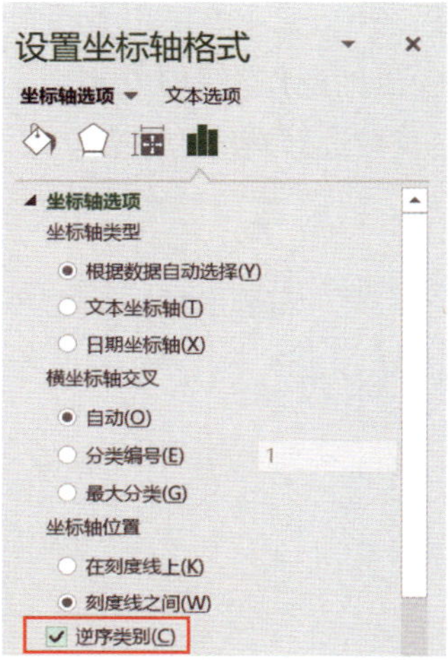

图2-53　选择“逆序类别”

操作之后原本的堆积条形图会变成如图2-54所示的形式。

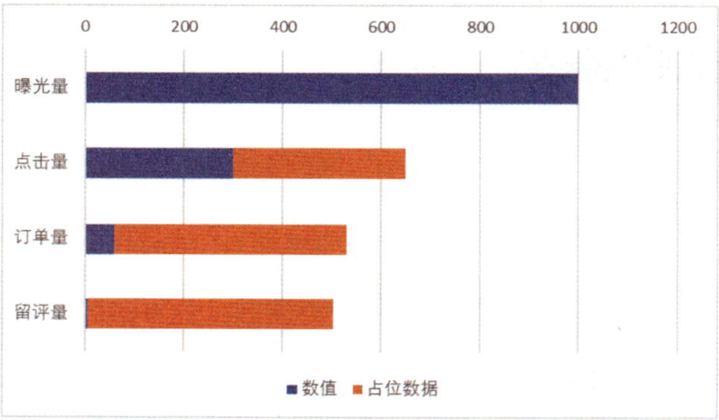

图2-54　转换堆积条形图

然后单击图表，在上方选项栏中选择“设计”，再点击“选择数据”的选项，如图2-55所示。

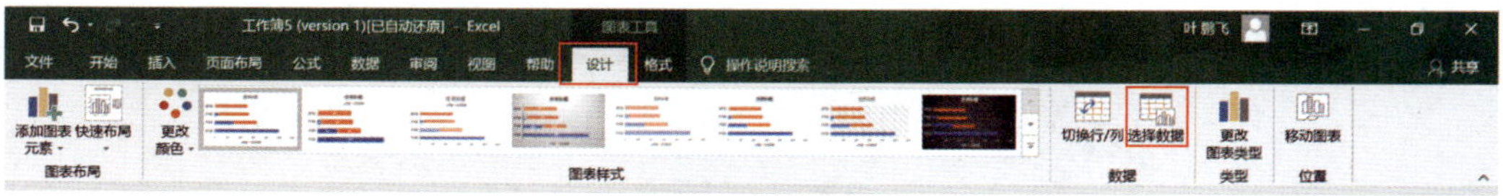

图2-55　点击“选择数据”

在弹出的“选择数据源”窗口中点击“占位数据”，然后再点击“上移”，操作过程如图2-56所示。

新的堆积条形图将变成如图2-57所示的图表形式。

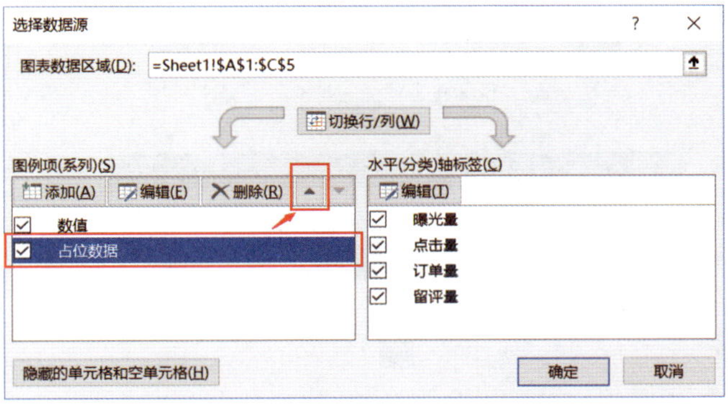

图2-56 “选择数据源”窗口操作

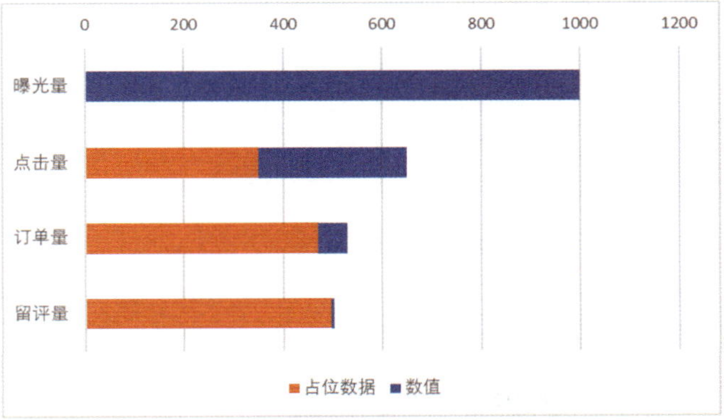

图2-57 新的堆积条形图

双击图表中橙色部分即“占位数据”部分，在右边弹出的“设置数据系列格式”中点击“填充与线条”，再选择“无填充”，操作过程如图2-58所示。

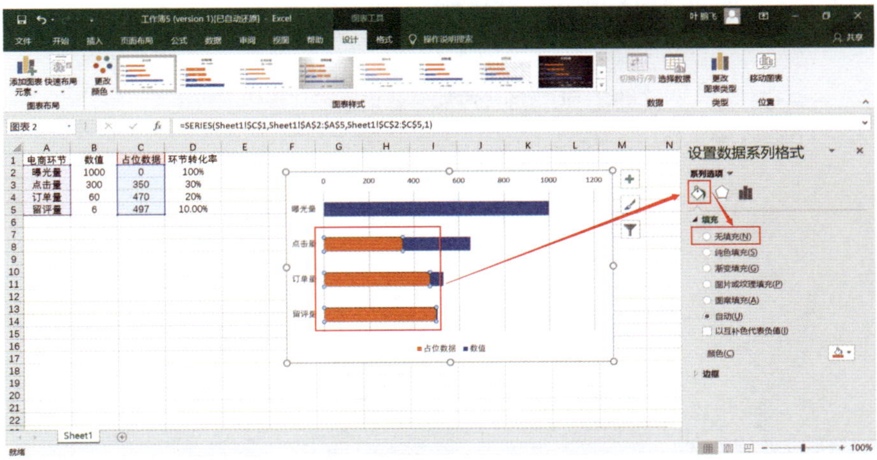

图2-58 “占位数据”窗口操作

这时一张基本的漏斗图就完成了，如图2-59所示。

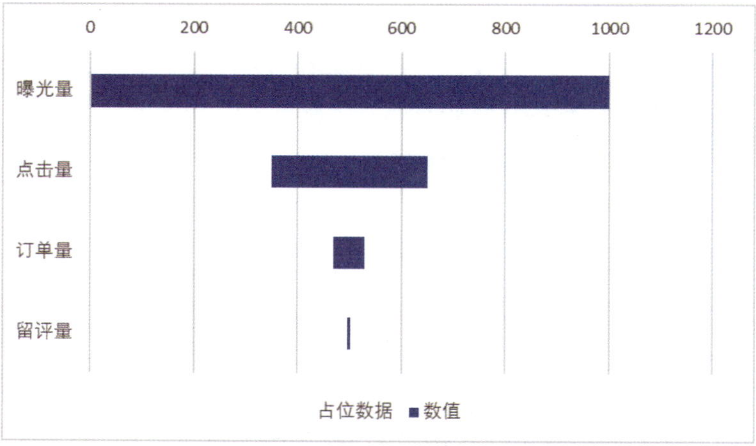

图2-59　基本的漏斗图

如果想要在图表中添加具体数值，可以选择添加“数据标签”，然后再适当调整数值的大小和位置，其操作与最终的图表形式如图2-60所示。

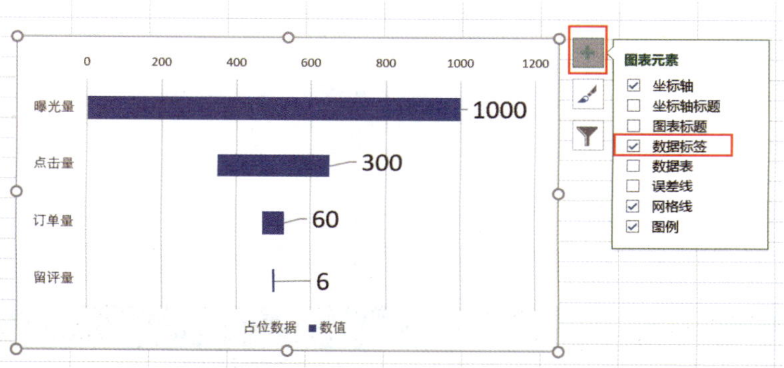

图2-60　选择添加“数据标签”操作

第 3 章

掌握数据化运营的步骤

数据化运营要分几个步骤完成？

每个步骤的意义是什么？

每个步骤分别需要怎样的技能？

注意：第三章节的订单报表数据对应Excel文件“订单报表”，请根据自身学习需要自行下载查看。

3.1 数据采集

本书在1.4.1小节中已提及数据化运营对数据的要求，而数据需要通过数据采集的方式获得。采集方法共分为三类：人工采集、报表采集、自动化抓取采集。

3.1.1 人工采集

人工采集是指运营者自己通过基本的“复制粘贴”的方式到亚马逊平台上采集数据，其一般应用于亚马逊前台数据，如图3-1~图3-5所示的数据都可以通过人工采集的方式获得。

COSCO Products 20" x 48" Resin Top Folding Table, Black
819
$42.85
prime Get it as soon as Thu, Sep 5
FREE Shipping by Amazon
More Buying Choices
$39.04 (18 used & new offers)

图3-1 listing曝光页面的标题、review评分、review数量、价格

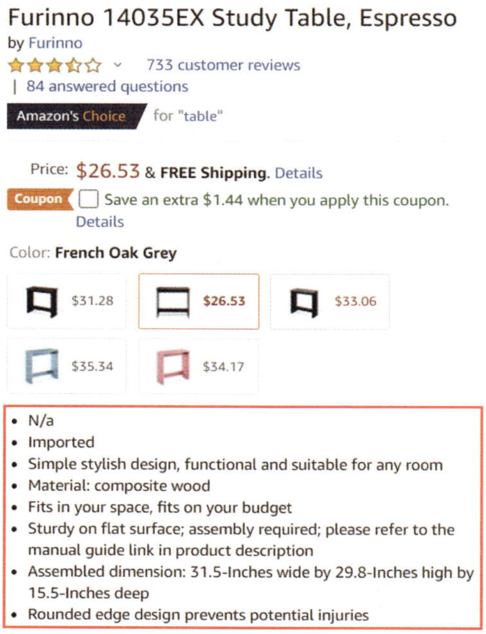

Furinno 14035EX Study Table, Espresso
by Furinno
733 customer reviews
| 84 answered questions
Amazon's Choice for "table"
Price: $26.53 & FREE Shipping. Details
Coupon Save an extra $1.44 when you apply this coupon.
Details
Color: French Oak Grey
$31.28
$26.53
$33.06
$35.34
$34.17
• N/a
• Imported
• Simple stylish design, functional and suitable for any room
• Material: composite wood
• Fits in your space, fits on your budget
• Sturdy on flat surface; assembly required; please refer to the manual guide link in product description
• Assembled dimension: 31.5-Inches wide by 29.8-Inches high by 15.5-Inches deep
• Rounded edge design prevents potential injuries

图3-2　listing详情页的描述内容

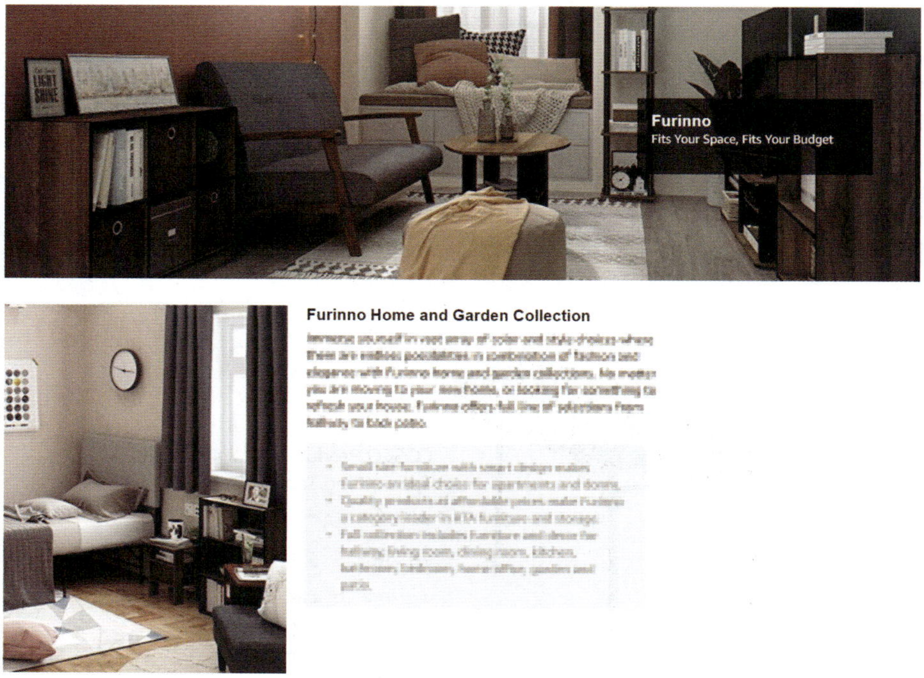

图3-3　A+图文广告

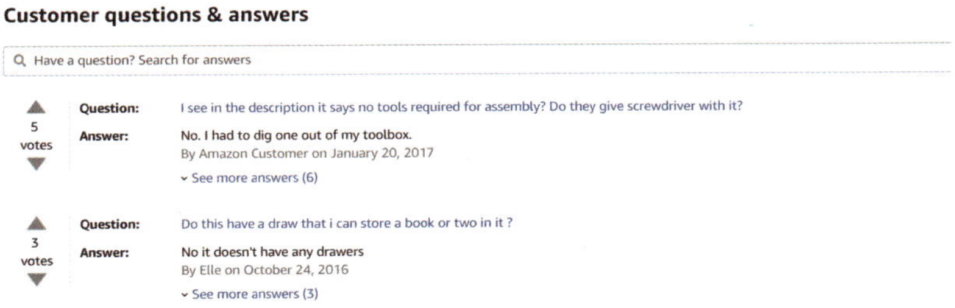

Customer questions & answers
Have a question? Search for answers
5
votes
Question:
I see in the description it says no tools required for assembly? Do they give screwdriver with it?
Answer:
No. I had to dig one out of my toolbox.
By Amazon Customer on January 20, 2017
See more answers (6)
3
votes
Question:
Do this have a draw that i can store a book or two in it ?
Answer:
No it doesn't have any drawers
By Elle on October 24, 2016
See more answers (3)

图3-4　Q&A文本内容

图3-5　用户review的文本内容和图片

人工采集的优点是无技术门槛，灵活方便；缺点是效率低下。所以此种方式一般应用于亚马逊跨境电商运营的关键领域。例如，在5.11.5小节中，将会介绍如何利用人工采集的方式统计不同关键字的搜索信息，从而对关键字进行数据化评分。其评分表格如图3-6所示。

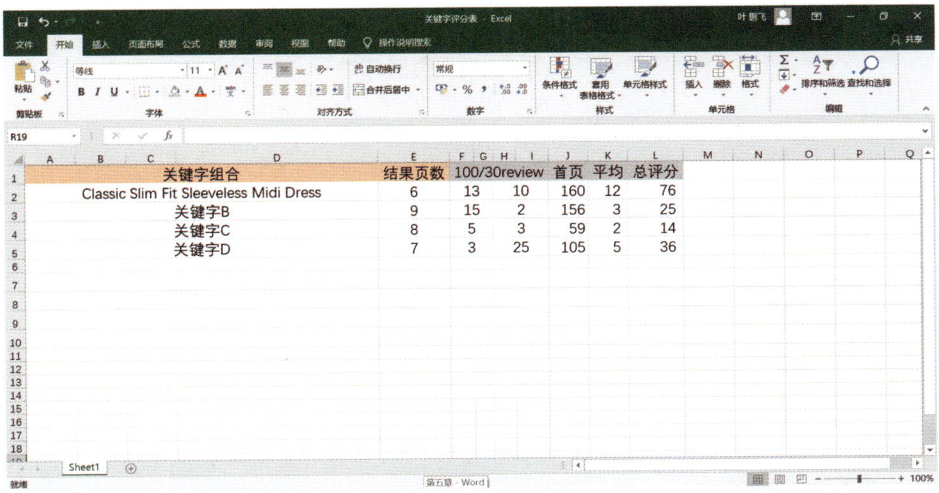

关键字组合	结果页数	100/30review		首页	平均	总评分
Classic Slim Fit Sleeveless Midi Dress	6	13	10	160	12	76
关键字B	9	15	2	156	3	25
关键字C	8	5	3	59	2	14
关键字D	7	3	25	105	5	36

图3-6　关键字评分表格图

除此之外，在本书7.2节与7.3节还会介绍如何利用人工采集到的listing数据，完成对产品图片和价格的分析。因此，人工采集是数据化运营中最常见的数据采集方式，其采集的数据可以大量应用于关键字优化、产品listing优化等重要的运营环节。

3.1.2 报表采集

报表采集是指通过下载亚马逊店铺后台的数据报表完成数据采集，其针对的是后台数据，如广告数据、订单数据、listing流量数据、店铺流量数据等。因为报表采集的方式操作较为简单，所以本小节内容以订单报表为例，简单讲述其下载操作过程。

第一步 点击主页面-订单下的订单报告，如图3-7和图3-8所示。

图3-7 点击主页面订单

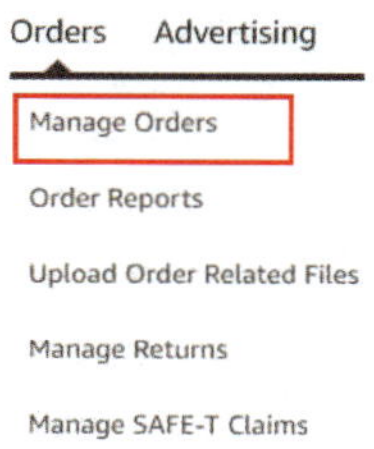

图3-8 点击订单报告

第二步 点击请求订单报告，选择日期天数，生成订单报告（最多可导出过去90天的数据），如图3-9所示。

除了选择具体时间段的下载方式，也可以选择每天自动生成订单报表的设置，如图3-10所示。

第三步 等待15~45分钟就可以生成订单报告，然后再点击下载。

广告报表、listing流量报表、店铺流量报表等其他后台报表的申请与下载操作，读者可以在网络上找到大量的基础教程，因此本小节不再赘述。

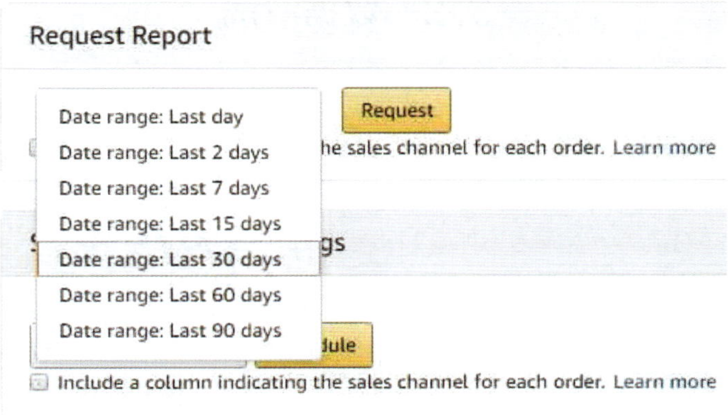

图3-9 点击请求订单报告

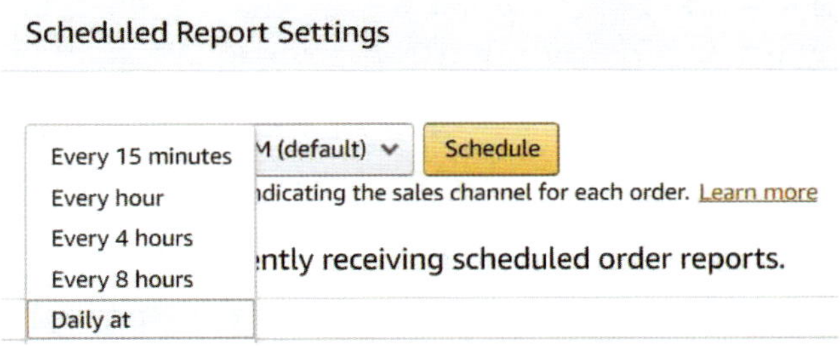

图3-10 选择自动生成订单

3.1.3 自动化抓取采集

自动化抓取采集是指通过爬虫程序自动抓取亚马逊平台的数据，属于技术性的数据采集方式。鉴于本书的受众读者是非技术从业者，所以本小节只是对这类数据采集方式做一个基础性的介绍。

自动化抓取采集主要应用于量级大、重复性高的数据采集工作，比如竞争对手listing的数据监控、数据化选品等。虽然自动化抓取采集到的数据用人工采集也可以完成，但是其采集效率低下，如100个listing的排名数据通过自动化抓取采集只需要5~10分钟的时间，而通过人工采集则需要30分钟甚至更久。

自动化抓取采集的实现方式有多种：第一种是自主研发采集程序；第二种是使用第

三方数据抓取工具（例如“八爪鱼”第三方爬虫软件）；第三种是使用亚马逊平台第三方数据插件。亚马逊跨境电商运营者可以根据自身的需求灵活使用上述三种方式，体量较大的卖家可以尝试组建自己的数据化团队，从而尝试自主研发采集程序；体量较小的卖家可以去挑选适合自己的第三方爬虫程序或者数据插件。

3.2　数据清洗

有过数据分析工作经历的运营者都知道，采集到的第一手数据一般都是无法直接进行分析的，这时候就需要对数据进行“清洗”。

对于人工采集的数据一般不需要清洗，因为人工采集时就会主观上对数据做一个筛选（如5.11.5小节中关键字评分表的数据采集），所以数据采集后可以直接进行分析和判断。

对于报表采集的数据需要结合特定的分析目的进行清洗，也是本节内容的重点。

注意：3.2章节所讲解的图表示例对应Excel文件“数据清洗”，请根据自身学习需要自行下载查看。

例如，在4.7小节中将会介绍用户画像中的用户购物习惯分析，其中最关键的数据就是订单报表中的订单时间数据，如图3-11所示。

purchase-date
2019-03-29T16:34:49-07:00
2019-03-29T23:51:40-07:00
2019-03-30T10:19:07-07:00
2019-03-30T12:54:19-07:00
2019-03-30T16:38:11-07:00
2019-03-31T06:38:27-07:00
2019-03-31T08:52:59-07:00
2019-03-31T22:31:34-07:00
2019-03-31T22:54:55-07:00
2019-03-31T23:07:23-07:00
2019-04-01T11:56:14-07:00
2019-04-01T13:25:09-07:00
2019-04-01T15:57:49-07:00
2019-04-01T17:08:03-07:00
2019-04-01T20:53:46-07:00
2019-04-02T01:25:53-07:00
2019-04-02T20:18:19-07:00
2019-04-02T21:47:16-07:00
2019-04-03T00:53:15-07:00
2019-04-03T12:09:42-07:00
2019-04-03T13:05:53-07:00

图3-11　订单报表中的订单时间数据“purchase-date”

从图3-11中可以看到，初始的订单数据为“2019-03-29T16:34:49-07:00”的格式，而如果要做用户画像分析，运营者需要的是这段数据中的订单小时时间即“16:34:49”中的“16”，那么就需要对这些数据做数据清洗的操作。

首先打开“数据清洗”的Excel文件，其页面如图3-12所示（如果图表已经完成数据清洗工作，读者只需要将清洗内容删除再重新操作一遍即可）。

然后使用Excel软件中自带的“RIGHT”函数，将“2019-03-29T16:34:49-07:00”数据中的“2019-03-29T”去除，如图3-13所示。

紧接着使用Excel软件中自带的“LEFT”函数将“16:34:49-07:00”中的“-07:00”去除，如图3-14所示。

最后再使用一次“LEFT”函数将“16:34:49”一类数据简化为“16”的小时数据，如图3-15所示。

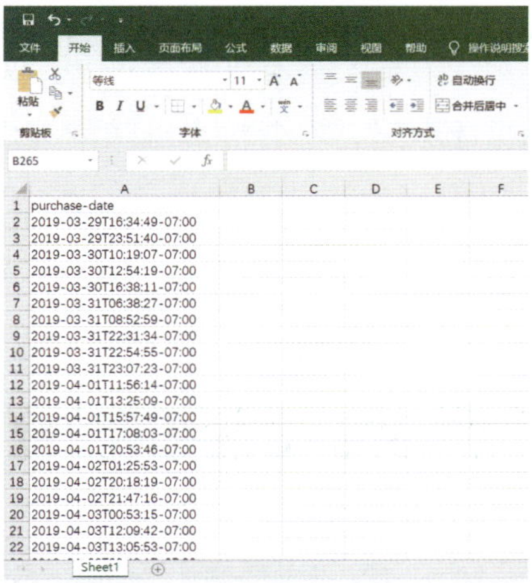

图3-12　打开“数据清洗”页面

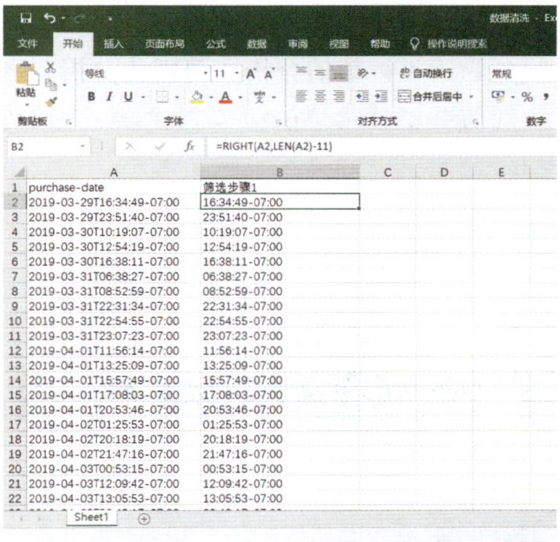

图3-13　去除数据“2019-03-29T”

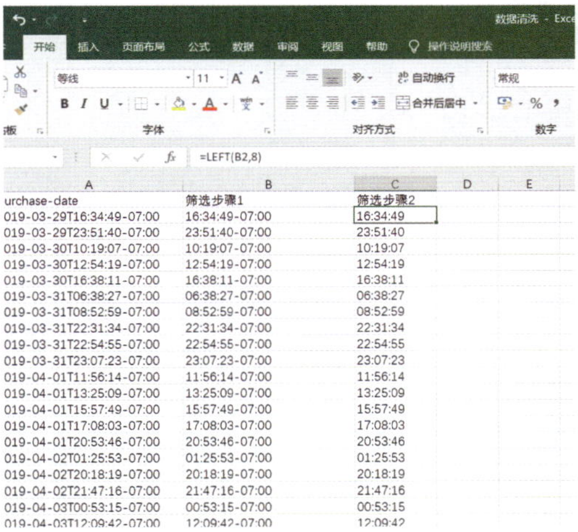

图3-14　去除数据“-07:00”

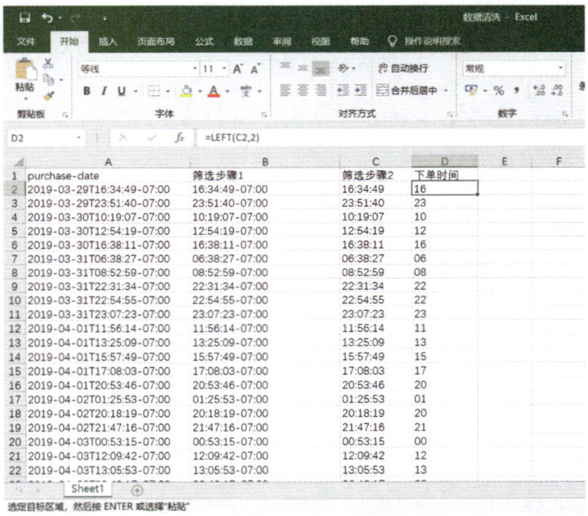

图3-15　简化为“16”的小时数据

除了对于时间数据的清洗外，运营者还可能涉及地理数据或者其他订单数据的清洗，其处理方式和上文提及的操作大同小异，在后续的章节中会依次进行讲解。

自动化抓取采集的数据需要结合相关编程语言进行清洗，因此属于IT领域的知识，有兴趣的读者可以自行查阅相关资料进行学习。

3.3　数据分析

注意：3.3章节所讲解的图表示例对应Excel文件“数据分析”，请根据自身学习需要自行下载查看。

当运营者完成数据的采集和清洗工作后，就需要对数据进行分析和处理。数据分析一般分为两类：**数值分析**和**可视化分析**。

数值分析最常见的应用方式是Excel中的“数据透视表”。本小节将以订单报表中的地理位置信息为例进行讲解。

首先打开“数据分析”的Excel文件，其页面如图3-16所示（如果图表已经完成数据分析工作，读者只需要将清洗内容删除再重新操作一遍即可）。

将表格中名为“ship-state”的列进行全选，如图3-17所示。

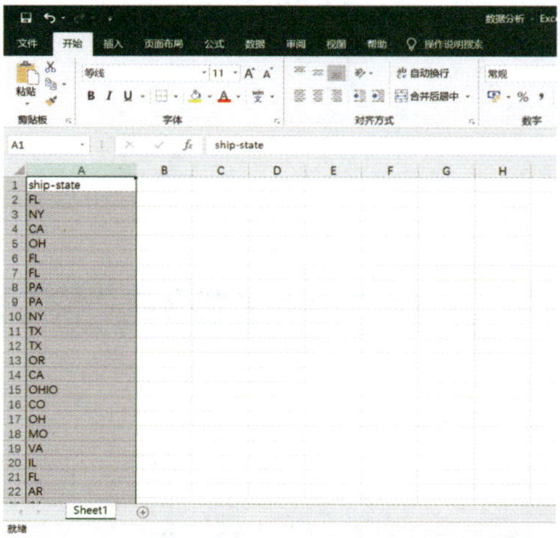

图3-16　打开“数据分析”页面

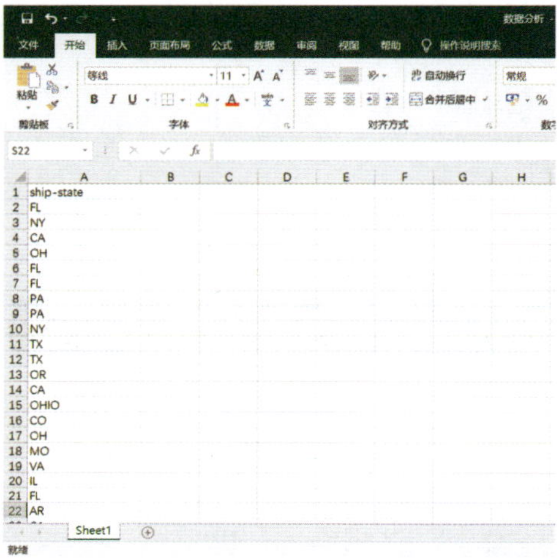

图3-17　全选“ship-state”列

之后在Excel上方的工具栏中选择“插入”，再点击“数据透视表”，如图3-18所示。在弹出的页面中直接点击“确定”即可，如图3-19所示。

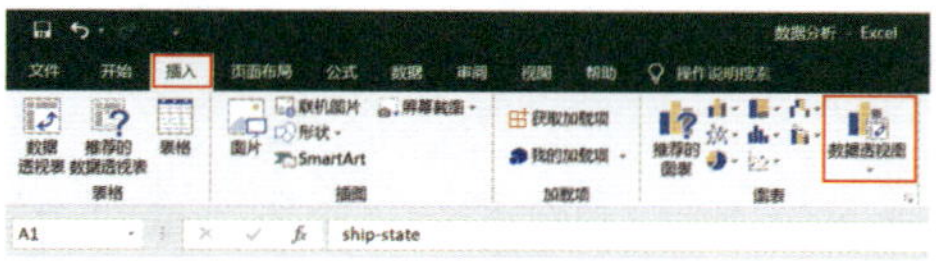

图3-18　点击“推荐的图表”

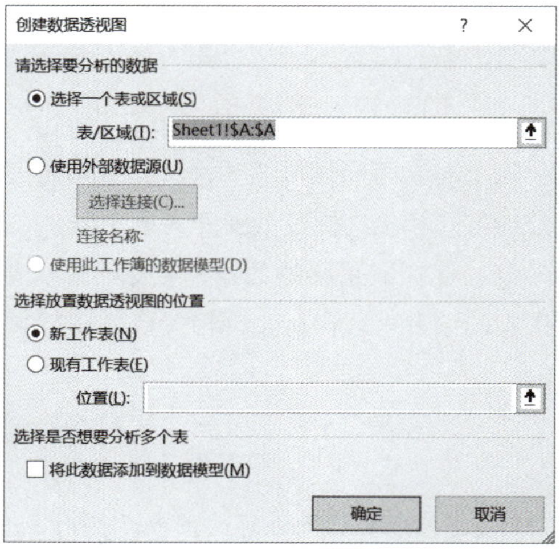

图3-19　点击“确定”按钮

点击“确定”按钮后，页面会转移到“数据透视图工具”中，页面如图3-20所示。

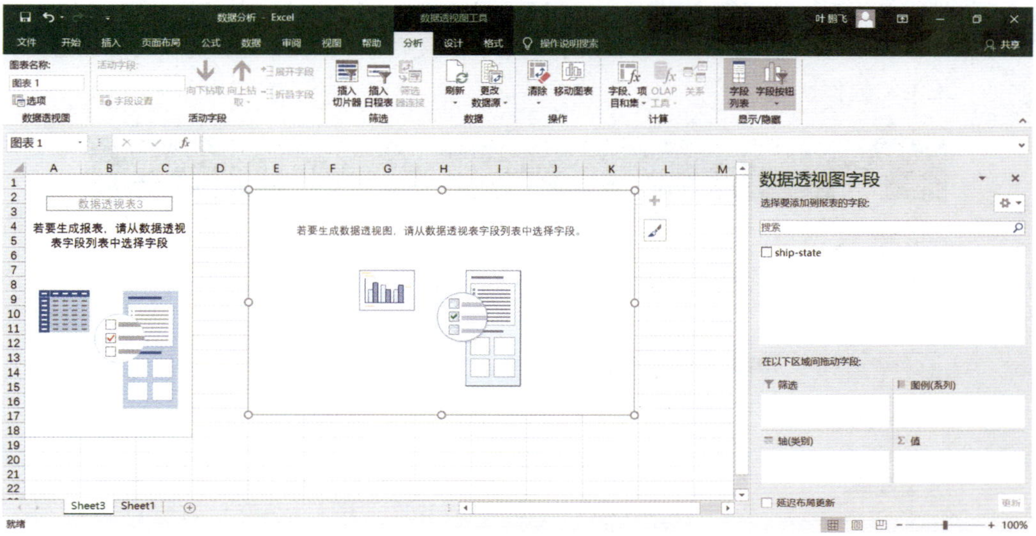

图3-20 “数据透视图工具”页面

在页面右方的“数据透视图字段”中将“ship-state”字段分别拖动到下方的“轴（类别）”和“值”中，如图3-21、图3-22所示。

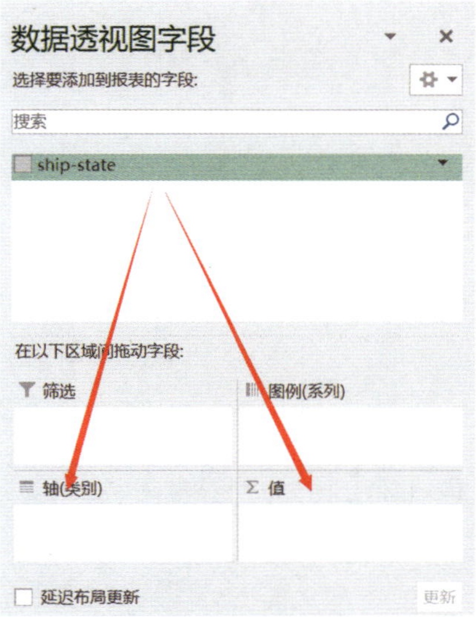

图3-21 选择“ship-state”字段

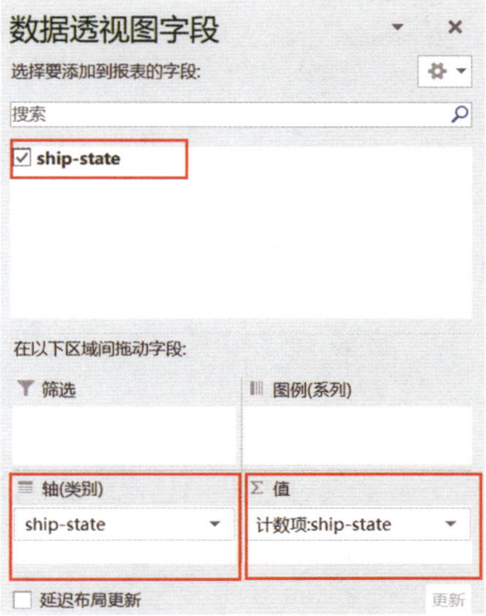

图3-22 将“ship-state”分别拖动到“轴”和“值”中

最后就可以得到不同州地区的订单数量以及对应的可视化图表，如图3-23、图3-24所示。

可视化分析即可视化图表的制作，本书已经在第2章进行过详细介绍，读者可以查阅第2章节的相关内容进行学习。与此同时，在后续章节中如果涉及更加复杂的可视化图表制作，本书将另作讲解。

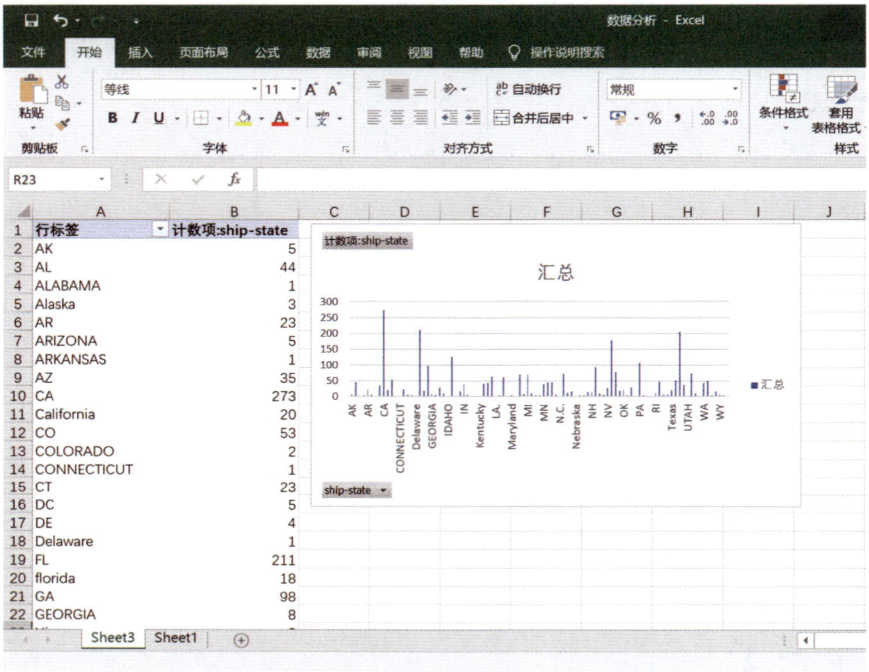

图3-23　不同地区订单数量页面

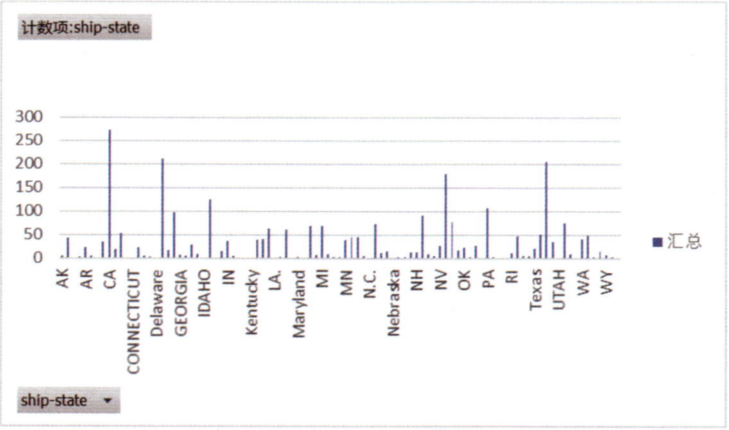

图3-24　地区订单数量可视化图表

3.4 决策优化

在完成数据采集、清洗和分析工作后，就可以结合具体的可视化表格进行决策和运营优化。

例如，在4.9小节中，运营者可以通过订单数据中的订单时间数据得到美国加利福尼亚州与佛罗里达州用户购物习惯的可视化图表，如图3-25所示。

从图3-25中可以看到，加利福尼亚州用户的购物高峰比佛罗里达州用户的购物高峰提前了近5个小时。结合4.5小节中的用户价格敏感度分析，可以对这两个地区的用户进行"价格歧视"来获得超额利润（"价格歧视"的具体操作方法请查阅4.9相关内容）。

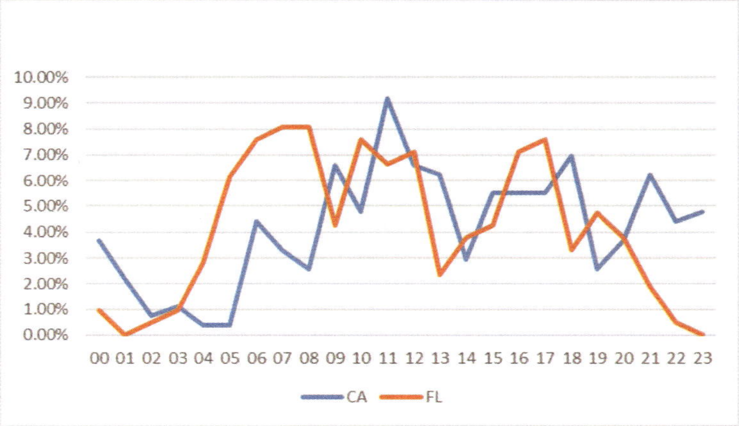

图3-25　CA与FL用户购物习惯可视化图表（CA代表了加利福尼亚州，FL代表了佛罗里达州，蓝色线条为加利福尼亚州用户的购物习惯，橙色线条代表了佛罗里达州用户的购物习惯）

除此之外，在5.3.2小节中，介绍了如何通过订单与广告支出单日变化趋势的分析，最终得到如图3-26所示的单个订单广告支出的单日变化趋势图。

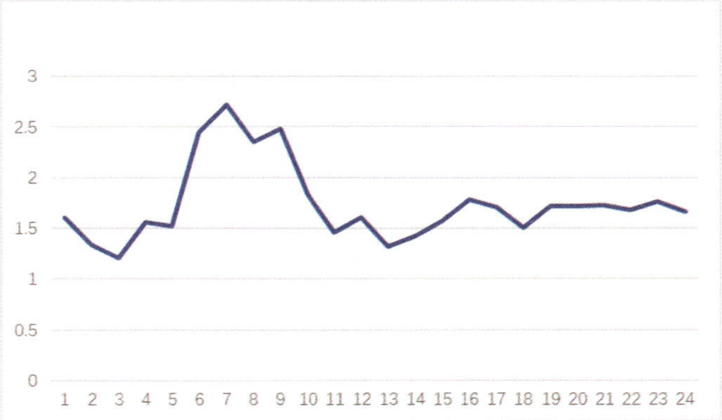

图3-26　单个订单广告支出单日变化趋势图

从图3-26中可以看到，在5：00~11：00的平均支出过高，这时候运营者可以尝试如下广告优化策略：降低5:00~11:00的广告单次点击竞价或者直接在该时段暂停广告曝光。

除了listing优化与广告优化外，由数据主导的“决策优化”几乎可以用于任何一个亚马逊跨境电商运营环节，包括选品环节、市场调研环节、销量分析环节等。通过本章节内容的学习，每一位运营者都需要在脑海中搭建“**数据采集→数据清洗→数据分析→决策优化**”的基本数据化运营逻辑，从而能够在未来遇到全新的运营问题时，有能力和信心通过数据化运营的方式去解决这些问题。

第4章

用户体系数据化

我们的用户是谁？我们的用户有怎样的特征？如何通过亚马逊后台的数据抽丝剥茧一步步构建属于自己的用户画像？

4.1 用户画像介绍

用户画像，作为一种勾画目标用户、联系用户诉求与设计方向的有效工具，其在各领域得到了广泛的应用。用户画像最初是在电商领域得到应用的，在大数据时代背景下，用户信息充斥在网络中，将用户的每个具体信息抽象成标签，利用这些标签将用户形象具体化，从而为用户提供有针对性的服务，如图4-1所示。

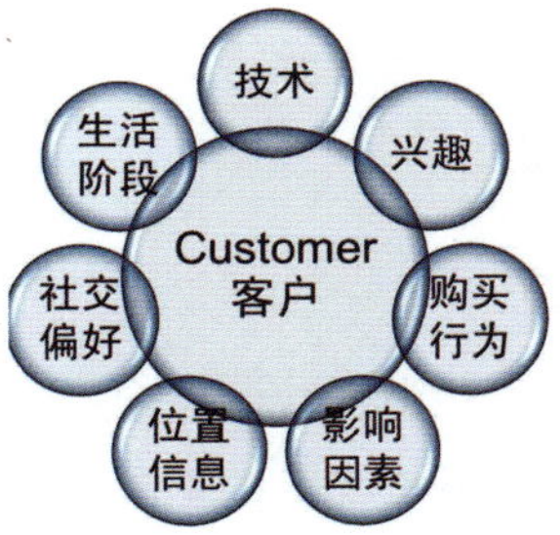

图4-1 用户画像

在国内电商行业中，用户画像已经被普遍应用到电商的日常运营工作中。与国内电商形成鲜明对比的是，跨境电商领域，尤其是亚马逊跨境电商行业，用户画像的运营思路仍然没有受到重视。一方面是因为亚马逊后台至今还没有原生的卖家用户画像系统；另一方面是因为跨境电商行业发展时间较短，国内大多数亚马逊跨境电商从业者还属于经验化运营的电商运营初级阶段，亚马逊跨境电商行业还没有演变成为需要数据化运营的精细化运营阶段。

很多亚马逊运营者会对一个问题有疑惑：为什么电商运营者要学习用户画像？这个问题的答案就是，用户画像可以帮助电商运营者了解产品的消费者是谁，他们有怎样的购物习惯和特征，他们到底在哪些区域，他们对于价格有怎样的喜好等。举例来说，如果运营者的目标市场是美国市场，那么美国市场上的用户并不是100%都是英语使用者，而是还存在大量的非英语使用者，如图4-2所示。

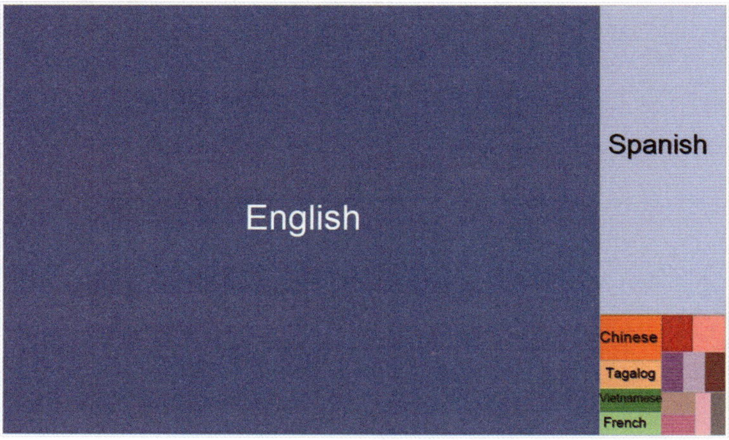

图4-2　美国地区使用不同语言的人口比例示意图

图4-2所示为美国地区使用不同语言的人口比例，这就是用户画像中的一种信息可视化形式，运营者只有通过一点点构建自身的用户画像体系，才可以全方面地了解自己的市场定位和目标用户，从而通过数据化运营的方式提升运营的效率。

在本章笔者将会详细介绍亚马逊平台的多个用户画像运营思路，如用户地区分布分析、用户价格分布分析、用户价格敏感度分析等。

4.2　用户地区分布分析

注意：4.2节所讲解的图表示例对应Excel文件“用户地区分布分析”，请根据自身学习需要自行下载查看。

用户地区分布分析是建立店铺用户画像的基础性分析，其数据来源于后台数据中的**订单报表**。需要参数：ship-city、ship-state。数据的筛选方法分为以下四类：

1 不同地区订单排序；

2 不同地区累计订单统计；

3 不同地区市场占有率分析；

4 头部市场、长尾市场、低单市场的分类。

本小节将会结合这四种筛选方法逐一进行讲述。

首先运营者需要将订单报表中的“ship-city”或者“ship-state”信息筛选出来，本小节以“ship-state”为例进行讲解。当完成“ship-state”的筛选后（在订单报表中可以直接选择该数据列完成筛选），需要通过Excel的数据透视表功能计算出各个地区的订单量（关于数据透视表的使用，读者可以参考本书3.3章节相关内容），之后就可以制作出如图4-3所示的Excel表格。

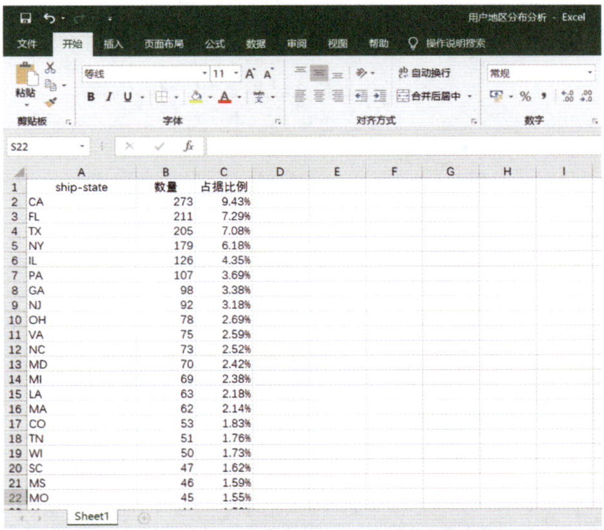

	A	B	C
1	ship-state	数量	占据比例
2	CA	273	9.43%
3	FL	211	7.29%
4	TX	205	7.08%
5	NY	179	6.18%
6	IL	126	4.35%
7	PA	107	3.69%
8	GA	98	3.38%
9	NJ	92	3.18%
10	OH	78	2.69%
11	VA	75	2.59%
12	NC	73	2.52%
13	MD	70	2.42%
14	MI	69	2.38%
15	LA	63	2.18%
16	MA	62	2.14%
17	CO	53	1.83%
18	TN	51	1.76%
19	WI	50	1.73%
20	SC	47	1.62%
21	MS	46	1.59%
22	MO	45	1.55%

图4-3　不同地区订单量统计表格（读者打开“用户地区分布分析”Excel文件后的页面）

在图表中存在三种数据，分别为“ship-state”（即订单的地区）、“数量”（即不同地区的订单总数）和“占据比例”（即不同地区订单总数占所有订单中的比例大小）。其中“占据比例”不能从后台订单报表中直接得出，而是需要通过计算得到。例如，CA州的订单为273单，所有州的总订单为2 896单，那么CA州的“占据比例”为273÷2 896≈9.43%，其他州的“占据比例”以此类推，最后的表格形式如图4-4所示。

ship-state	数量	占据比例
CA	273	9.43%
FL	211	7.29%
TX	205	7.08%
NY	179	6.18%
IL	126	4.35%
PA	107	3.69%
GA	98	3.38%
NJ	92	3.18%
OH	78	2.69%
VA	75	2.59%
NC	73	2.52%
MD	70	2.42%
MI	69	2.38%
LA	63	2.18%
MA	62	2.14%
CO	53	1.83%
TN	51	1.76%
WI	50	1.73%
SC	47	1.62%
MS	46	1.59%
MO	45	1.55%

图4-4　不同州地区的订单数量和占据比例

为了能够更加直观地了解各个地区的订单分布，这时需要对数据进行可视化处理，其具体操作流程已经在2.1.1小节中进行讲解，因此不再赘述。最后运营者可以得到如图4-5所示的可视化图表。

如图4-6所示，图表的横轴代表了不同的地区，图表的左纵轴代表了不同地区的订单数，图表的右纵轴代表了不同地区订单累计数量占订单总数的比例。因此，如果运营者想要知晓自身店铺80%的市场份额来自哪些地区，就可以先从右纵轴中找到80%的数值，然后再通过地区对应关系找到相关联的订单产生地。

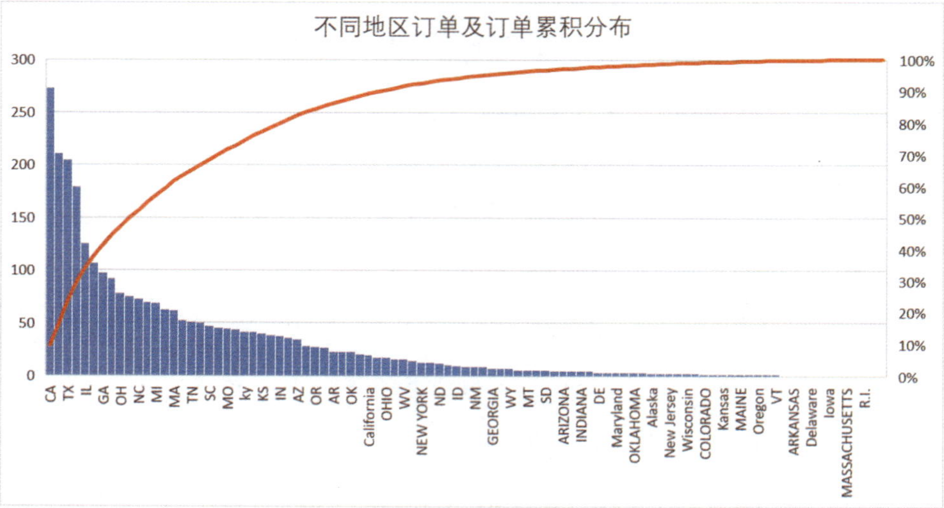

图4-5　不同地区订单及订单累积分布（一）

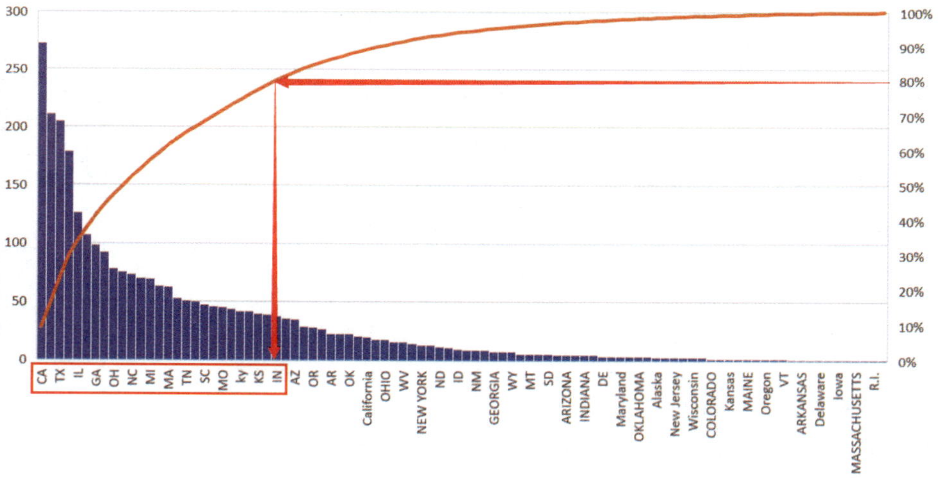

图4-6　不同地区订单及订单累积分布（二）

当了解了各个地区的市场比例后，运营者就可以划分店铺的各类市场，一般的划分类别为：**头部市场、长尾市场、低单市场。**其划分标准可以参考如下标准：

1　头部市场：市场份额大于1%的地区；

2　长尾市场：市场份额大于0.1%小于1%的地区；

3　低单市场：市场份额小于等于0.1%的地区。

在定义了三类市场的区分标准后，原本的表格就可以变成如表4-1形式。

表 4-1　三类市场份额占比表

ship-state	数量	占据比例	市场分类	市场比例	ship-state	数量	占据比例	市场分类	市场比例
CA	273	9.43%	CA	9.43%	IN	38	1.31%	IN	1.31%
FL	211	7.29%	FL	7.29%	UT	36	1.24%	UT	1.24%
TX	205	7.08%	TX	7.08%	AZ	35	1.21%	AZ	1.21%
NY	179	6.18%	NY	6.18%	IA	29	1.00%	IA	1.00%
IL	126	4.35%	IL	4.35%	OR	28	0.97%	长尾市场	15.50%
PA	107	3.69%	PA	3.69%	NV	27	0.93%		
GA	98	3.38%	GA	3.38%	AR	23	0.79%		
NJ	92	3.18%	NJ	3.18%	CT	23	0.79%		
OH	78	2.69%	OH	2.69%	OK	23	0.79%		
VA	75	2.59%	VA	2.59%	Texas	21	0.73%		
NC	73	2.52%	NC	2.52%	California	20	0.69%		
MD	70	2.42%	MD	2.42%	florida	18	0.62%		
MI	69	2.38%	MI	2.38%	OHIO	18	0.62%		
LA	63	2.18%	LA	2.18%	NE	16	0.55%		
MA	62	2.14%	MA	2.14%	WV	16	0.55%		
CO	53	1.83%	CO	1.83%	ILLINOIS	15	0.52%		
TN	51	1.76%	TN	1.76%	NEW YORK	13	0.45%		
WI	50	1.73%	WI	1.73%	NH	13	0.45%		
SC	47	1.62%	SC	1.62%	ND	12	0.41%		
MS	46	1.59%	MS	1.59%	RI	11	0.38%		
MO	45	1.55%	MO	1.55%	ID	10	0.35%		
AL	44	1.52%	AL	1.52%	Michigan	9	0.31%		
ky	42	1.45%	ky	1.45%	NM	9	0.31%		
WA	42	1.45%	WA	1.45%	VIRGINIA	9	0.31%		
KS	40	1.38%	KS	1.38%	GEORGIA	8	0.28%		
MN	39	1.35%	MN	1.35%	ME	8	0.28%		

续表

ship-state	数量	占据比例	市场分类	市场比例	ship-state	数量	占据比例	市场分类	市场比例
Hi	6	0.21%			COLORADO	2	0.07%		
MT	6	0.21%			IDAHO	2	0.07%		
NORTH CAROLINA	6	0.21%			Kansas	2	0.07%		
SD	6	0.21%			Kentucky	2	0.07%		
AK	5	0.17%			MAINE	2	0.07%		
ARIZONA	5	0.17%			Nebraska	2	0.07%		
DC	5	0.17%			Oregon	2	0.07%		
INDIANA	5	0.17%			UTAH	2	0.07%		
Tennessee	5	0.17%			VT	2	0.07%		
DE	4	0.14%			ALABAMA	1	0.03%		
louisiana	4	0.14%	长尾市场	15.50%	ARKANSAS	1	0.03%	低单市场	1.00%
Maryland	4	0.14%			CONNECT-ICUT	1	0.03%		
MISSOURI	4	0.14%			Delaware	1	0.03%		
OKLAHOMA	4	0.14%			Il.	1	0.03%		
Pennsylvania	4	0.14%			Iowa	1	0.03%		
Alaska	3	0.10%			LA.	1	0.03%		
mississippi	3	0.10%			MASSACH-USETTS	1	0.03%		
New Jersey	3	0.10%			N.C.	1	0.03%		
NEW MEXICO	3	0.10%			R.I.	1	0.03%		
Wisconsin	3	0.10%			Rhode Island	1	0.03%		
Wyoming	3	0.10%							

其表格在Excel中如图4-7所示。

之后需要对“头部市场”（用各个区域来表示即可，不必要进行市场份额累加）、“长尾市场”、“低单市场”进行可视化处理。

第一步 在Excel中选择“市场分类”和“市场比例”，如图4-8所示。

第二步 在Excel上方的工具栏中选择“插入”，再点击“推荐的图表”，如图4-9所示。

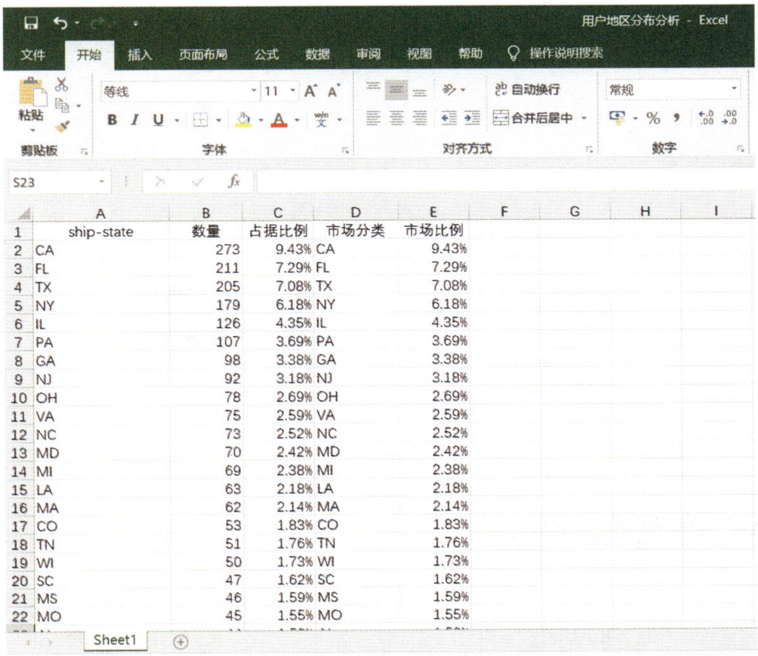

图4-7　打开“用户”地区分布分析图表

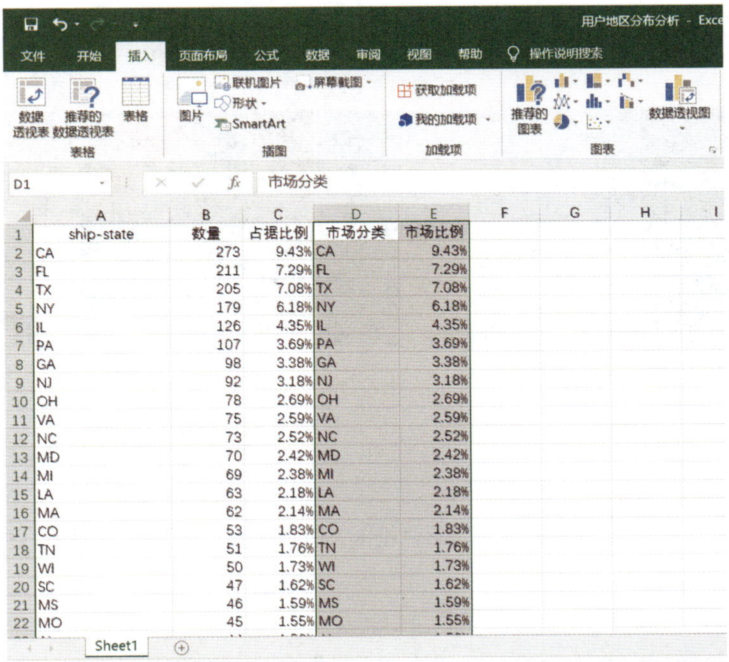

图4-8　选择“市场分类”和“市场比例”

第三步 在弹出的操作页面上方选择“所有图表”，然后选择“树状图”，选择默认的图表形式即可，如图4-10所示。

图4-9　点击“推荐的图表”

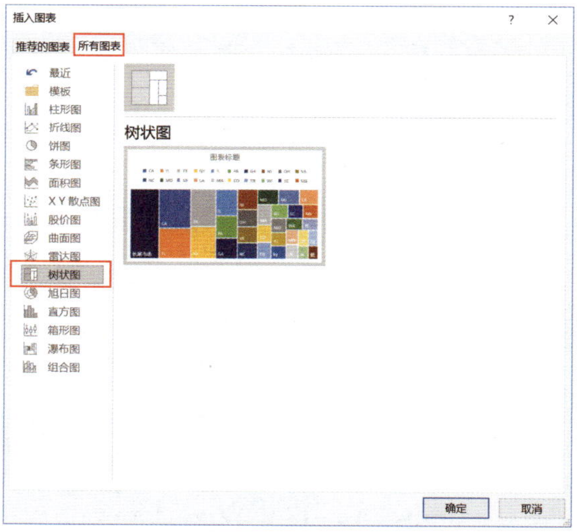

图4-10　选择“树状图”

最后就可以得到如图4-11所示的树状图。

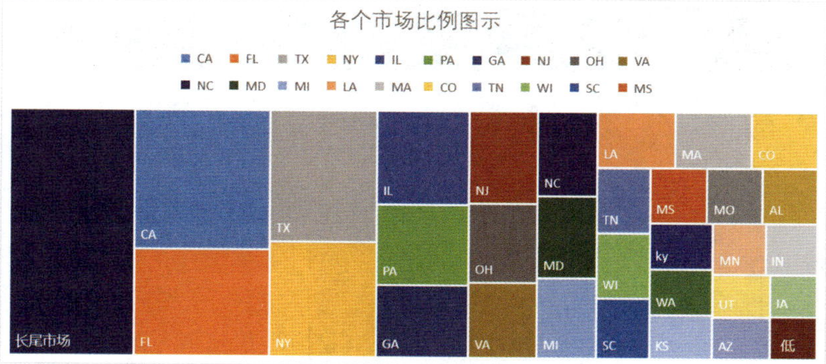

图4-11　市场份额树状图（图中各个图形的面积意味着不同市场的市场份额）

图4-11所示的树状图除了以更加直观的方式帮助运营者理解各个市场份额的不同外，也可以用来评判“头部市场”“长尾市场”“低单市场”三类市场划分的标准是否正确。

在市场划分上，**“长尾市场”的市场总份额一定要比第一“头部市场”的区域份额大。**在图4-11所示的案例中，“长尾市场”的市场总份额比第一“头部市场”区域即CA区域的市场份额大，因此“长尾市场”的划分标准是正确的。与“长尾市场”相反，**“低单市场”的市场总份额一定要比最后一个“头部市场”的区域份额小。**在图4-11所示的案例中，“低单市场”的市场比最后一个“头部市场”区域即LA区域的市场份额小，因此“低单市场”的划分标准是正确的。

在实际运营过程中，运营者需要根据树状图的可视化信息来判断先前设定的市场划分标准是否正确，如果划分标准出现了偏差，则需要对标准进行适当修改。例如，如果“长尾市场”的市场总份额太小，那么就可以把原本“市场份额大于0.1%小于1%的市场份额总和”的标准变为“市场份额大于0.1%小于1.2%的市场份额总和”，或者“市场份额大于0.1%小于1.5%的市场份额总和”。

4.3 用户地区数据的应用

在4.2节中介绍了利用订单报表分析用户地区分布的方法，其得到的数据分析结果与可视化图表一般能应用在以下三个运营领域：

1. 针对化选品；
2. 多店铺市场差额比较，评估市场容量；
3. 头部市场、长尾市场、低单市场差异化运营。

4.3.1 针对化选品

在亚马逊选品领域，大多数的运营是从“竞争者”角度出发进行选品的。例如，当某一款产品突然销量大增时，会有大量的卖家跟进生产和销售与之类似的产品；又或者有一个新店做某一类目出现好几个爆款时，许多运营者也会进驻该类目想要分到一杯羹。无论是从其他独立站选品，还是从国内1688批发网站上选品，这些都是属于从“竞争者”角度出发的选品方式。

当运营者通过订单报表分析用户的地区分布规律后，就可以尝试以“消费者”的角度进行选品，即店铺的消费者来自哪些区域？这些区域的消费者有什么特点？其他区域的消费者与这些区域的消费者有哪些区别？通过对这一系列问题的分析和解剖，运营者就可以对自身产品的定位有一个更加清晰的认知。

如图4-12所示，图中用红色方框标注出来的区域为某一店铺的“头部市场”区域，那么运营者通过这张地理信息图表就可以获知：自身产品的受众主要为美国东西部沿海地区用户，而非美国内陆地区用户。了解到这一信息后，运营者就可以结合自身产品的特点分析其产品核心竞争力究竟是什么。**比如是不是因为沿海地区用户特别喜欢自身产品的设计？是不是内陆地区对于价格比较敏感，不太喜欢偏高价的产品？是不是因为沿海地区与内陆地区的某种文化风俗不同导致了市场份额上的差距？**当运营者对于上述问题全部进行考量后，下次就可以针对某个卖点或者针对自身“头部市场”的用户进行选品，从而不再花费多余的精力放在“低单市场”上，以免造成运营资源的浪费。

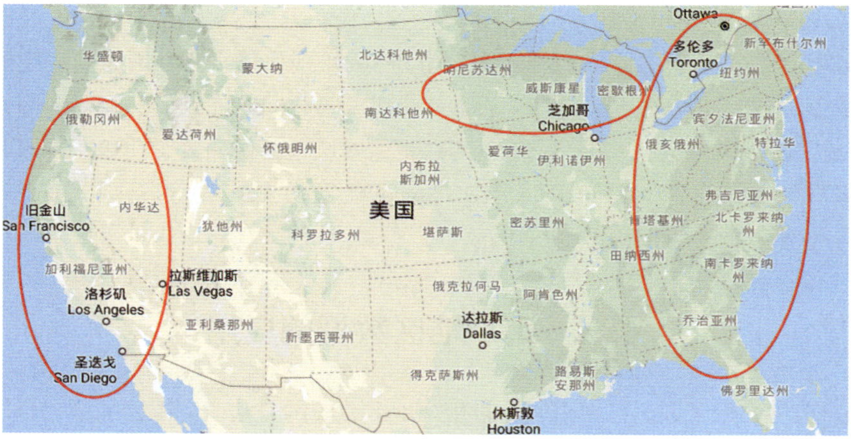

图4-12　结合用户地区数据将受众地区在谷歌地图上标注出来

对于“长尾市场”的分析也是大同小异，结合当地民众的文化、习俗、喜好、收入等要素去分析自身产品为何在某些市场上受到欢迎，运营者结合这些信息可以最终实现“针对化选品”。

除了如图4-12所示的标注方法外，运营者也可以使用Excel软件中的3D地图功能（其操作方式已经在2.1.2小节中介绍，在此不做赘述），其3D地图如图4-13所示。

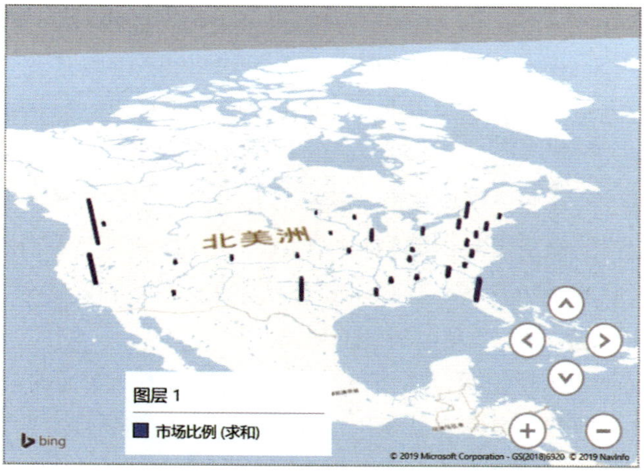

图4-13　结合用户地区数据制作的3D地图

4.3.2　多店铺市场差额比较与运营能力分析

在多数跨境电商公司，运营者或者运营团队很多时候并不会使用单店铺运营的模式，而是会采用多店铺运营的模式，即一个公司或者团队同时运营多家店铺，那么这时候如何去辨别各个店铺的运营水准则成了难题。例如，如果一个团队中有A、B、C三家店铺，店铺A日均业绩4000美元，店铺B日均业绩2000美元，店铺C日均业绩1000美元，这时候大多数运营者会认为店铺A的运营水平最高，店铺C的运营水平最低，但是这种草率的结论不一定是正确的，其原因如下：

1 店铺业绩是一个综合指标，与店铺健康度、运营者水准、品牌化程度等因素相关，并不能将店铺业绩与运营水平直接对等；

2 不同店铺因为开店时间长短不同有着不同的店铺权重，开店时间较短的店铺权重较低，即使新店的运营者运营水平较高，新店业绩也无法在短期内赶超老店。

3 一件商品一天卖1000件，与100件商品一天各卖10件是不同的，前者是爆款模式，后者是铺款模式，虽然在业绩上两者可能相等，但是运营的方式和技术含量则完全不同。

为了能够对店铺群不同店铺运营者的运营能力有一个直观的认识，运营团队管理者可以对店铺群每个店铺都进行一次用户地区分布分析，然后在地图上用不同颜色的符号标注出不同店铺的主要受众区域，即“头部市场”+“长尾市场”区域。

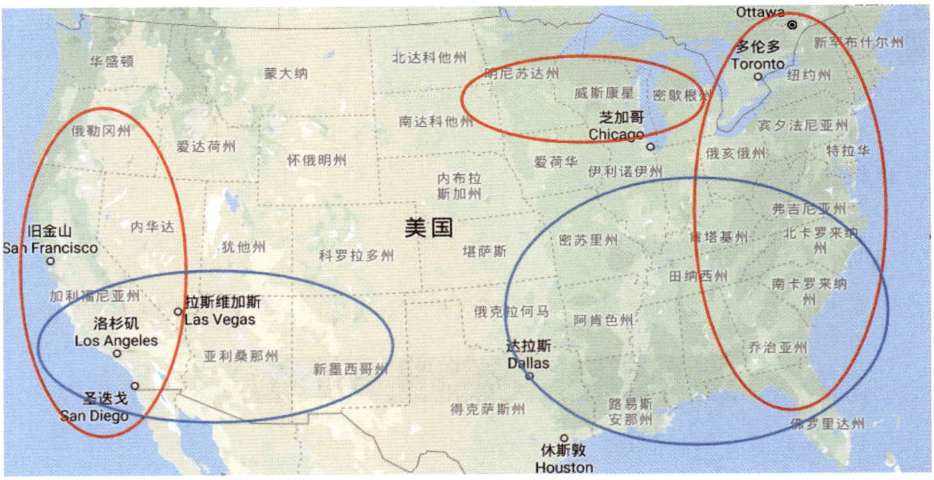

图4-14　店铺A（红色）与店铺B（蓝色）“头部市场”与“长尾市场”区域分布图

图4-14所示为店铺A与店铺B的“头部市场”与“长尾市场”区域分布图，其中红色标注的为店铺A的市场范围，蓝色标注的为店铺B的市场范围。从图4-14中可以看到店铺A与店铺B虽然在部分市场上有所重叠，但是仍然存在大块市场不重叠的区域，包含亚利桑那州、新墨西哥州、旧金山、宾夕法尼亚州等。**因为这两个店铺都属于一个运营团队，所以店铺A与店铺B所销售的产品是一模一样的，**这时运营团队管理者就可以做出以下三种判断：

1 店铺A的标注区域才是主要市场，店铺B的运营者有运营失误；

2 店铺B的标注区域才是主要市场，店铺A的运营者有运营失误；

3 店铺A与店铺B的标注区域都是主要市场，两个店铺的运营者都没有完全抓住目标市场。

关于哪个判断正确则需要具体问题具体分析，因为一个店铺的受众区域与商品价格、运营者运营风格、店铺品牌化程度相关，所以不能一概而论。

通过上述内容的分析，**团队管理者就可以不再以纯“业绩”论英雄，而是可以从多个店铺受众区域的不同找到所有的目标市场，做到“查漏补缺，一网打尽”。**

4.4 用户价格分布分析

注意： 4.4章节所讲解的图表示例对应Excel文件“用户价格分布分析”，请根据自身学习需要自行下载查看。

除了4.3节所介绍的用户地区分布分析外，运营者还可以通过订单报表完成用户价格分布分析。与地区分布分析所不同的是，用户价格分布分析存在两种维度的分析方式：

1 价格时间分布；

2 价格地区分布。

价格时间分布是指随着一天24小时的变化，客单价会发生怎样的改变。

价格地区分布是指美国不同州的平均客单价是多少，哪个区域的平均客单价最高，哪个区域的平均客单价最低。

4.4.1 价格时间分布分析

首先下载并且打开“用户价格分布分析”的Excel表格，其页面如图4-15所示。

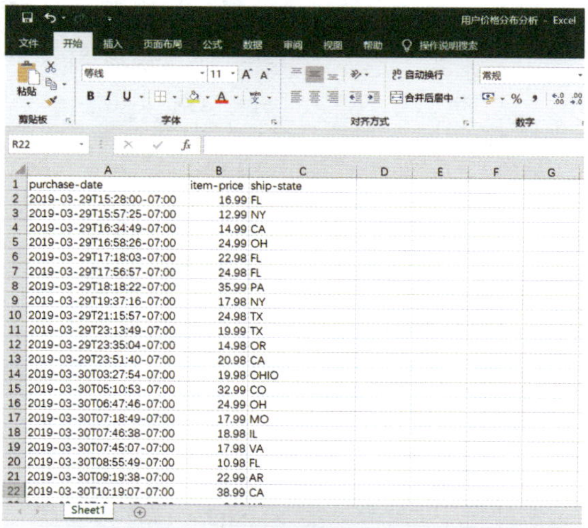

图4-15　打开“用户价格分布分析”页面

如图4-15所示，该表格中存在三种数据，分别为“purchase-date”（购买时间）、“item-price”（商品价格）、“ship-state”（运送的州），在进行价格时间分布分析时，运营者需要的数据为“purchase-date”与“item-price”，因此可以暂且删除“ship-state”列，将表格变成如图4-16所示的形式。

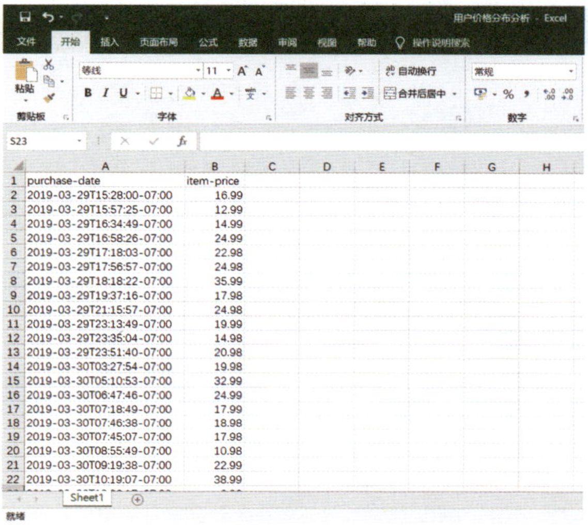

图4-16　删除“ship-state”列

对于“purchase-date”，需要对其进行“数据清洗”，将数据中不需要的部分筛除。因为本书第3.2节已经讲解过数据清洗的相关操作，因此本小节不再赘述，最终的数据表格如图4-17所示。

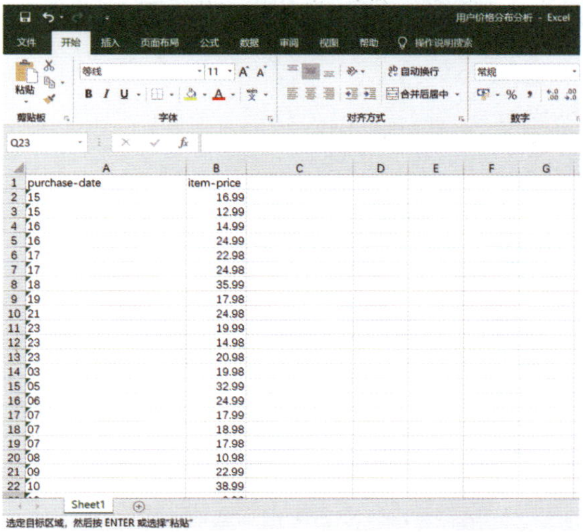

图4-17　“数据清洗”页面

之后就需要将每个时间段的平均客单价统计出来，在Excel中有多种统计方式，本小节将会介绍最常用的统计方式，即“筛选法”。

选择第一行的前两列数据，即“A1”与“B1”单元格数据，然后在Excel上方的工具栏中选择“开始”，再点击“排序与筛选”，选择其中的“筛选”选项，如图4-18所示。

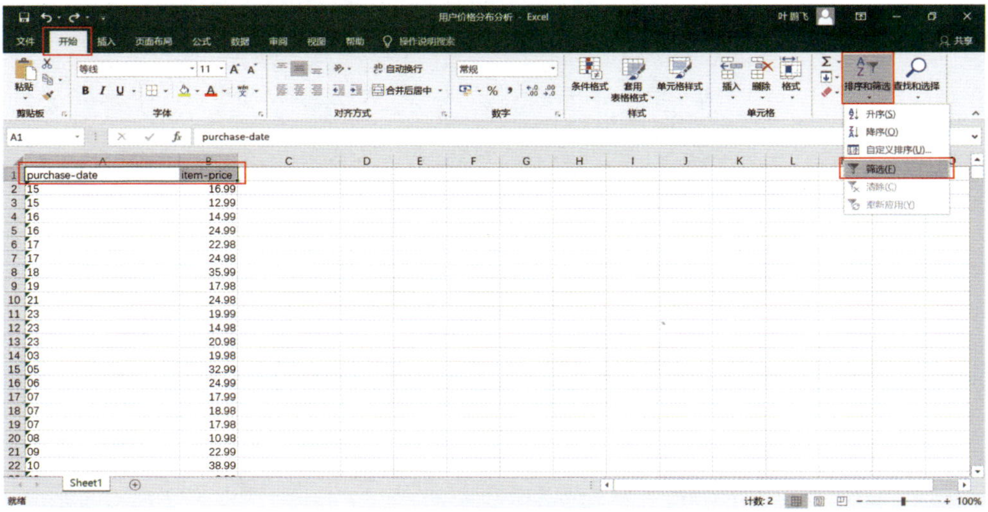

图4-18　选择“筛选”选项

操作完成后，在“purchase-date”与“item-price”单元格右边分别会出现两个下拉筛选箭头，点击箭头可以看到如图4-19所示页面。

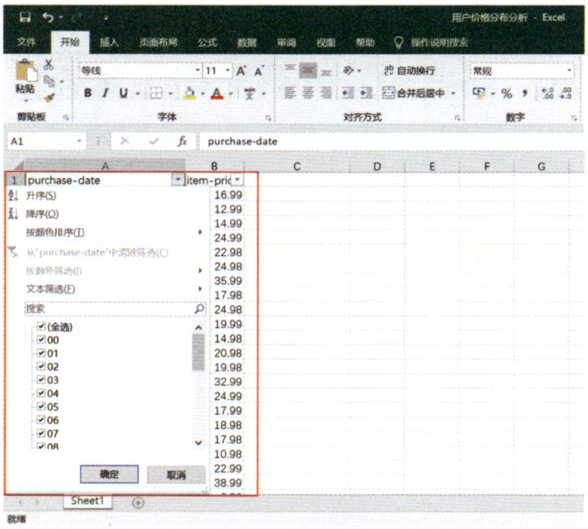

图4-19　点击下拉筛选箭头页面

点击“purchase-date”的筛选箭头，选择“00”：

选择“00”后的图表页面就会显示所有在“00”时间产生订单的“item-price”信息，然后就可以统计“00”时间段的平均客单价，其页面如图4-21所示。

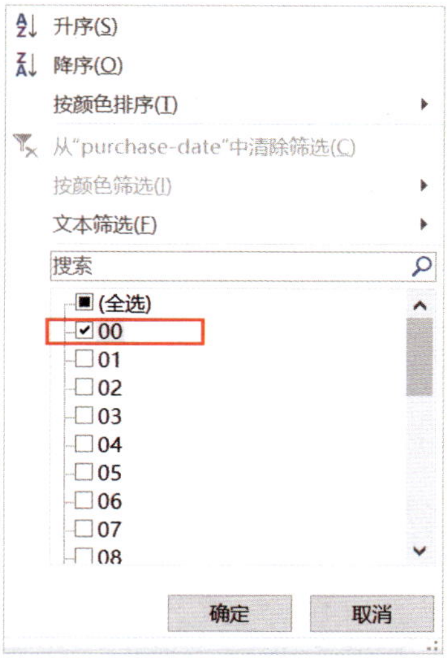

图4-20　选择“00”选项

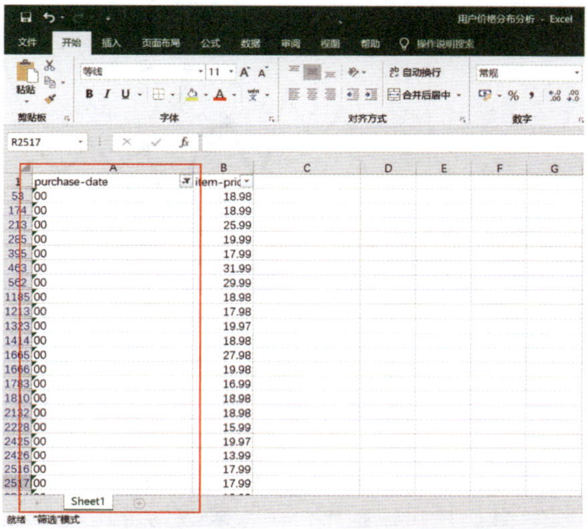

图4-21　“00”时间段平均客单价页面

统计完0~23时各个时间段的平均客单价后，可以得到如表4-2所示的表格。

表4-2　0~23时平均客单价

时间段	平均客单价
0	20.46
1	22.05
2	21.34
3	22.52
4	20.28
5	21.84
6	21.5
7	19.62
8	21.27
9	20.76
10	21.35
11	20.6
12	21.42
13	23.14
14	21.8
15	21.65
16	22.85
17	21.63
18	21.36
19	21.13
20	22.76
21	22.11
22	21.09
23	21.82

利用Excel软件中的折线图绘图功能（关于折线图的绘制操作，读者可查阅2.3节相关内容），可以得到如图4-22所示的图表。

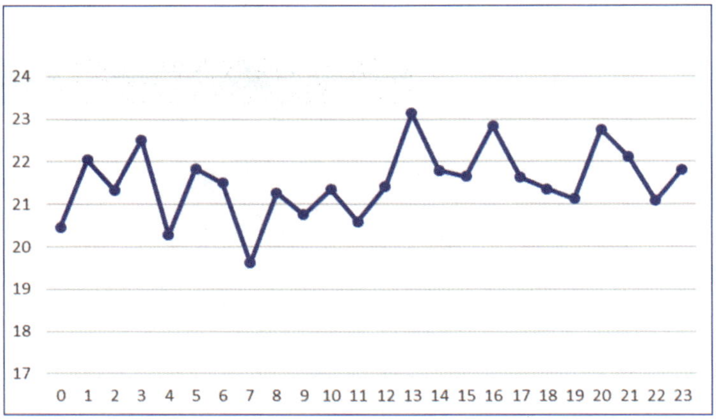

图4-22 单日24小时平均客单价变化折线图

除了可以通过订单报表推算出单日24小时平均客单价的变化外，还可以根据订单报表数据得到每小时的订单量（在计算平均客单价时，每个时间段客单价数据的数量就是该时间段订单的数量），其对应表格如表4-3所示。

根据每个时间段的订单量数据和平均客单价数据，可以用Excel制作组合图来实现数据可视化。

第一步 选择“订单量”和“平均客单价”所有数据，如图4-23所示。

第二步 在Excel上方的工具栏中选择“插入”，再点击“推荐的图表”，如图4-24所示。

第三步 在弹出的操作页面上方选择“所有图表”，然后选择“组合图”，再点击上方的“簇状柱形图”，设置“订单量”为“簇状柱形图”，“平均客单价”为“折线图”，次坐标轴设置为“平均客单价”，如图4-25所示。

表4-3 每小时订单量

时间段	订单量	平均客单价
0	26	20.46
1	16	22.05
2	21	21.34
3	31	22.52
4	66	20.28
5	98	21.84
6	151	21.5
7	209	19.62
8	187	21.27
9	198	20.76
10	180	21.35
11	175	20.6
12	150	21.42
13	153	23.14
14	145	21.8
15	167	21.65
16	165	22.85
17	178	21.63
18	158	21.36
19	150	21.13
20	101	22.76
21	85	22.11
22	65	21.09
23	45	21.82

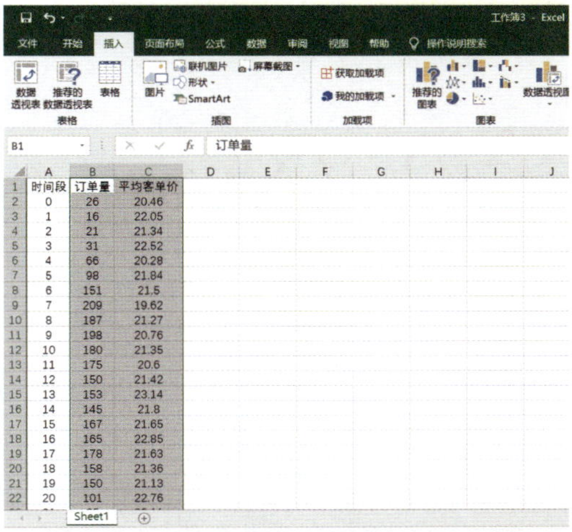

图4-23　选择“订单量”和“平均客单价”所有数据

图4-24　点击“推荐的图表”

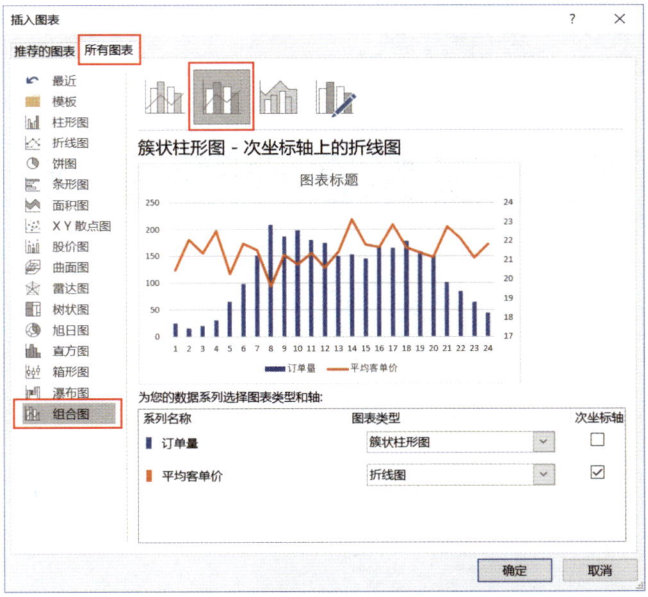

图4-25　簇状柱形图—次坐标轴折线图

最后就可以得到一天24小时内有关订单量和平均客单价变化的组合图，如图4-26所示。

关于价格时间分布分析的应用本节将在4.5与4.6小节予以介绍。同时，读者可以根据自身需求更改上述图表的颜色、文本、设计风格等，其操作具体细节本小节不再赘述。

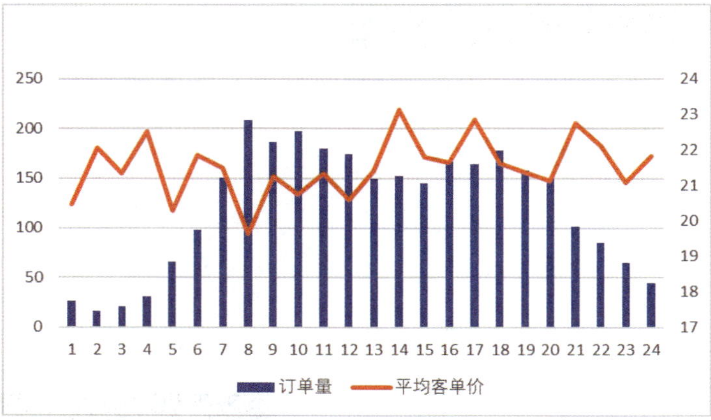

图4-26　单日24小时订单量和平均客单价变化组合图

4.4.2　价格地区分布分析

完成价格和订单量的时间分布分析后，就需要进行价格地区分布分析，其操作过程与4.4.1小节中涉及的操作类似。

首先下载并且打开“用户价格分布分析”的Excel文件，其页面如图4-27所示。

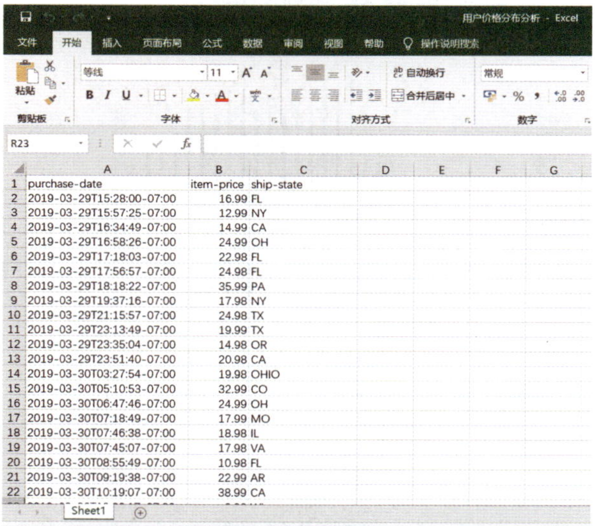

	A	B	C
1	purchase-date	item-price	ship-state
2	2019-03-29T15:28:00-07:00	16.99	FL
3	2019-03-29T15:57:25-07:00	12.99	NY
4	2019-03-29T16:34:49-07:00	14.99	CA
5	2019-03-29T16:58:26-07:00	24.99	OH
6	2019-03-29T17:18:03-07:00	22.98	FL
7	2019-03-29T17:56:57-07:00	24.98	FL
8	2019-03-29T18:18:22-07:00	35.99	PA
9	2019-03-29T19:37:16-07:00	17.98	NY
10	2019-03-29T21:15:57-07:00	24.98	TX
11	2019-03-29T23:13:49-07:00	19.99	TX
12	2019-03-29T23:35:04-07:00	14.98	OR
13	2019-03-29T23:51:40-07:00	20.98	CA
14	2019-03-30T03:27:54-07:00	19.98	OHIO
15	2019-03-30T05:10:53-07:00	32.99	CO
16	2019-03-30T06:47:46-07:00	24.99	OH
17	2019-03-30T07:18:49-07:00	17.99	MO
18	2019-03-30T07:46:38-07:00	18.98	IL
19	2019-03-30T07:45:07-07:00	17.98	VA
20	2019-03-30T08:55:49-07:00	10.98	FL
21	2019-03-30T09:19:38-07:00	22.99	AR
22	2019-03-30T10:19:07-07:00	38.99	CA

图4-27　打开“用户价格分布分析”页面

如图4-27所示，该表格中存在三种数据，分别为“purchase-date”（购买时间）、“item-price”（商品价格）、“ship-state”（运送的州）。在进行价格地区分布分析时，运营者需要的数据为“ship-state”与“item-price”，因此可以暂且删除“purchase-date”列，将表格变成如图4-28所示的形式。

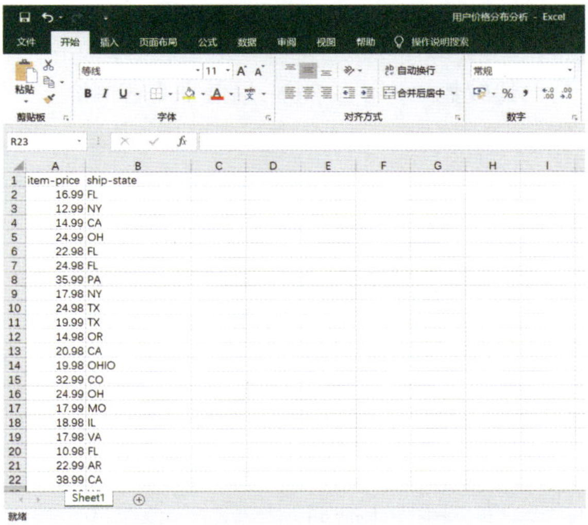

A	B
item-price	ship-state
16.99	FL
12.99	NY
14.99	CA
24.99	OH
22.98	FL
24.98	FL
35.99	PA
17.98	NY
24.98	TX
19.99	TX
14.98	OR
20.98	CA
19.98	OHIO
32.99	CO
24.99	OH
17.99	MO
18.98	IL
17.98	VA
10.98	FL
22.99	AR
38.99	CA

图4-28　删除“purchase-date”列

表4-4　不同地区及其对应平均客单价表格

地区	平均客单价
MS	24.02
TN	23.35
WA	22.56
MA	22.5
OH	22.42
PA	22.4
VA	22.32
OK	22.16
CA	22.11
CO	22.06
NV	22.04
GA	22
UT	21.99
NC	21.9
WI	21.74
NY	21.72
IN	21.68
MD	21.48
KY	21.39
CT	21.15
MN	21.15
AR	21.11
AZ	21.05
MO	21.03
NJ	20.85
FL	20.82
SC	20.32
LA	20.24
TX	20.07
MI	20
IL	19.97
IA	19.76
KS	19.51
OR	19

之后的操作为对“ship-state”进行“筛选”操作，然后选择不同的地区计算其平均客单价。此操作与4.4.1小节讲述的时间“筛选”操作基本一致，本小节不再重复。完成“筛选”操作且计算出各个地区的平均客单价后，可以得到如表4-4所示的表格。

选中表格中的数据，可以制作出如图4-29所示的柱状图表（柱状图的操作方法请读者查阅本书2.1节相关内容）。

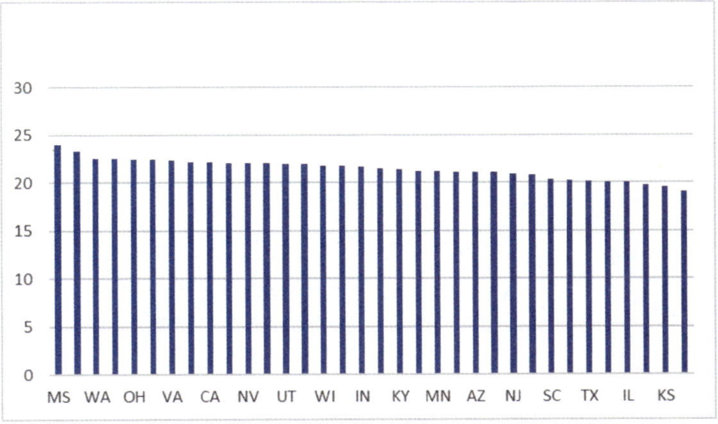

图4-29　不同地区平均客单价柱状图

如图4-29所示，虽然该柱状图已经可以用来对比各个地区平均客单价的高低，但是图表本身数据差异不大，所以为了方便比较，运营者需要定义一个“比较数”，其数值计算规则为：

比较数 = 平均客单价 - 最低平均客单价

由图4-29可得，最低平均客单价为19，因此可以根据该数值得出新的数据表格，如表4-5所示。

表4-5　平均客单价比较数表格

地区	平均客单价	比较数
MS	24.02	5.02
TN	23.35	4.35
WA	22.56	3.56
MA	22.5	3.5
OH	22.42	3.42
PA	22.4	3.4
VA	22.32	3.32
OK	22.16	3.16
CA	22.11	3.11
CO	22.06	3.06
NV	22.04	3.04
GA	22	3
UT	21.99	2.99
NC	21.9	2.9
WI	21.74	2.74
NY	21.72	2.72
IN	21.68	2.68
MD	21.48	2.48
KY	21.39	2.39
CT	21.15	2.15
MN	21.15	2.15
AR	21.11	2.11
AZ	21.05	2.05
MO	21.03	2.03
NJ	20.85	1.85
FL	20.82	1.82
SC	20.32	1.32
LA	20.24	1.24
TX	20.07	1.07
MI	20	1
IL	19.97	0.97
IA	19.76	0.76
KS	19.51	0.51
OR	19	0

根据表4-5所示的“比较数”数值，运营者可以得到更加直观的数据对比柱状图，如图4-30所示。

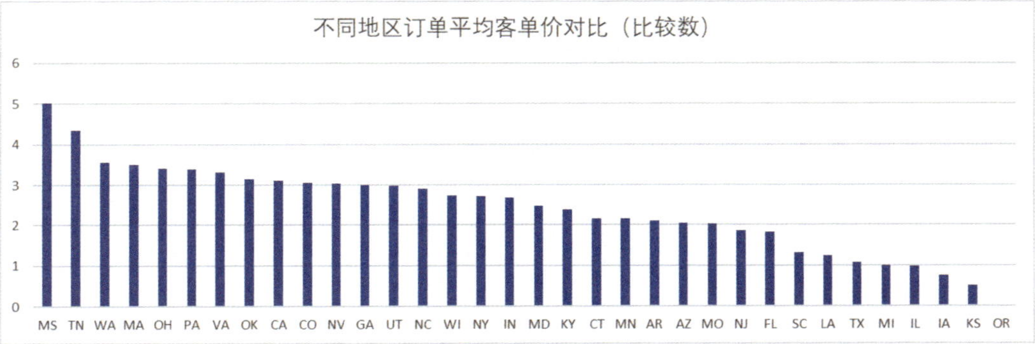

图4-30　不同地区订单平均客单价对比柱状图

关于价格时间分布分析的应用本书将在4.5与4.6小节予以介绍。同时，读者可以根据自身需求更改上述图表的颜色、文本、设计风格等，其操作具体细节本小节不再赘述。

4.5　用户价格敏感度分析

完成价格时间分布分析与价格地区分布分析后，运营者就可以开始分析用户价格敏感度。**价格敏感度是指用户对价格高低的接受程度。敏感度越高，对于高价商品越难以接受；敏感度越低，对于高价商品越容易接受。**

在“单日24小时订单量与平均客单价变化”的图表（图4-26）中，可以将波动的客单价分为三个区间：**低价格敏感区间、中价格敏感区间、高价格敏感区间。**这三类价格敏感区间的划分如图4-31所示。

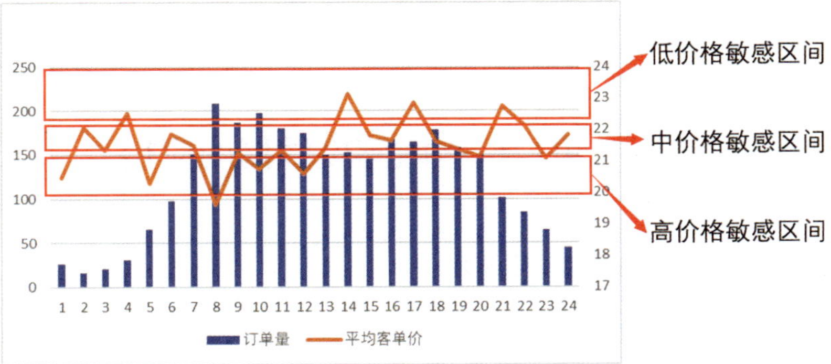

图4-31　单日客单价的低价格敏感区间、中价格敏感区间、高价格敏感区间

如图4-31所示，首先在4点、14点、17点、21点，平均客单价属于高位，因此这4个时间段可以划分为低价格敏感区间，即更多的用户会选择购买客单价较高的商品。其次，在2点、3点、6点、7点、9点、11点、13点、15点、16点、18点、19点、22点、

24点，平均客单价属于中等位置，因此这13个时间段可以划分为中价格敏感区间，即更多的用户会选择购买客单价适中的商品。最后，在1点、5点、8点、10点、12点、20点、23点，平均客单价属于低位，因此这7个时间段可以划分为高价格敏感区间，即更多的用户会选择购买客单价较低的商品。

同时，运营者也可以根据平均客单价的高低，对价格地区分布分析得到的图表进行三个价格敏感区间的划分，如图4-32所示。

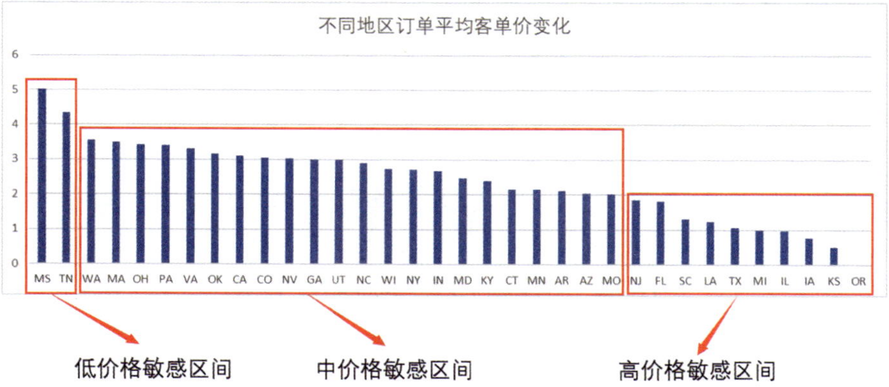

图4-32　不同地区的低价格敏感区间、中价格敏感区间、高价格敏感区间

如图4-32所示，首先MS、TN的平均客单价偏高，即在这些地区有更多的用户会选择购买客单价较高的商品，因此这2个地区可以划分为低价格敏感区间。其次，WA、MA、OH、PA等22个地区的平均客单价中等，即在这些地区有更多的用户会选择购买客单价适中的商品，因此这22个地区可以划分为中价格敏感区间。最后，NJ、FL、SC、LA、TX、MI、IL、IA、KS、OR这10个地区的平均客单价偏低，即在这些地区有更多的用户会选择购买客单价较低的商品，因此这10个地区可以划分为高价格敏感区间。

4.6　用户价格敏感度数据的应用

4.6.1　价格时间分布敏感度数据的应用

价格时间分布敏感度数据主要应用于listing优化与广告优化这两个环节中。

关于listing优化，价格时间分布敏感度数据可以用来实现“价格歧视”，从而帮助运营者获得超额利润，其运营思路与操作过程详见4.9节相关内容。

关于广告优化，价格时间分布敏感度数据中的订单量变化数据可以用来推断广告的最佳曝光时期，从而帮助运营者确定广告的最佳开设时间，其运营思路与操作过程请查阅4.8节相关内容。除此之外，价格时间分布敏感度数据中的客单价变化可以用来帮助运营者优化单次广告竞价，其运营思路与操作过程详见5.3节相关内容。

4.6.2 价格地区分布敏感度数据的应用

在4.3节中介绍了将店铺自身“头部市场”与“长尾市场”结合地图做可视化分析的技巧，如图4-33所示。

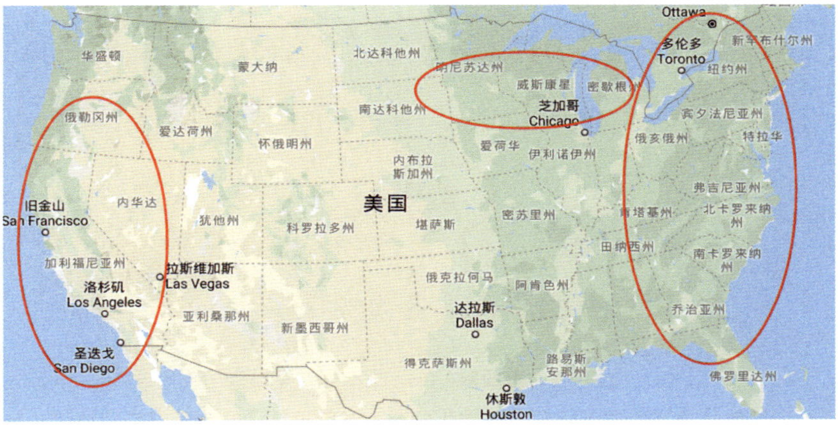

图4-33 “头部市场”与“长尾市场”可视化图示例

对于价格地区分布的数据，同样可以使用该信息可视化的技巧。例如，将客单价排名前5的地区用绿色符号标注在地图上，同时将低客单价的地区用黄色符号标注在地图上，标注后的地图如图4-34所示。

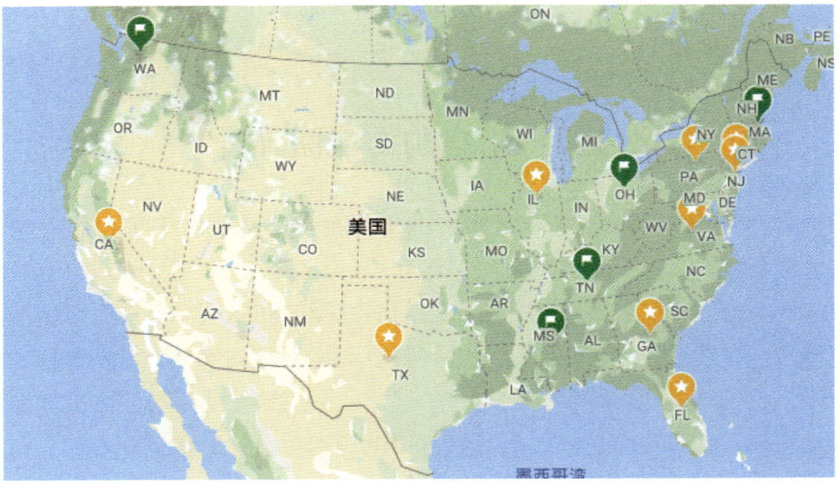

图4-34 标注后的谷歌地图示例

完成地点的标注后，运营者可以将客单价分布（图4-34）与主要市场分布（图

4-33）结合起来做信息可视化分析，如图4-35所示。

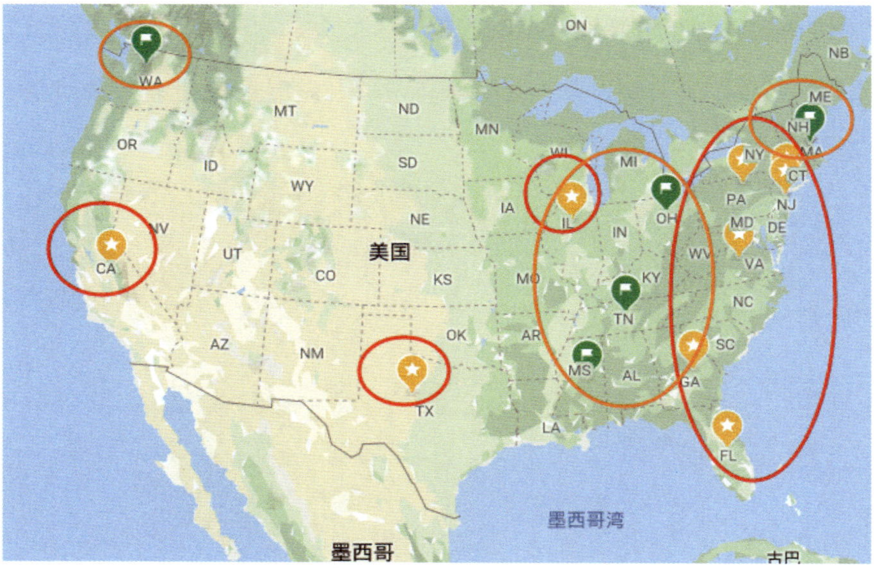

图4-35　客户单价分布与主要市场分布可视化分析（红色框标注的为低客单价地区，其与店铺的“头部市场+长尾市场”有重叠，橙色框标注的为高客单价地区，其与店铺的“头部市场+长尾市场”无重叠）

如图4-35所示，高客单价地区与店铺的“头部市场+长尾市场”并无多大重叠，这意味着运营者可以针对这些高客单价地区单独进行选品（即结合当地用户的需求开发客单价更高且利润更大的商品），同时可以实行差异化营销（关于差异化营销，详见8.3节相关内容，在此不做赘述）。

4.7　用户购物习惯分析

注意：4.7章节所讲解的图表示例对应Excel文件“用户购物习惯分析”，请读者根据自身学习需要自行下载查看。

用户购物习惯分析可以理解为用户每日的购物峰值在哪里？不同地区用户购物高峰期是否有不同？本书4.4小节分别结合时间与地区两个维度对客单价波动进行了讲解，在这一小节中，将把这两个维度结合到一起，通过一系列数据的整理与分析得到不同地区的用户购物习惯。数据来源仍然为后台数据中的订单报表，分析需要参数：purchase-date、ship-state。筛选方法分为以下两类：

1 24小时总订单量变化规律；

2 不同地区24小时订单量规律。

完成数据筛选后，就可以构建用户购物习惯可视化图表。

在4.4节中介绍了如何利用订单报表进行单日订单量和平均客单价波动的分析方法，其可视化图表如图4-36所示。

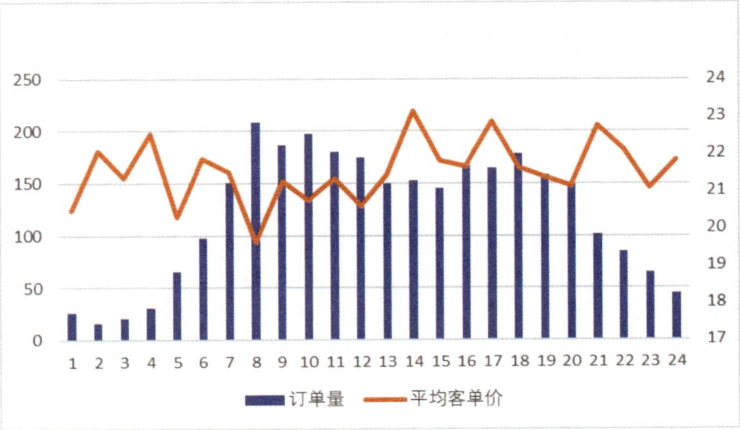

图4-36 单日24小时订单量和平均客单价变化

用户购物习惯分析可以理解为更深一层的单日订单量波动分析，即将不同地区的单日订单量波动进行数据筛选和可视化处理，因此其Excel操作方法与4.4节中所讲解的方法类似。本小节不再赘述操作细节，读者可以直接下载表格“用户购物习惯分析”进行查看。

本小节中以CA、FL、TX这三大地区为案例进行讲解，当对订单报表进行数据筛选后，运营者可以得到如表4-6所示的三大地区不同时间段的订单量对比。

筛选出不同地区不同时间段的订单后，**运营者需要计算不同时间段的订单比例来确保用户画像数据的准确性，**新表格如表4-6所示。

表4-6 CA、FL、TX三大地区不同时间段的订单量对比

时间段	CA	FL	TX
0	10	2	2
1	6	0	1
2	2	1	0
3	3	2	1
4	1	6	2
5	1	13	2
6	12	16	4
7	9	17	19
8	7	17	11
9	18	9	23
10	13	16	12
11	25	14	9
12	18	15	12
13	17	5	11
14	8	8	12
15	15	9	12
16	15	15	13
17	15	16	9
18	19	7	17
19	7	10	14
20	10	8	4
21	17	4	9
22	12	1	4
23	13	0	2

如表4-7所示，**CA、FL、TX三大州地区不同时间段的订单比例=地区单一时间段产生的订单÷地区所有时间段产生的总订单。**

完成上述数据筛选的步骤后，就可以结合不同的数据进行可视化分析。运营者首先能针对订单量单日变化数据绘制“订单量整体趋势”的柱状图，如图4-37所示（关于柱状图的绘制方法，请查阅2.1节相关内容）。

表4-7 CA、FL、TX三大地区不同时间段的订单比例对比

时间段	CA	CA	FL	FL	TX	TX
0	10	3.66%	2	0.95%	2	0.98%
1	6	2.20%	0	0.00%	1	0.49%
2	2	0.73%	1	0.47%	0	0.00%
3	3	1.10%	2	0.95%	1	0.49%
4	1	0.37%	6	2.84%	2	0.98%
5	1	0.37%	13	6.16%	2	0.98%
6	12	4.40%	16	7.58%	4	1.95%
7	9	3.30%	17	8.06%	19	9.27%
8	7	2.56%	17	8.06%	11	5.37%
9	18	6.59%	9	4.27%	23	11.22%
10	13	4.76%	16	7.58%	12	5.85%
11	25	9.16%	14	6.64%	9	4.39%
12	18	6.59%	15	7.11%	12	5.85%
13	17	6.23%	5	2.37%	11	5.37%
14	8	2.93%	8	3.79%	12	5.85%
15	15	5.49%	9	4.27%	12	5.85%
16	15	5.49%	15	7.11%	13	6.34%
17	15	5.49%	16	7.58%	9	4.39%
18	19	6.96%	7	3.32%	17	8.29%
19	7	2.56%	10	4.74%	14	6.83%
20	10	3.66%	8	3.79%	4	1.95%
21	17	6.23%	4	1.90%	9	4.39%
22	12	4.40%	1	0.47%	4	1.95%
23	13	4.76%	0	0.00%	2	0.98%

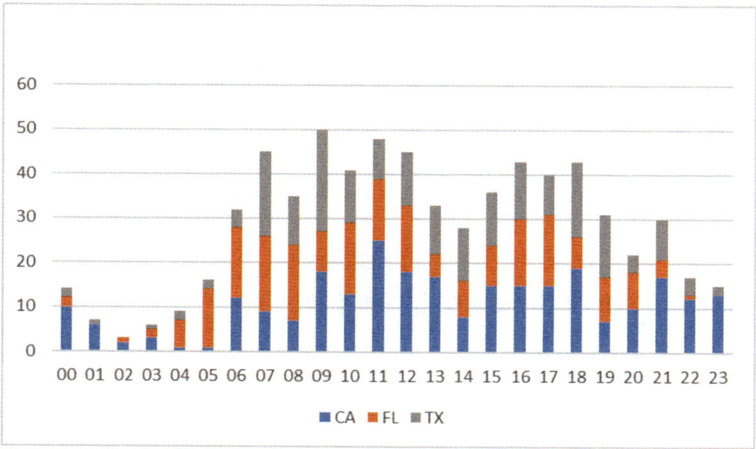

图4-37 三个地区总订单量单日变化趋势柱状图（横轴为1天24小时，纵轴为CA、FL、TX三个地区的总订单量，蓝色柱状图为CA地区订单量，橙色柱状图为FL地区订单量，灰色柱状图为TX地区订单量）

如果运营者需要结合所有地区观察店铺总体订单量波动趋势，可以绘制新的可视化柱状图，如图4-38所示。

除了订单量单日变化趋势外，运营者还可以结合不同地区单日订单比例的变化绘制“用户购物习惯”的折线图，分别如图4-39、图4-40、图4-41所示（折线图的绘制方法，请查阅2.3节相关内容）。

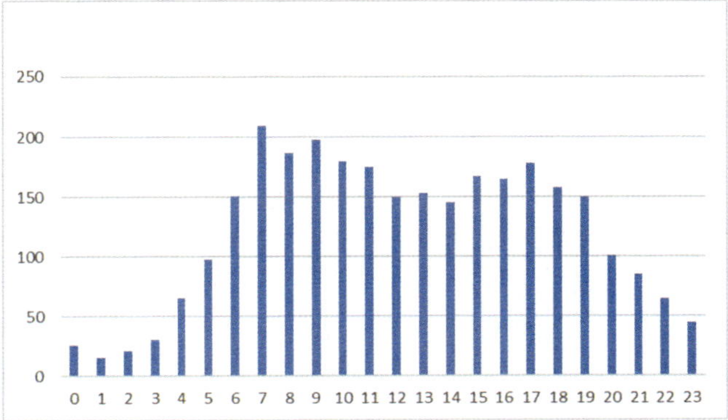

图4-38　店铺总订单量的单日变化趋势柱状图（横轴为1天24小时，纵轴为所有地区的总订单量）

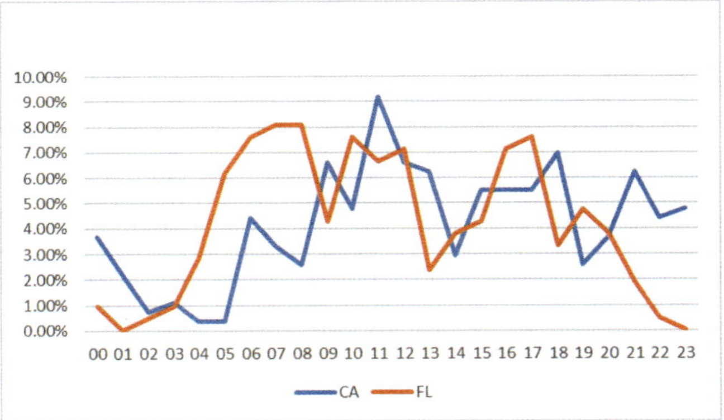

图4-39　CA与FL地区的用户购物习惯折线图（横轴为1天24小时，纵轴为CA与FL的订单比例，蓝色线条表示的为CA地区，橙色线条表现的为FL地区）

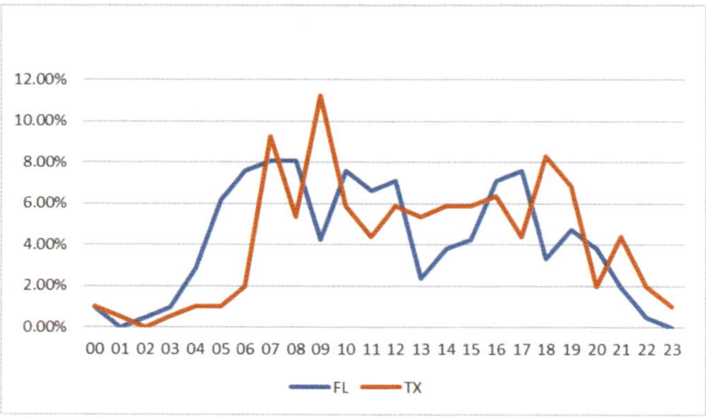

图4-40　FL与TX地区的用户购物习惯折线图（横轴为1天24小时，纵轴为FL与TX的订单比例，蓝色线条表示的为FL地区，橙色线条表现的为TX地区）

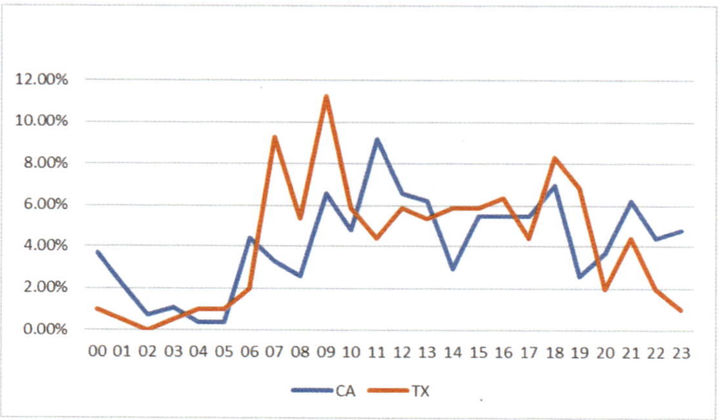

图4-41　CA与TX地区的用户购物习惯折线图（横轴为1天24小时，纵轴为CA与TX的订单比例，蓝色线条表示的为CA地区，橙色线条表现的为TX地区）

用户购物习惯分析的应用将在下文予以介绍。同时，读者可以根据自身需求更改上述图表的颜色、文本、设计风格等，其操作具体细节本小节不再赘述。

4.8　用户购物习惯数据的广告应用

用户购物习惯数据的广告应用，可以分为两个方面：第一个方面为广告的曝光时间优化；第二个方面为广告的单次点击竞价优化。本小节主要讲述第一个方面的应用；第二个方面的应用，读者可以查阅本书5.3节相关内容。

在4.7小节中，运营者可以通过柱状图来展现店铺总订单的单日变化趋势，如图4-42所示。

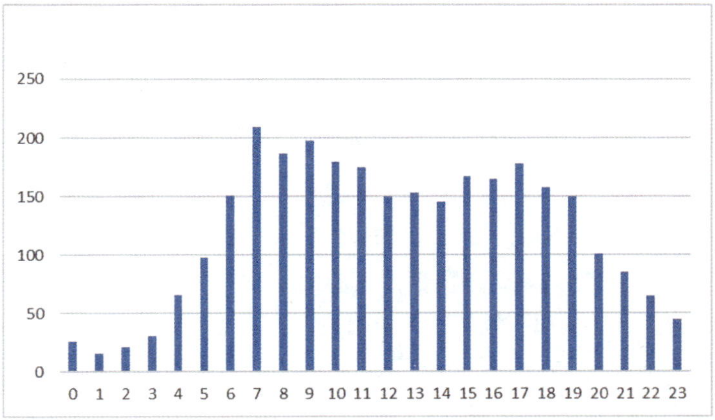

图4-42　店铺总订单量的单日变化趋势柱状图（横轴为1天24小时，纵轴为所有地区的总订单量）

在图4-42中，运营者可以将店铺整体的购物高峰进行标注，如图4-43所示。

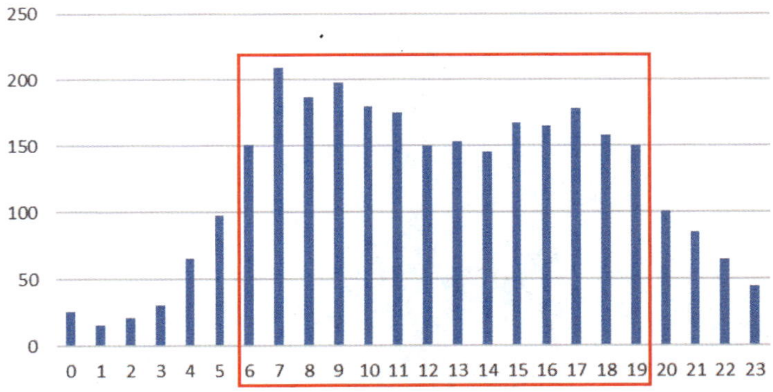

图4-43　店铺总订单量单日变化趋势（红色框标注区域为店铺订单高峰期）

如图4-43所示，美国时间6：00~19：00为订单高峰期，那么这段时间也是亚马逊美国站的流量高峰期，因此运营者可以利用这段时间来使广告的曝光效率最大化。需要注意的是，**这里的最佳曝光时段并不是指ACOS最低的时段，而是在相同时间内广告效率最大的时段，适合属于成长期的产品而非稳定期的产品。**

4.9　用户购物习惯数据的listing优化应用

在listing优化上，用户购物习惯数据可以应用于一个比较高阶的运营操作——价格歧视。

价格歧视（price discrimination）实质上是一种价格差异，通常指商品或服务的提供者在向不同的接受者提供相同等级、相同质量的商品或服务时，在接受者之间实行不同的销售价格或收费标准。例如，同样在亚马逊上销售一件商品，运营者如果卖给A用户为5美元，B用户为6美元，则这种行为就已经构成了价格歧视，而卖家通过这样的行为获得了超额利润。

在亚马逊平台上，“价格歧视”的运营技巧一般可以分为以下六类：

1 用户职业导向价格歧视，即卖家面对不同职业的用户会制定不同的价格，如面对学生用户时价格偏低，而面对职场用户时价格偏高。

2 用户地区导向价格歧视，即对于不同地区的用户设定不一样的销售价格。

3 用户种族导向价格歧视，即对于不同种族的用户设定不一样的销售价格。

4 用户语言导向价格歧视，即对于不同语言习惯的用户设定不一样的销售价格。

5 用户性别导向价格歧视，即对于不同性别的用户设定不一样的销售价格。

6 用户购物习惯导向价格歧视，即对于不同购物习惯的用户设定不一样的销售价格。

本小节主要结合上述第6点，即“用户购物习惯导向价格歧视”来讲解“价格歧视”运营技巧的使用方法。

在4.7节的内容中，运营者可以通过订单报表得到不同地区用户购物习惯的可视化图表，其中的一张图表就是CA与FL地区的用户购物习惯折线图，如图4-44所示。

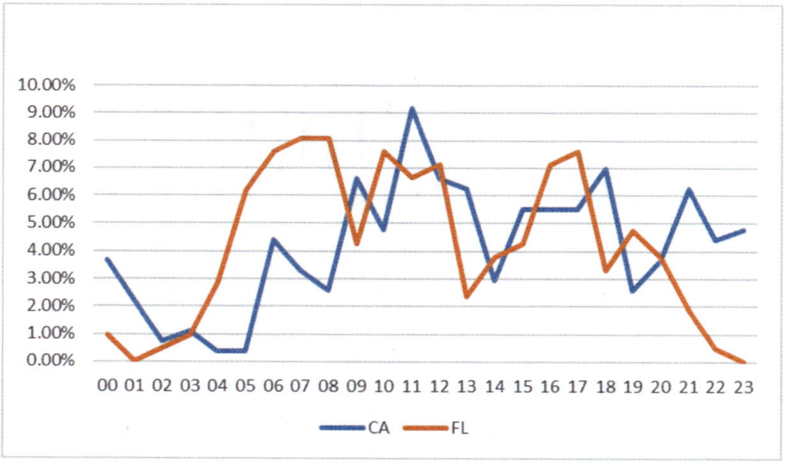

图4-44　CA与FL地区的用户购物习惯折线图（横轴为1天24小时，纵轴为CA与FL的订单比例，蓝色线条表示的为CA地区，橙色线条表现的为FL地区）

从图4-44中可以看到，FL地区的用户购物高峰期为05：00~08：00，而CA地区的用户购物高峰期为10：00~12：00，运营者可以在图表中用不同颜色的方框标注出这两个时间段，新图表如图4-45所示。

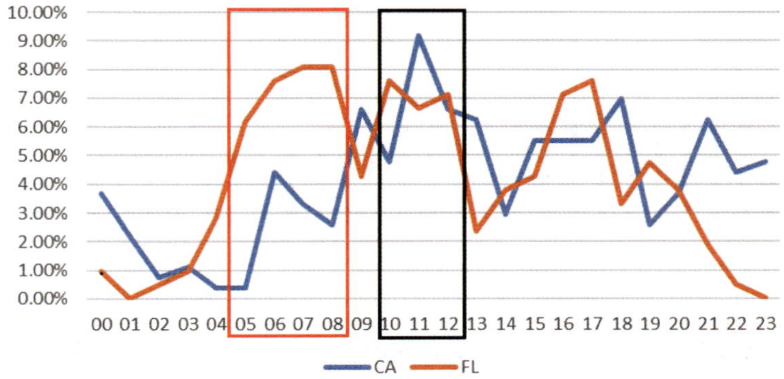

图4-45　CA与FL地区的订单高峰期划分【红色框标注的时间段（05：00~08：00）为FL地区用户的购物高峰期，黑色框标注的时间段（10：00~12：00）为CA地区用户的购物高峰期】

如图4-45所示，05：00~08：00与10：00~12：00这两个时间段都为“价格歧视”策略有条件实行的时间段，但是考虑到相比于05：00~08：00的清晨时间，10：00~12：00的中午时间CA与FL地区的用户购物趋势差异不大，所以为了让“价格歧视”策略的效率最大化，运营者可以选择05：00~08：00时间段作为“价格歧视”运营策略实行时间段。

确定了“价格歧视”的时间段后，就需要判断“价格歧视”运营策略实现的可能性是否存在，这就需要判断CA与FL地区用户对于商品价格的敏感度是否有差异。

在本书4.4节中介绍了不同地区订单评价客单价对比的信息可视化方法，运营者可以在该图表上将“CA”与“FL”地区标注出来，标注后的新图表如下图4-46所示。

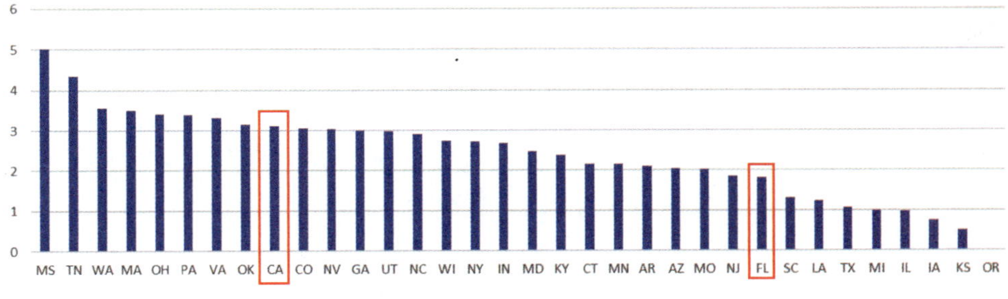

图4-46　不同地区订单平均客单价对比柱状图

然后，运营者可以参考不同地区价格敏感度划分的可视化表格，如图4-47所示。

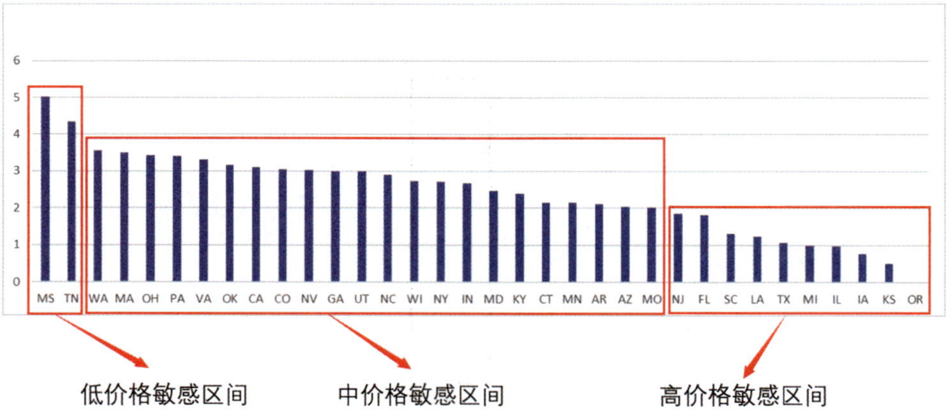

图4-47　不同地区订单平均客单价变化柱状图

结合图4-46与图4-47可以得知：**CA地区属于中价格敏感区间，FL地区属于高价格敏感区间，那么CA地区的用户偏向于购买价格偏高的产品，而FL地区的用户偏向于购买价格偏低的产品，"价格歧视"策略实行的依据便存在。**其具体运营逻辑为：当CA地区用户的购物高峰期到来时，运营者可以提升listing销售价格以获取超额利润，与此同时不用担心价格的提升会导致FL地区用户订单的下滑，这是因为FL地区用户的购物高峰期还没有到来。随后，当FL地区用户的购物高峰期到来时，运营者可以将listing销售价格调回原位，从而促使更多FL地区的用户下单购买。

在具体运营实操的过程中，运营者可运用如下两种方式完成"价格歧视"的操作：

1 设置多个listing子变体，同时将每个子变体设置高低不同的价格，然后在不同地区用户购物高峰期时显示不同的listing，其显示的listing价格取决于该时间段内属于用户购物高峰期的区域的价格敏感度，价格敏感度高的地区显示低价listing，价格敏感度低的地区显示高价listing。

2 对于同一个listing在不同时间段设置不同的价格，其价格取决于该时间段内属于用户购物高峰期的区域的价格敏感度，价格敏感度高的地区显示低价，价格敏感度低的地区显示高价。

考虑到如果频繁修改listing价格可能会影响listing权重，所以推荐使用第一种操作形式，在前台显示一个适合的listing的同时，其他的listing可以禁止显示。（将listing禁止显示的方法有很多，比如删除主图，或者将主图设置为不符合亚马逊规范的图片等）

当然，本小节只是以CA与FL地区为案例进行讲解，而一个listing或者店铺的受众不仅仅只是CA与FL两个地区的用户，所以在实际运营过程中，运营者需要对店铺所有地区的用户购物习惯进行分析后，才能得出最精确的"价格歧视"运营策略。

4.10 用户复购率分析及其应用

用户复购率是用来计算店铺品牌推广程度和产品受众忠诚度的重要手段，其数值可以由如下两种方式计算得到：

1 统计一年内订单中的收件人信息，计算同一收件人的订单占所有订单中的比例（用户品牌化程度）。

2 统计一年内订单中的收件地址信息（或者顾客邮箱地址信息），计算临近地址订单（相同邮箱地址订单）占所有订单中的比例（地区品牌化程度）。

因为用户复购率数值的计算方式较为简单，所以本小节不再以图文的形式讲解如何用Excel计算用户复购率，请读者根据自身店铺数据自行计算。

当运营者计算出自身店铺的用户复购率数据后，可以应用如下两种方式：

1 针对不同的用户品牌化程度，可以采取粉丝社群、站外引流、独立站推广的方式提升利润率和利润额。

2 针对不同的地区品牌化程度，可以采取价格歧视、地区限定、线下推广的方式提升订单量和忠实客户数量。

在电商领域，一个电商品牌的发展主要看三点：**模式、效率、用户复购率。**在亚马逊跨境电商平台上，电商的模式就是B2C，而本书所涉及的用户画像、数据化选品、精细化运营等技巧则是为了提升电商运营者的效率，品牌化推进则是为了用户复购率的提升。同时，因为用户复购率数据本身与营销息息相关，所以关于更多营销的技巧和思路将在本书第8章中重点讲述。

第5章 运营体系数据化

站内广告如何通过数据化运营的方式做到精准优化？listing的转化率如何通过数据分析找到优化重心？

5.1 站内广告数据化运营思路

5.1.1 广告类别区分——品牌广告和效果广告

什么是品牌广告？什么是效果广告？

品牌广告（Brand Awareness），是以树立产品品牌形象，提高品牌的市场占有率为直接目的，突出传播品牌在消费者心目中确定的位置的一种方法。通俗讲就是你在购买某种消费品时，第一时间能想起某个品牌，这就是品牌广告的目的。比如当你想要购买电池产品，可能首先会想到金霸王品牌，这就是品牌广告的作用所在。

效果广告（Direct Response），指在以效果为基础的广告系统中，广告商只需要为可衡量的结果付费。通俗解释就是能看到效果的广告，是接近消费者购买行为的探索阶段。在亚马逊上的CPC广告，头条广告都属于效果广告。

在Amazon平台上，同时存在着品牌广告和效果广告，分别如图5-1、图5-2所示。

品牌广告的特点是**长久慢。**塑造品牌服务是品牌广告最主要的目标，所以品牌广告是要力图使品牌具有并且维持一个高知名度的品牌形象。

任何一个广告都是对品牌的长程投资。从长远的观点看，广告必须力求去维护一个好的品牌形象，而不惜牺牲追求短期效益的诉求重点。

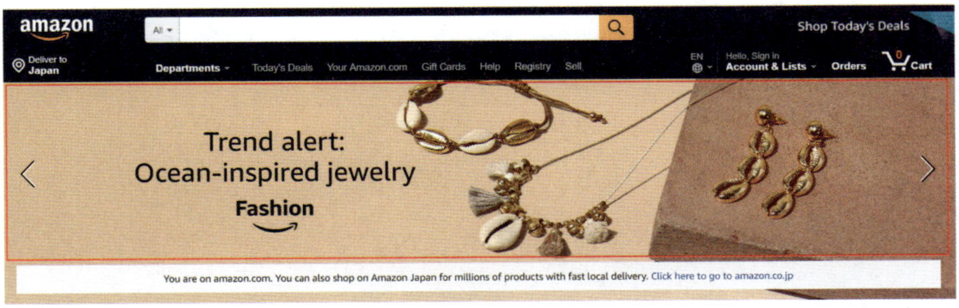

图5-1　品牌广告

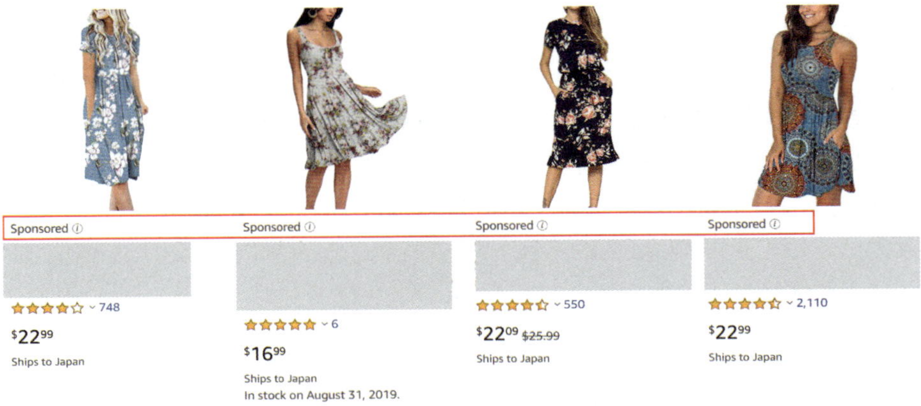

图5-2　效果广告

随着同类产品的差异性减小，品牌之间的同质性增大，消费者选择品牌时所运用的理性就越小，因此描绘品牌的形象要比强调产品的具体功能特征要重要得多。

消费者购买时所追求的是“实质利益＋心理利益”，对某些消费群来说，广告尤其应该重视运用形象来满足其心理的需求。由于品牌形象是介于产品与企业之间的一种概念，因为它既包括商品特点的许诺，也包括企业形象的渗透。既然品牌形象包含这两方面的内容，采用品牌形象策略就必须以对商品和企业形象的分析为基础，并且品牌形象的延伸和推广也须与企业形象相符。只有这样，品牌形象才能包含许诺，体现威望，产生信赖，实现特定的广告目的。如图5-3所示是一家户外登山帽公司的品牌LOGO（商标）。

图5-3　某户外登山公司的品牌商标

效果广告的特点是**短平快**。效果广告要求短期看到效果，这是互联网广告的最大优势。比如在亚马逊电商平台投的广告，消耗多少钱、有多少点击量、多少下载量和注册量，都可以监控到，效果很明确。

一般而言，不同体量的亚马逊店铺对于品牌广告与效果广告都有着不同的需求，其对应关系可参考表5-1。

表5-1　品牌广告与效果广告的需求对应关系

日均销量（美元）	10000以下	10000~50000	50000+
推荐广告形式	CPC广告	头条广告，CPC广告	banner品牌广告
广告所属类别	效果广告	效果广告	品牌广告

5.1.2　亚马逊站内CPC广告数据的分析技巧

亚马逊站内CPC广告，归根结底是一种效果广告，它在短期之内就可以看到对产品流量和销量的影响。对于亚马逊站内CPC的广告优化，很多运营者平时都会先开自动广告积累流量数据，再根据表现好的关键字进行手动广告曝光，但是这么做就容易陷入惯性思维。真正想要做好亚马逊站内广告，首先要提出正确的问题。比如**广告到底是在赚钱还是亏钱，单次定价怎么定，如何设置广告预算，如何筛选关键字？……**

为了制订好广告计划，运营者首先要了解以下几个数值：曝光量(E)、点击量(C)、点击竞价(B)、广告订单量(O)及ACoS（ACoS，英文全称Advertising Cost of Sale，是亚马逊站内广告的花费和销售收入的比例）。只有准确了解并掌控了上述几个数值之间的关系，才能真正做好亚马逊站内CPC广告。

对广告而言，运营者需要关注的重要指标如下：

曝光点击率（CTR）= 点击量/曝光量 = C/E

点击转化率（VR）= 订单量/点击量 = O/C

广告投入产出比（ACoS）= 广告的花费/销售收入

广告投入产出比（ACoS）=(点击量 × 点击竞价)/(广告订单量 × 单价P)= $C\times B/O\times P$

广告投资回报率（ROI）= 广告订单利润/广告投资总额

广告投资回报率（ROI）=(广告订单量 × 单价 × 利润率R)/(点击量 × 点击竞价)= $(O\times P\times R)/(C\times B)$

需要注意的是：① 亚马逊收费时不一定按照固定竞价收取，此处按理想情况进行计算。② 单价与利润率在实际操作中或有变动，此处按理想情况计为常数。

在理想情况下，曝光点击率（CTR）、点击转化率（VR）、广告投资回报率（ROI）越高越好，广告投入产出比（ACoS）越低越好。但是在实际运营过程中，需要设置一组约束条件作为广告优化的目标。根据笔者个人的运营经验，如果是服装类目，读者可以根据如下数据作为参考：**曝光点击率（CTR）大于0.5%，点击转化率（VR）大于10%，ACoS小于15%。**

根据这一组约束条件，就可以进行线性规划。下面先讲解几个容易上手的指标计算方法：

1 listing稳定后CPC广告单次点击竞价 (B) 与广告预算 ($C*B$) 的设置方法

由“广告投入产出比（ACoS）=（点击量 × 点击竞价）/(广告订单量 × 单价 P)= $(C\times B)/(O\times P)$”与“点击转化率（VR）= 订单量/点击量 = O/C”可得，**B=ACoS ×VR×P，$C\times B$=ACoS×$O\times P$。** 例如：产品A的价格为20美元，转化率为10%，预期ACoS为15%，则单次竞价应为15%×10%×20=0.3美元；若预期广告订单为10单，则广告预算应为15%×10×20=30美元。

2 广告投资回报率（ROI）的分析

由“广告投入产出比（ACoS）=（点击量 × 点击竞价）/(广告订单量 × 单价 P)= $(C\times B)/(O\times P)$”与“广告投资回报率（ROI）=（广告订单量 × 单价 × 利润率 R)/(点击量 × 点击竞价)= (O×P×R)/(C×B)”可得，**ROI=R/ACoS。** ROI是判断广告亏损还是盈利的重要指标，计算方法也相对简单。当ROI大于1，即利润率大于ACoS时，广告活动处于盈利状态，可以适当增加投入；反之，当ROI小于1，即ACoS大于利润率时，就要及时调整广告和链接。

关于产品listing的广告单次竞价的精细优化方法请读者详见5.3节相关内容，本小节只是listing销量稳定后的广告优化思路。

5.1.3 亚马逊站内CPC广告的优化顺序与节奏

在一款产品不同的生命周期中，运营者所需要关注的点是不一样的。对于新款而言，前期需要通过广告占领市场，所以ACoS暂时过高是可以接受的；而对于产品衰落，清理库存准备下架的款式，就不必因为点击转化率（VR）过低而烦恼，而是应该继续投放，保证ROI大于1，以便尽快清理库存。

一般来说，对于普通铺货链接的广告测试时间应定在3~4周，而精品则需要更长的曝光时间和测试。对于铺货款式而言，在4周的操作后如果链接有明显的成长趋势，建议持续关注广告优化。对于不是爆款的产品，就没有必要为其继续进行广告曝光。

1. 广告投放第1周

链接在前期如果没有广告的辅助很难获取较好的流量和转化，对于A9算法来说，即使在上架初期会给予流量扶持也是有限度的。对于新上架的链接而言，越早获取高曝光率和高流量，就越有机会在竞争中快人一步。因此在早期的广告投放中，一般选择在链接上架或出流量的时间点，为其开启自动广告。

在初期设置竞价和预算时，要以预期销售为目标进行规划。假设产品售价为25美元，预期转化率10%，预期ACoS达到15%，目标是通过广告使产品前期销量增长至日均5单，就可以利用之前得出的公式进行推算：单次点击竞价(B)=15%×10%×25=0.375美元，广告预算($C\times B$)=15%×5×25=18.75美元。对于新品而言，可以为单次竞价乘以一个加权系数，以提升其曝光的概率，也可以开启亚马逊“Bid+”进行自动竞价。

2．广告投放第2周

运营者需要下载广告报告，分析第1周的广告数据。如果在第1周内链接的流量没有持续增长，或者曝光点击率（CTR）低于0.5%，代表了以下两种可能性：

1 产品本身没有市场；

2 上架链接及主图需要优化。

这时，首先要做的是重新优化链接标题关键字及主图。需要注意的是，因为处于链接成长初期阶段，直接修改主图带来的影响不大；但是如果链接已经稳定在售，则不建议再去修改主图。如果你的链接经过多次修改仍然没有起色，则需要尽早停止广告曝光。

注意：每次修改链接后，至少要积累一周的数据，才能进行下一步的判断和操作。

如果广告表现良好，链接已经出单，就可以考虑进行手动广告投放。投放策略与第1周相同。至于手动广告关键字的选取，首先需要添加自动广告报告中高转化的关键字和类目词；其次，可以使用“概率矩阵匹配法”来寻找一批恰当的关键字，其具体内容见5.5小节，读者可以根据自身需求学习查阅。

3．广告投放第3周

运营者需要下载广告报告，对比分析前两周的广告数据。在第3周，除了继续关注曝光点击率（CTR）外，需要重点关注的是链接的点击转化率（VR）。由于类目的不同，转化率不能给出具体的数值参考，可以在后台参考自己店铺的整体转化率。如果新品转化率不足店铺转化率的60%，就需要再次优化链接。

再次链接优化不需要像上一次那样大动干戈，而是需要添加更多的细节。具体操作可以参考同类目Top100的链接，与相似的产品做横向对比。一般来说有四大影响因素：**价格、评价、副图及FBA。**在优化链接的过程中，除非运营者有足够的能力和预算取大卖而代之，否则切忌复制粘贴、生搬硬套。如果新品转化率接近店铺转化率，就可以考虑为其开启手动广告的精确匹配，进一步引流。

4．广告投放第4周

运营者需要下载广告报告，对比分析前三周的广告数据。如果你的链接能在第4周达到**曝光点击率（CTR）大于0.5%，点击转化率（VR）大于10%，**说明产品已经基本打入市场，逐步进入稳定销售期。这时就可以使用否定关键字等方法着手优化ACoS。

当ACoS大于或等于产品利润率时，也不应该简单降低广告竞价或者广告预算。首先应该做的是查询链接的关键字排名。因为此时你的广告可能正在与其他链接抢占栏位。这时如果在这些关键字下出现款式相同的竞品，说明此时尚未进入稳定销售状态，核心指标依然是点击转化率（VR）。

在整个广告推广的流程中，更重要的是及时发现异常数据，并有针对性地及时解决：

1 当曝光量不足时，可以考虑提高广告竞价和单日广告份额；

2 当点击率不足时，可以考虑更换listing的主图、标题、review评分、价格、库存；

3 当转化率不足时，可以考虑优化落地页信息，比如添加变体、添加“A+广告”、优化五点描述等。

5.2 广告曝光流量转化漏斗模型

5.2.1 效果广告营销漏斗分析（主要针对CPC广告优化）

营销漏斗模型，全称为”搜索营销效果转化漏斗”（图5-4），漏斗的五个层次对应了企业搜索营销的各个环节，反映了从展现、点击、访问、咨询，直到生成订单过程中的客户数量及流失。从最大的展现量到最小的订单量，此一层层缩小的过程表示不断有客户因为各种原因离开，对产品失去兴趣或放弃购买。

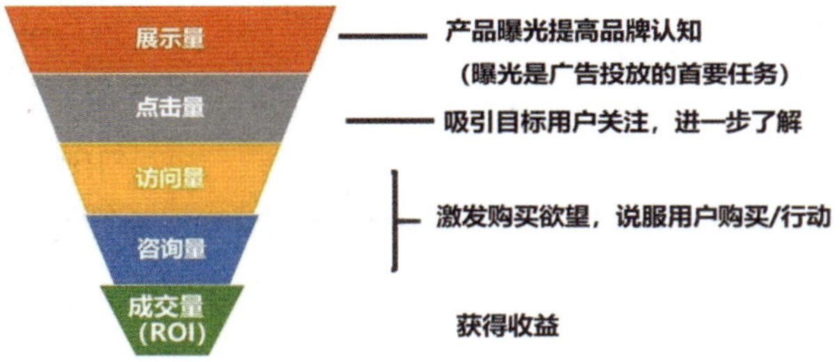

图5-4　广告投放营销漏斗转化模型

当我们对CPC广告进行优化分析时，可以根据图5-4所示的广告投放营销漏斗转化模型对每个数据依次进行分析和优化：

1 当展示量不足时，可以考虑提高广告竞价和单日广告份额。

2 当点击量不足时，可以考虑更换广告曝光主图或者降低广告曝光商品价格，这样可以使曝光的listing更具有吸引力（主图或者价格），从而提升点击率，获得更多的点击量。

3 访问量和咨询量仅看广告报表是无法获得相关具体信息的，但是可以通过增加Q&A信息、优化review评价、增加“A+图文广告”等手段完善listing内容，使listing的内容本身更具有竞争力，从而增加用户对于页面的停留时间和浏览率。

4 当成交量不足时，即ROI偏低时，就需要优化广告转化率，除了从listing转化率的角度进行优化外，还可以通过分析广告精确曝光是否给了适合的用户这一点出发对广告进行优化。比如我们的用户画像是怎样的？（用户画像请参考本书第4章内容）自己的顾客具有怎样的购物倾向？

投资回报率（ROI）是指通过投资而返回的价值，即企业从一项投资活动中得到的经济回报。它涵盖了企业的获利目标。广告的投资回报率（ROI）与亚马逊站内广告费的投入和销售收入的比例（ACoS）之间的关系是ROI为ACoS的倒数，ROI数值越高越好，ACoS数值越低越好。

5.2.2 如何通过广告投放漏斗模型来优化站内CPC广告

本小节将以亚马逊美国站服装类目为例进行讲解。一个被广告曝光的listing页面会包含多个信息，其listing曝光页面如图5-5所示。

图5-5 listing曝光页面

由图5-5可知，一个listing广告曝光页面包含如下信息：

- listing的主图。
- listing的标题。
- listing的review评分。
- listing的价格。
- listing的送货信息和库存信息。

上述信息一起组成了“曝光页”，即曝光信息。

当点击该链接后，可以看到如图5-6所示页面。

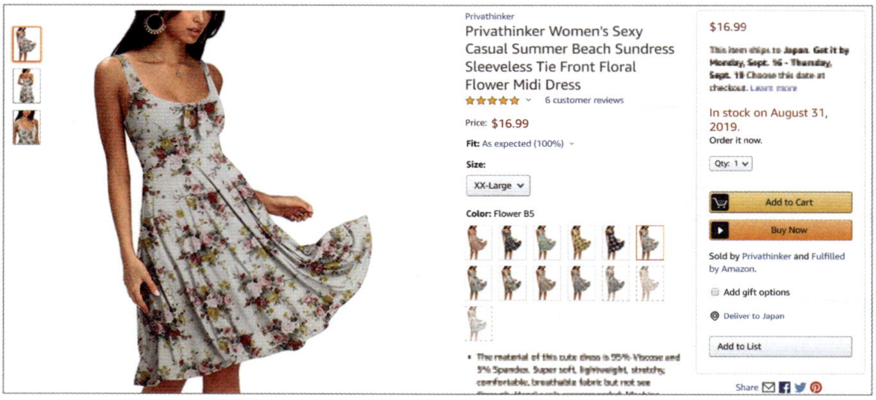

图5-6 listing的广告点击页面

由图5-6可知，listing的广告点击页面包含如下信息：

- listing的主图。
- listing的副图。
- listing的标题。
- listing的review评分。

- listing的价格。
- listing的五点描述。
- 其他信息（Q&A，review详情……）。

以上信息一起组成了**"落地页"**，该页面也被称为"着陆页""引导页"。通常，落地页上各种信息背后隐含的是发掘并收集潜在消费者信息的表单，目的是将访问者转化为潜在客户，根据收集到的信息继续跟进。

运营者可以在进行广告操作后，在后台实时下载每日的广告数据报表，数据报表中包含每个广告组的曝光数、点击数、订单数等，所以当需要对CPC广告进行优化分析时，可以根据上述的逻辑对每个数据依次进行分析和优化。

- 当曝光量不足时，可以考虑提高广告竞价和单日广告份额。
- 当点击率不足时，可以考虑更换listing的主图、标题、review评分、价格、库存。
- 当转化率不足时，可以考虑优化落地页信息，比如添加变体、添加"A+广告"、优化五点描述等。

5.3 listing广告单次点击出价优化

注意：5.3小节内容需要涉及订单数据的采集与清洗，其基本操作方法与流程请查阅第3章内容。

在推广产品的时候，运营者需要通过广告来增加产品的曝光率和点击量，从而加速listing的成长。对于listing广告的单次竞价，多数运营者会选择"高单价低总额"→"低单价高总额"的阶梯形优化方式。例如，当一个产品刚刚上架需要广告曝光时，很多运营者会选择一个较高的单次点击竞价（比如1美元1次点击），但是单日广告配额设置一个较低的配额（比如单日10美元），如果广告投放后配额资金迅速被消耗完毕，运营者就会调低单次竞价，同时增加广告配额，直到广告ACoS达到一个稳定值或者listing达到成熟期。

"高单价低总额"→"低单价高总额"的广告设置方式属于传统经验化运营的技巧，可以方便运营者在有限的成本下，一步步逼近广告单次竞价的最优数值。本节将从数据化运营的角度讲解另外一种广告单次点击出价的优化方法。

5.3.1 根据不同时间段分析订单与广告支出变化

首先运营者要认清一个事实，即每个店铺在每天24小时中每个时间段的订单都是存在波动的。运营者可以将店铺的某一类目产品的单个交易日分为24小时，然后分析在24小时的不同时间段内总订单（包含广告带来的订单和自然曝光带来的订单）和广告支出的变化。

1. 不同时间段订单量的变化

每小时的订单量，可以通过后台实时更新记录，也可以通过“亚马逊海卖助手”这类软件获得实时的销量，如图5-7所示。

2. 不同时间段广告支出的变化

广告在不同时间段的支出数值，运营者是无法直接从亚马逊后台得到的，而是需要一定的操作技巧来推算得出，其操作步骤如下：

1 如果是新品，则开启一个新的广告活动，手动广告与自动广告都可以，不过对于全新的产品推荐从自动广告开始记录；如果是老款，则可以选择一个已经存在的广告活动。

2 将广告活动的单日配额设置为一个较低的数值，其数值可以参考店铺中其他广告活动的日均支出。例如，假设有一个热销产品的广告活动每天消耗60美元，新上架的产品与该热销产品属于一个类目，那么新广告活动的单日配额就可以设置成60÷12=5美元，即热销产品的广告平均每2小时消耗5美元。

3 如果是新品，填写初始竞价，初始竞价的设置并无太大限制，运营者可以参考自身的运营经验填写；如果是老款，则暂时先保持单次竞价不变，记录该数值。

4 开启该广告活动，然后到前台搜索广告活动相关关键字或者产品，观察广告是否已经在正常运行。

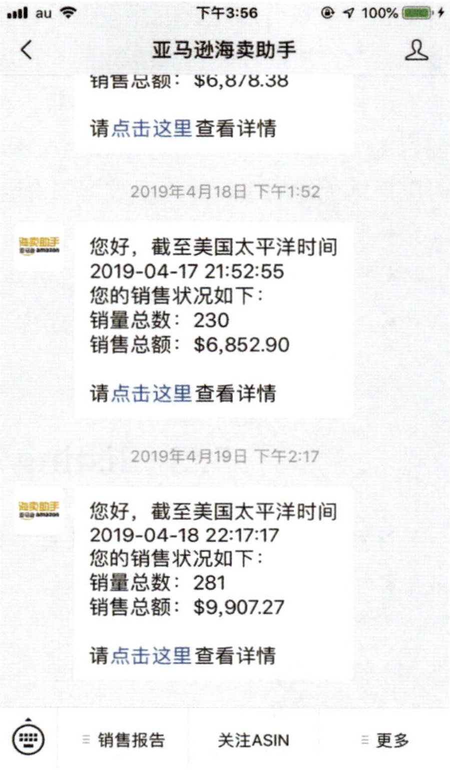

图5-7 “亚马逊海卖助手”上的实时订单信息（除了“亚马逊海卖助手”，运营者还可以根据店铺后台数据，以及其他第三方插件观察订单信息）

5 每隔一个固定时间段，如30分钟、1小时、3小时、6小时等，就到前台再次搜索该广告，直到发现广告不再曝光，这时可以确定广告配额已经消耗完毕。需要注意的是，广告在前台不再能搜索到的原因有两个：一是广告配额消耗完毕；二是listing权重太低导致广告不再曝光。判断的方式也比较简单，如果listing本身短期内正常出单且排名无特大波动，那么就可以认为是因为广告配额消耗完毕导致广告不再曝光。

6 记录该时间段与对应的广告配额，然后重新增加广告配额。

7 再次开启该广告活动，然后到前台搜索广告活动相关关键字或者产品，观察广告是否已经在正常运行。

8 同第5步，每隔一个固定时间段就到前台再次搜索该广告，直到发现广告不再曝光，这时可以确定广告配额已经消耗完毕。

9 重复第6步到第8步，直到完成一整个自然日即24小时的记录。

完成上述步骤后，根据记录的时间点和数值，运营者就可以得到一天不同时间段的广告支出数值。例如，假设第一次记录的时间点是美国时间00:00~02:00，配额是10美元，那么就意味着这2小时的广告支出为10美元；其次的记录是美国时间02:00~03:00，那么就意味着这1小时的广告支出为10美元，依此类推……

广告曝光的确认，可以搜索相关的广告关键字或者产品标题来确认广告的曝光状态，图5-8所示就是正常曝光的广告活动。

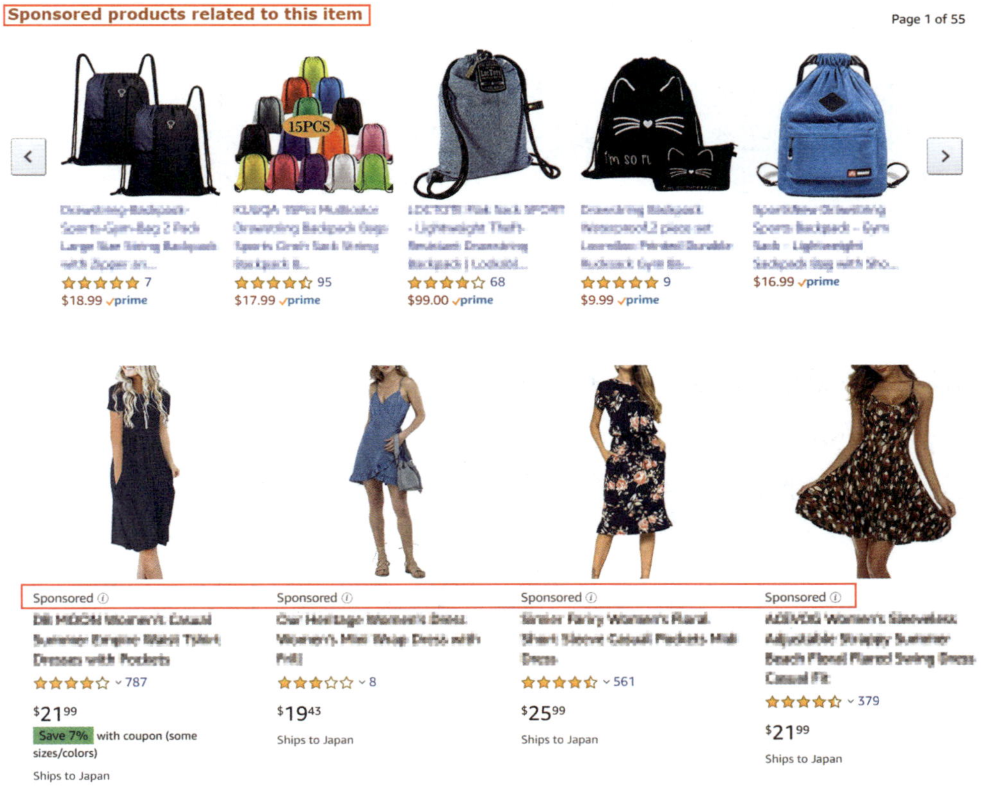

图5-8 正常曝光的广告活动

当实时记录好数据后，运营者就可以得到一个店铺一天24小时（美国时间）的总订单与广告支出变化情况，将数据记录到Excel中，就可以生成如图5-9所示的折线图。

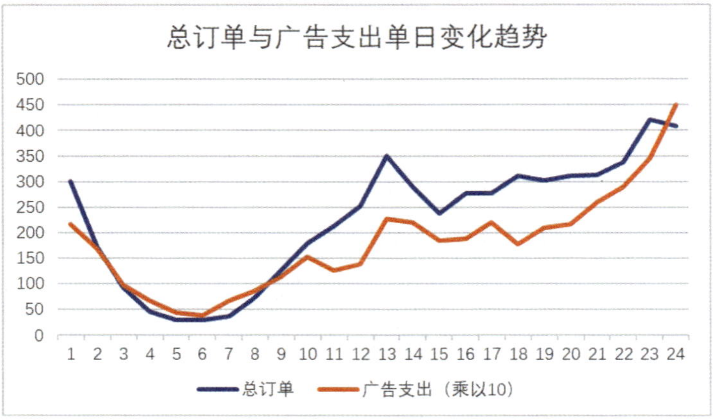

图5-9　总订单与广告支出单日变化的折线图

如图5-9所示，蓝色线条为“总订单”，即总订单量（广告订单+自然订单）在1天24小时内的变化，橙色线条为“广告支出”，即单一或者所有广告活动支出（根据运营自身的需求，既可以只统计单一广告活动的数值，也可以统计所有广告活动的数值）在1天24小时内的变化。为了方便比较，运营者可以将广告支出的数额乘以一个基数。在此次案例中，将广告支出乘以10进行比较，如果店铺本身广告费用较高，则可以乘以较小的数值，具体数值根据运营者自身的店铺情况而定。

5.3.2　根据数据分析推导出最优单次点击竞价

1. 一次优化操作推导

如图5-10所示，凌晨2：00~8：30属于低单量时期，12：00~14：00属于订单高峰期。同时，运营者还可以结合广告支出，得到如下两个优化推断：

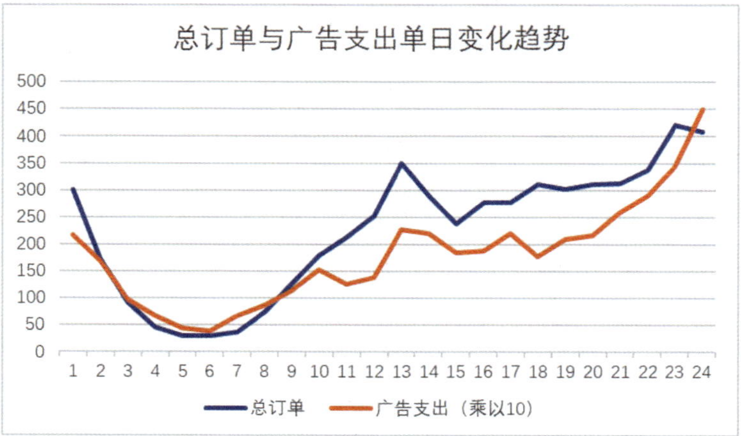

图5-10　总订单与广告支出单日变化的折线图

1 因为凌晨2：00~8：30的广告支出比例偏高（广告支出曲线高于总订单曲线），那么是否可以通过降低广告单次点击竞价来减少广告支出？

2 因为12：00~14：00的广告支出比例偏低（广告支出曲线低于总订单曲线），那么是否可以通过增加广告单次点击竞价来增加广告支出，从而带来更多的订单？

需要注意的是，**一次推导的结果并不是最终的操作方式**，这是因为运营者需要考虑到同行业竞争者竞价的变化，在凌晨2：00~8：30虽然广告支出偏高，但是单次竞价偏低（因为竞争者少），所以可能带来的广告订单更多；在12：00~14：00虽然广告支出偏低，但是单次竞价偏高（因为竞争者多），所以可能带来的广告订单更少。所以，运营者需要二次推导来进行更加精确地推断。

2. 二次优化操作推导

在"一次优化操作指导"中，从"总订单与广告支出单日变化的折线图"（图5-10）粗略来看，似乎得不到什么有效的结论，因为广告费越高，平均广告订单就越多，那么这时候运营者就需要计算一个数值：单个订单的平均广告支出（注意，单个订单的平均广告支出是指各个时间段的广告支出除以总订单数量，如美国时间凌晨00：00~01：00总计产生订单300单，广告支出为24美元，那么单个订单的平均广告支出为0.08美元）。

运营者需要单独将广告费与订单量做一个除法，就可以得到单个订单的平均广告支出。假设图表如图5-11所示，从图中可以看到在5：00~11：00的平均支出过高，这时候运营者可以得到如下二次优化推断：**降低5：00~11：00的广告单次点击竞价或者直接在该时段暂停广告曝光。**

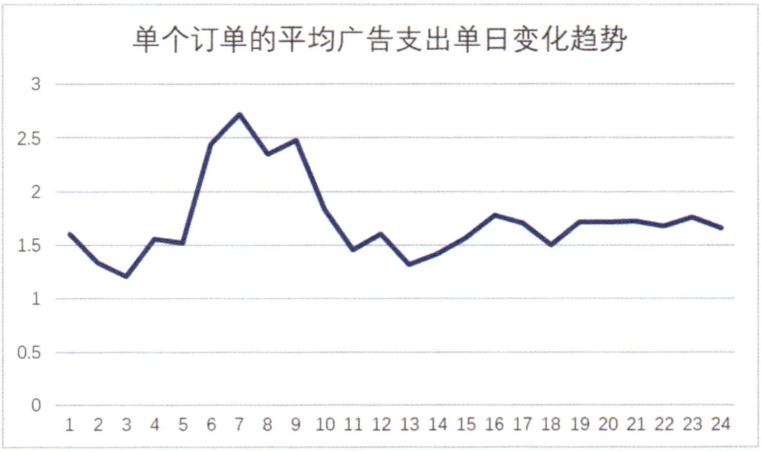

图5-11　单个订单的平均广告支出单日变化趋势
（横轴为1天24小时，纵轴是单个订单平均广告支出，单位：美元）

该二次推断与"凌晨2：00~8：30的广告支出比例偏高"有重合性，所以可信度是较高的，因此在上午阶段广告本身大概率存在优化的操作可能。

但是即便完成二次推导，其结论也还是不一定正确的，现在得出的只是单个订单的平均广告支出，但是订单的客单价是不同的，万一在5：00~11：00这个时间段消费者购买的都是高客单价商品，那么即使单个订单的平均广告支出偏高，订单额的平均广告支出可能是偏低的，因此需要三次推导。

3. 三次优化操作推导

在三次推导的过程中，运营者要把重心放在客单价的单日变化上，要关注1天24小时每1个小时内平均客单价的变化，其图表如图5-13所示。

如图5-12所示，在3：00~5：00部分有一个峰值，这可能是由于部分“土豪”顾客的极少数大额订单造成的，所以需要将这类极值排除，使曲线更加客观，这样就可以得到如图5-13所示的客单价优化曲线图。

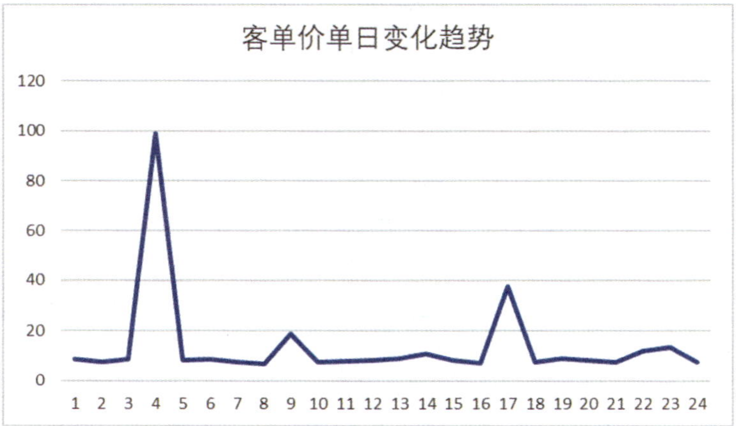

图5-12　客单价单日变化趋势折线图
（图中横轴为1天24小时，纵轴是平均客单价，单位：美元）

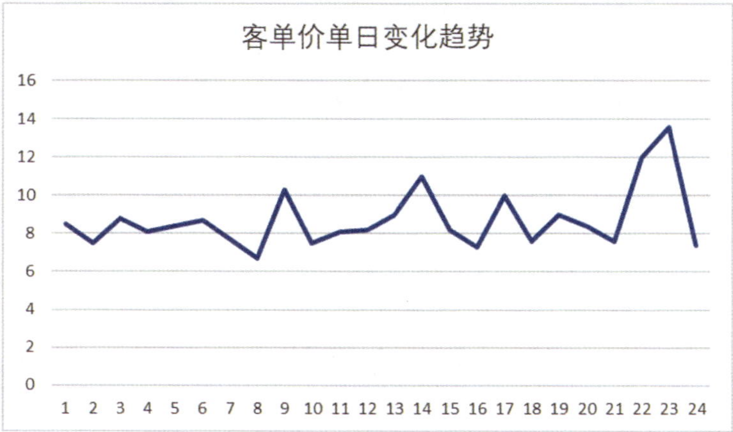

图5-13　优化后的客单价单日变化趋势折线图
（图中横轴为1天24小时，纵轴是平均客单价，单位：美元）

排除极值后可以发现客单价的单日波动并没有这么夸张，而且其现有峰值21：00~24：00与二次推导的优化操作时间5：00~11：00并没有冲突，所以此时可以确定如下优化操作：**降低5：00~11：00的广告单次点击竞价或者直接在该时段暂停广告曝光。**

5.4 多广告组的象限分析法

5.4.1 广告效果量化方法分类

在亚马逊运营过程中，运营者需要时常对CPC广告进行优化，而具体数据的变化体现了优化效果的好坏，所以这时需要通过数据对广告效果进行量化。在量化过程中，一般分为两种量化方法：**宏观角度量化和微观角度量化。**

宏观角度量化一般是运营主管、经理乃至总监以上职位需要掌握的技能，因为作为运营的中高层管理者，不能简单依赖ACoS、订单额、订单量等单一数据对广告效果进行评估，而是需要具体的数据分析技巧综合判定广告的投放效果。

微观角度量化为运营专员、助理等一线运营人员需要熟练掌握的技巧，其目的是优化每个广告的具体表现数值，如ACoS、单次点击竞价、广告配额等，具体方法可以参考前几个小节的相关内容。

5.4.2 为什么要从宏观角度量化广告效果

对于初阶的运营者而言，广告只是作为一种“锦上添花”的辅助手段，所以只需要追求某一个维度的优化即可，比如ACoS控制在10%以内，或是依赖自动/手动广告对新品增加曝光进行推广等。但是作为一名高阶运营者，就要综合考虑多个维度。例如，现在假设你面临两种情况：一是ACoS较高但是广告出单量大，二是ACoS较低但是广告出单量很少。那么作为运营领导者你会选择哪种方案？或者你会采取怎样的决策？

你是不是还在想着自己可以先拉升广告订单量，然后再慢慢优化降低ACoS？

注意！在一线运营岗位你不能陷入惯性思维，而如果你已经开始担任运营管理岗位乃至高层管理岗位，就一定要有战略意识！如果你还是局限于ACoS或者订单量或者任何一个单一维度，那么在广告效果评估上你是不合格的！

在学习如何从宏观角度量化广告效果前，运营者首先要明白自己广告营销真正目的是什么。一般而言作为营销推广渠道之一的站内广告目的有以下三种：

1 推进品牌化进程；

2 增加销售额；

3 增加销售量。

对于第1点，即品牌广告，本小节不再赘述，可以参考后续章节内容。

如果你为一线初级运营（运营专员/助理），那么做站内广告的目的大多数都是第2点，即增加销售额。这是因为一线运营的工资取决于店铺利润，而ACoS数值与利润直接关联，所以一线运营者会非常关注ACoS的波动，如果数值过高无法优化或者优化效果一般，甚至可以考虑直接关闭广告。

当运营者开始担任运营管理岗位时，就要将更多的精力用在第3个广告目的即增加销售量上。这是因为产品销售量与如下要素相关：

1 类目市场占有率；

2 产品listing排名；

3 品牌化进程。

有更高的销量就会有更大的市场占有率，更高的产品listing排名，更快的品牌化进程（因为更多人能够认知且认可你的产品）。举例，如果是初级运营，那么他面前会有两个选择，一个是A产品每件利润100美元每个月能卖1件，一个是B产品每件利润1美元每个月能卖100件，那么他大概率会选择A产品来减少风险与不确定性；但是如果你是管理者甚至是高层领导，那么你一定需要选择B产品才能获得更大的发展。**（现在很多公司对于一线运营者的提成计算除了利润分成外，很多还会有一个爆款奖励，其目的就是让运营者在利润和单量的考量中优先考虑单量，这也是从管理者角度出发制定的发展决策之一）**

5.4.3 波士顿矩阵概念及其分析方法

在介绍多广告组筛选的象限分析法前，需要引入一个基本概念——波士顿矩阵（BCG Matrix）。

波士顿矩阵（BCG Matrix），又称市场增长率-相对市场份额矩阵、波士顿咨询集团法、四象限分析法、产品系列结构管理法等。波士顿矩阵由美国著名的管理学家、波士顿咨询公司创始人布鲁斯·亨德森于1970年首创。

企业实力包括市场占有率、技术、设备、资金利用能力等，其中市场占有率是决定企业产品结构的内在要素，它直接显示出企业的竞争实力。销售增长率与市场占有率既相互影响，又互为条件：市场引力大，市场占有率高，可以显示产品发展的良好前景，企业也具备相应的适应能力，实力较强；如果仅有市场引力大，而没有相应的高市场占有率，则说明企业尚无足够实力，则该种产品也无法顺利发展。相反，企业实力强，而市场引力小的产品也预示了该产品的市场前景不佳。

通过以上两个因素相互作用，会出现四种不同性质的产品类型，形成不同的产品发展前景：

1 销售增长率和市场占有率“双高”的产品群（明星类产品）；

2 销售增长率和市场占有率"双低"的产品群（瘦狗类产品）；
3 销售增长率高、市场占有率低的产品群（问题类产品）；
4 销售增长率低、市场占有率高的产品群（金牛类产品）。

这四种不同性质的产品类型一同组成了波士顿矩阵，其示意图如图5-14所示。

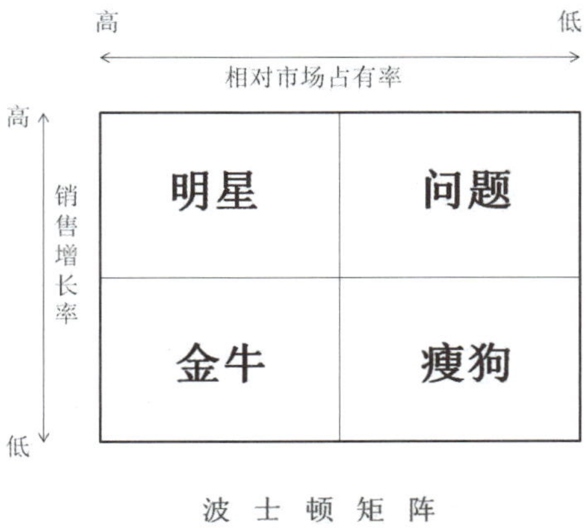

图5-14　波士顿矩阵示意图

在亚马逊跨境电商领域，运营者可以结合波士顿矩阵的组成原理将其转变为电商的数据分析工具。例如，在跨境电商领域，也存在四种不同性质的产品：

1 高流量，高转化的为公司的明星产品；
2 低流量，高转化的为公司的潜力产品；
3 高流量，低转化的为公司的问题产品；
4 低流量，低转化的为公司的淘汰产品。

同时，运营者可以参考波士顿矩阵的形式，将矩阵的纵轴设置为流量大小即"访客量"，矩阵的横轴设置为转化大小即"转化率"，那么针对电商领域的波士顿矩阵如图5-15所示。

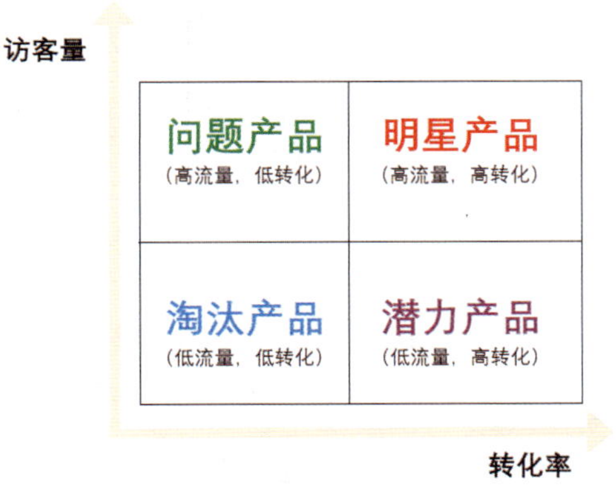

图5-15　针对电商领域的波士顿矩阵

运营者可以将自身运营的产品listing相关数据汇总到Excel中，然后绘制成基本的"散点图"对各个产品进行比较，最终判断不同产品的分类。（"散点图"的绘制方法请参考本书第2章相关内容）

5.4.4　如何从宏观角度量化广告效果

注意：5.4.4小节所讲解的图表示例对应Excel文件"象限分析法示例"，请根据自身学习需要自行下载查看。

了解了波士顿矩阵后，就可以尝试思考如何筛选和优化多广告组了，这时候又需要用到投资回报率，即ROI。投资回报率是指通过投资而返回的价值，即企业从一项投资活动中得到的经济回报。它涵盖了企业的获利目标。利润和投入经营所必备的财产相关，因为管理人员必须通过投资和现有财产获得利润。

ROI的计算方式很简单：

广告收入广告支出=ACoS的倒数

在了解了ROI这一新的评估变量后，运营者就可以利用象限分析法，从宏观角度对广告效果进行评估，象限分析法的本质就是波士顿矩阵，其具体形式如图5-16所示（Excel气泡图的制作方法，请参照第2章的有关内容）。

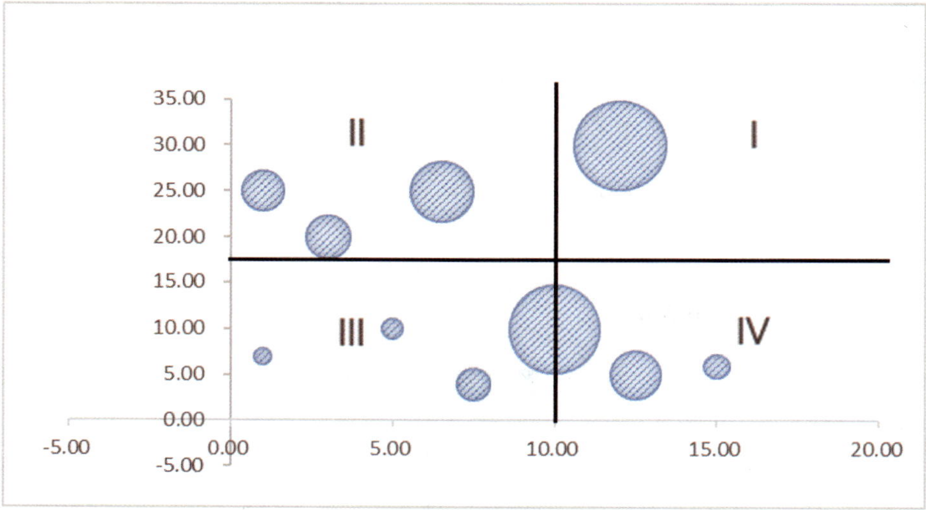

图5-16　波士顿矩阵气泡图

如图5-16所示，横轴是广告活动的“ROI”数值，纵轴是“单个订单成本”（其计算方式是将与广告活动相关的**产品总成本**除以**总订单量**，产品总成本包含人工成本、库存成本、物流成本、广告成本等），图中的蓝色圆形区域指的是产品销售额（产品销售额=自然订单销售额+广告订单销售额），蓝色区域越大，产品销售额就越高。

正如图5-16所示，图中存在四个象限，其命名及排列顺序如图5-17所示。

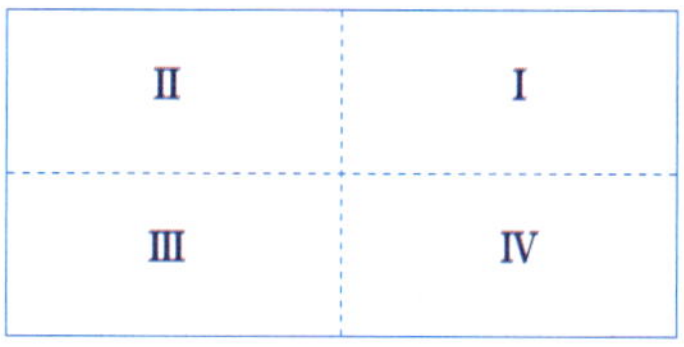

图5-17　四象限命名顺序

当区分完各个象限后，结合图中的信息，运营者就可以发现Ⅱ象限的价值是最低的，这是因为Ⅱ象限代表了低ROI数值即低投资回报率，以及高单个订单成本的区域，用红色方框将这类产品标注出来，如图5-18所示。

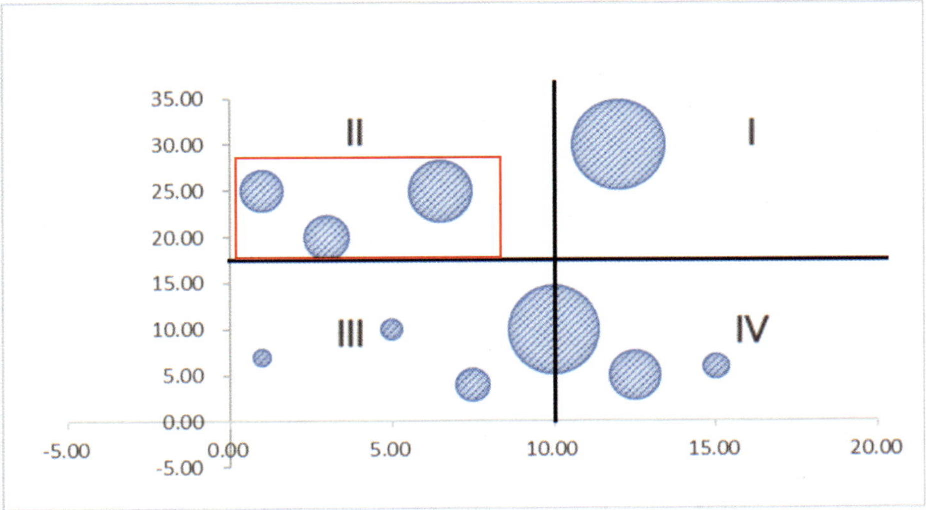

图5-18　标注Ⅱ象限产品

假设运营者不想放弃处于Ⅱ象限的产品，而是选择对广告投放进行优化，则有两种优化方式：一种是将这类产品从Ⅱ象限经过Ⅰ象限最终优化到Ⅳ象限；另一种就是将这类产品从Ⅱ象限经过Ⅲ象限最终优化到Ⅳ象限。如图5-19所示。

当然除了这种主流优化方式外，还有其他方法，一般可以分为如下三种优化方向：

1 将象限I、III的渠道努力优化到象限IV，然后持续增加投入；

2 将象限II的渠道向象限I、III优化，否则淘汰；

3 越左上角的“低广告投放价值产品”投资应该越小。

当然，在实际优化过程中不可能一帆风顺，可能会出现如下“理想与现实互相PK”的情况，如图5-20所示。

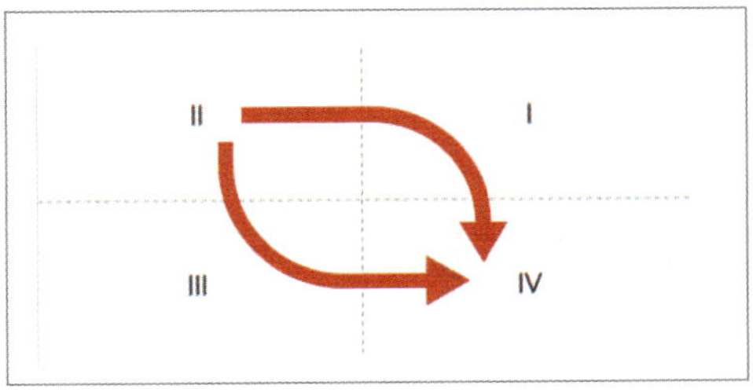

图5-19　两种优化方法示意图

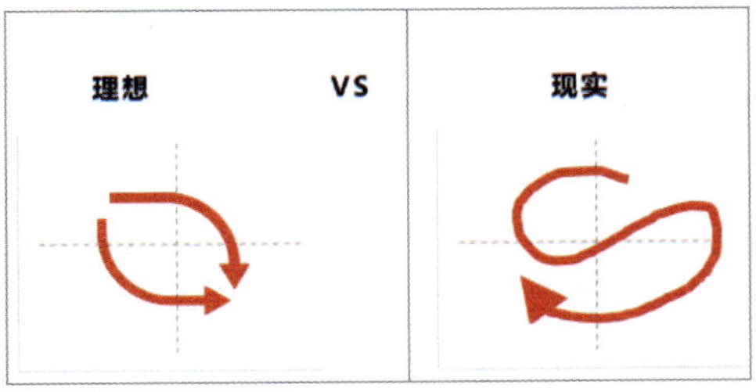

图5-20　优化过程中“理想与现实”示意图

优化策略如何选择，产品广告投放策略如何制定，需要具体问题具体分析，而且这也是考量一个运营管理者是否优秀的标准之一。但不管怎样，象限分析法能够帮助运营者从宏观角度分析广告效果，会极大地提升运营决策能力。

5.4.5 使用象限分析法时的常见误区

注意：5.4.5小节所讲解的图表示例对应Excel文件“广告分析误区示例”，请根据自身学习需要自行下载查看。

在使用象限分析法进行多广告组筛选时，很多运营者在计算“单个订单成本”时，很容易只考虑广告成本而忽略了其他成本，这时候绘制出来的气泡图如图5-21所示。

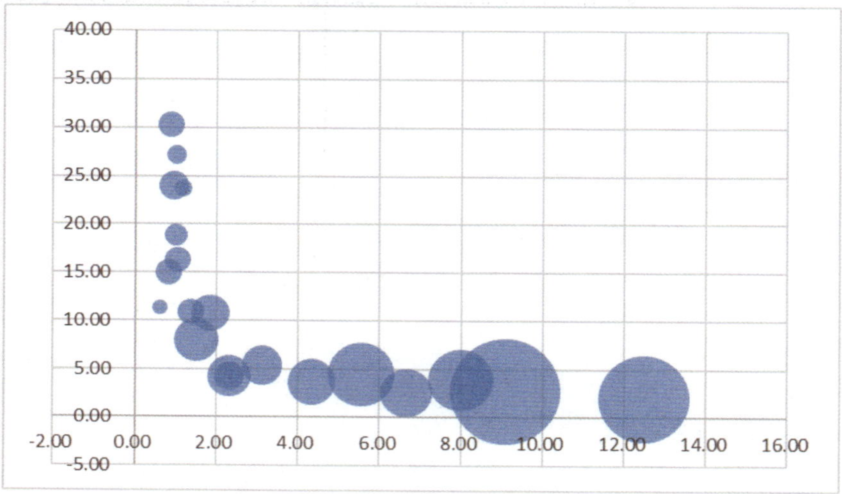

图5-21　无分析价值的成本分析气泡图

图5-21所示的图表是没有分析价值的，这是因为无论横轴还是纵轴都只与广告表现有关。纵轴是单个订单的平均广告成本，横轴是广告活动的ROI数值，这就意味着ROI越高，订单的平均广告成本就越低；ROI越低，订单的平均广告成本就越高。

综上所述，在使用广告的象限分析法时，其纵轴一定是“单个订单成本”（其计算方式是将与广告活动相关的**产品总成本**除以**总订单量**，产品总成本包含人工成本、库存成本、物流成本、广告成本等）。

5.5 单广告组的关键字选择

5.5.1 概率矩阵匹配法

亚马逊A9搜索算法的两点特性：

1 搜索keyword包含于listing的标题、广告、关键字中；

2 全部页面呈现的结果符合订单额最大排列。

运营者可以推测出亚马逊的A9算法为了使产品获得最大的销售额，必然要在产品listing标题、关键字的范围内寻找其最匹配的子属性来给予较好的关键字排名，那么运营者只要通过某些方法，在产品上架一段时间且拥有一定销量后，通过亚马逊A9搜索引擎算法的结果呈现分析出产品最匹配的子属性，然后通过广告将其大量曝光即可。当曝光产品匹配子属性时，长期来看ACoS不会出现偏高的情况，因为亚马逊也不会将一个转化率低的产品给予高的关键字排名，所以如果长期ACoS过高，表明现在广告曝光的属性词非产品匹配属性词（注意：短期ACoS偏高属于正常情况，因为不可能100%覆盖精准关键字）。

那么运营者可以进行以下数理推导。

设某一listing关键字组合为如下矩阵：

$$\begin{bmatrix} a_{11} & a_{12} & \cdots & a_{1n} \\ a_{21} & a_{22} & \cdots & a_{2n} \\ \vdots & \vdots & \ddots & \vdots \\ a_{n1} & a_{n2} & \cdots & a_{nn} \end{bmatrix}$$

其中$a_{1n} \sim a_{nn}$都是其关键字排列组合中的一种，即$n \times n$种组合方式。

以“sexy casual dress”为例，其矩阵形式为如下形式（注意“dress”这种根属性词不需要在矩阵排列中）：

$$\begin{bmatrix} \text{sexy} & \text{sexy+casual} \\ \text{sexy+casual} & \text{casual} \end{bmatrix}$$

排除重复项后可以转变为如下形式（需要注意的是，虽然“sexy casual dress”与“casual sexy dress”的搜索结果不同，但是为了简化计算步骤且该词组属性几乎完全重复，所以选取一组进行计算即可）：

$$\begin{bmatrix} \text{sexy} & \text{sexy+casual} \\ 0 & \text{casual} \end{bmatrix}$$

这里不会涉及二次组合如sexy casual dress，因为该组合可以为sexy casual + dress 或 sexy + casual dress 或 sexy + casual + dress这种形式。在亚马逊A9算法中，所谓的“大词+长尾词”或者“形容词+名词”等形式都是由该词组矩阵排列组合而来。

在亚马逊搜索引擎中输入各个组合，然后选择相应类目可以获得搜索排名集合R，设$r_{ij} \in R$，且$r_{ij}=a_{ij}$。例如，当我们搜索“sexy casual t-shirt”时，发现目标listing排在曝光页面的第17个，那么在了解了搜索排名的概念后，可以把矩阵

$$\begin{bmatrix} a_{11} & a_{12} & \cdots & a_{1n} \\ a_{21} & a_{22} & \cdots & a_{2n} \\ \vdots & \vdots & \ddots & \vdots \\ a_{n1} & a_{n2} & \cdots & a_{nn} \end{bmatrix}$$ 做如下转变：

$$\begin{bmatrix} a_{11} & a_{12} & \cdots & a_{1n} \\ a_{21} & a_{22} & \cdots & a_{2n} \\ \vdots & \vdots & \ddots & \vdots \\ a_{n1} & a_{n2} & \cdots & a_{nn} \end{bmatrix} \xrightarrow{r_{ij}=a_{ij}} \begin{bmatrix} r_{11} & r_{12} & \cdots & r_{1n} \\ r_{21} & r_{22} & \cdots & r_{2n} \\ \vdots & \vdots & \ddots & \vdots \\ r_{n1} & r_{n2} & \cdots & r_{nn} \end{bmatrix}$$

删除重复项后可变为如下形式：

$$\begin{bmatrix} r_{11} & r_{12} & \cdots & r_{1n} \\ 0 & r_{22} & \cdots & r_{2n} \\ \vdots & \vdots & \ddots & \vdots \\ 0 & 0 & \cdots & r_{nn} \end{bmatrix}$$

与此同时，当我们输入a_{ij}对应的“子属性词+根属性词”搭配时，可以看到亚马逊搜索引擎对应的该类目的搜索结果的多少，设该值为n_{ij}，如当我们搜索“sexy casual t-shirt”时，页面显示有7 000个搜索结果，那么在了解了什么是类目搜索结果后，设搜索结果矩阵为如下形式：

$$\begin{bmatrix} n_{11} & n_{12} & \cdots & n_{1n} \\ 0 & n_{22} & \cdots & n_{2n} \\ \vdots & \vdots & \ddots & \vdots \\ 0 & 0 & \cdots & n_{nn} \end{bmatrix}$$

搜索结果的多少与搜索排名的多少直接决定了产品曝光率是多大，设该值为p_{ij}，这时候可以利用流量公式进行计算，其公式如下所示（该流量公式选自笔者的另一本亚马逊运营书籍《亚马逊跨境电商运营实战：揭开畅销品与A9算法的秘密》，读者可以参考这本书来了解其具体的推导过程和深层原理。）

$$Y=\sum_{i=1}^{n} y_i = C\times\sum_{i=1}^{n} x_i = C\times\left\{P(X)_{p=k}\times\sum_{i=1}^{n}\left[\prod_{k=1}^{\frac{n_i}{48}}(1-l_k)\times f_i\right]\right\} = C\times\left\{\frac{b}{N_{p=k}}\times\sum_{i=1}^{n}\left[\prod_{k=1}^{\frac{n_i}{48}}(1-l_k)\times f_i\right]\right\}$$

其中单日流量为$y_i\,(1\leqslant i\leqslant n)$，单日曝光量为$x_i\,(1\leqslant i\leqslant n)$，单日关键字搜索量为$f_i\,(1\leqslant i\leqslant n)$，单日能搜索到的商品的总数量为$n_i(1\leqslant i\leqslant n)$。可以将概率$p_{ij}$设为以下形式：

$$p_{ij}=\begin{cases} \left(\dfrac{n_{ij}-r_{ij}}{n_{ij}}\right), r\leqslant 48 \\ \left[\left(\dfrac{n_{ij}-r_{ij}}{n_{ij}}\right)\times\prod_{k=1}^{\frac{r_{ij}}{48}}\left(1-l_k\right)\right], r>48 \end{cases}$$

$\left(\text{其中}\ \frac{r_{ij}}{48}\ \text{向上取整而非四舍五入，如结果为2.1时向上取整为3}\right)$

曝光概率p_{ij}数值的计算中涉及单页流量流失率l_k这一数值，该数值一般可以使用定值0.3~0.7不等，也可以通过网页数据抓取得出；但是这只是一参考变量，在广告优化阶段无须过于严谨。

那么p_{ij}数值的逻辑意义是什么呢？假设一个产品在某一keyword搜索结果下搜索到的商品的总数量为n_{ij}为10 000，排名r_{ij}为5，那么$p_{ij}=\frac{10\ 000-5}{10\ 000}$，约为99.95%，那么就可以认为顾客看到该商品的概率为99.95%，其成功曝光的概率为99.95%。同时，假设一个产品在某一keyword搜索结果下搜索到的商品的总数量为n_{ij}为10 000，排名r_{ij}为100，那么$p_{ij}=\left(\frac{10\ 000-100}{10\ 000}\right)\times(1-0.6)^3$（设流量流失率$l_k$为0.6），约为6.336%，那么就可以认为顾客看到该商品的概率为6.336%，其成功曝光的概率为6.336%。

依据以上公式，曝光概率矩阵中的每个元素都可以求出，如下形式：

$$\begin{bmatrix} p_{11} & p_{12} & \cdots & p_{1n} \\ 0 & p_{22} & \cdots & p_{2n} \\ \vdots & \vdots & \ddots & \vdots \\ 0 & 0 & \dots & p_{nn} \end{bmatrix}$$

之后就是分析子属性匹配程度大小了。以下一款产品为例，产品listing如图5-23所示。

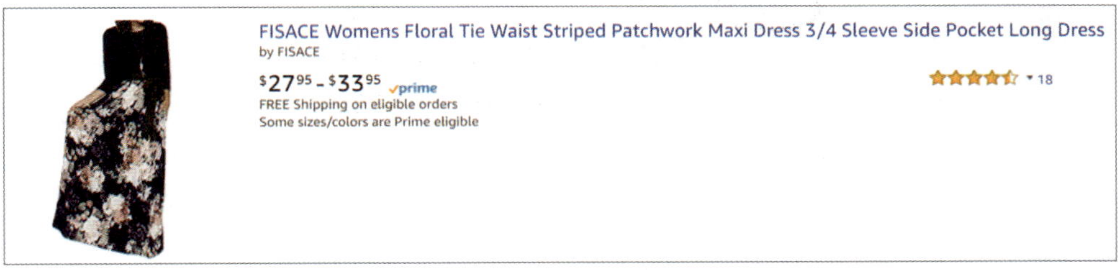

图5-23　listing示例（女士印花领带腰条纹拼接大长裙3/4袖侧口袋长连衣裙）

该产品卖点大致分为：patchwork，maxi，floral，pocket。

$$\begin{bmatrix} a_{11} & a_{12} & \cdots & a_{1n} \\ a_{21} & a_{22} & \cdots & a_{2n} \\ \vdots & \vdots & \ddots & \vdots \\ a_{n1} & a_{n2} & \dots & a_{nn} \end{bmatrix} = \begin{bmatrix} patchwork & patchwork+\max i & patchwork+floral & patchwork+pocket \\ patchwork+\max i & \max i & \max i+floral & \max i+pocket \\ patchwork+floral & \max i+floral & floral & floral+pocket \\ patchwork+pocket & \max i+pocket & floral+pocket & pocket \end{bmatrix}$$

子属性矩阵如下所示：

删除重复项后依次在搜索引擎搜索子属性组合的排名矩阵（以下数据是于2018年5

月抓取的，在读者阅读本书时可能已经存在较大误差，所以本文数据仅作示范作用，在实际运营操作中，可以通过手动输入关键字一个个记录排名数据，最后再加以计算即可，进行单次广告概率矩阵优化需要用时20~40分钟)，搜索结果矩阵如下所示：

$$\begin{bmatrix} r_{11} & r_{12} & \cdots & r_{1n} \\ 0 & r_{22} & \cdots & r_{2n} \\ \vdots & \vdots & \ddots & \vdots \\ 0 & 0 & \dots & r_{nn} \end{bmatrix} = \begin{bmatrix} 21 & 1 & 7 & 7 \\ 0 & 152 & 141 & 188 \\ 0 & 0 & 500+ & 98 \\ 0 & 0 & 0 & 436 \end{bmatrix}$$

$$\begin{bmatrix} n_{11} & n_{12} & \cdots & n_{1n} \\ 0 & n_{22} & \cdots & n_{2n} \\ \vdots & \vdots & \ddots & \vdots \\ 0 & 0 & \dots & n_{nn} \end{bmatrix} = \begin{bmatrix} 6\ 000 & 1\ 000 & 2\ 000 & 1\ 000 \\ 0 & 30\ 000 & 10\ 000 & 6\ 000 \\ 0 & 0 & 40\ 000 & 6\ 000 \\ 0 & 0 & 0 & 20\ 000 \end{bmatrix}$$

设单页流量流失率 l_k 为0.5（对于页面流失值较大的类目，可以设置为0.7，对于页面流失值较小的类目，可以设置为0.3)，那么曝光概率矩阵为：

$$\begin{bmatrix} p_{11} & p_{12} & \cdots & p_{1n} \\ 0 & p_{22} & \cdots & p_{2n} \\ \vdots & \vdots & \ddots & \vdots \\ 0 & 0 & \dots & p_{nn} \end{bmatrix} = \begin{bmatrix} 0.9965 & 1 & 0.9965 & 0.993 \\ 0 & 0.06218 & 0.06168 & 0.015135 \\ 0 & 0 & 0.001 & 0.122295 \\ 0 & 0 & 0 & 0.01 \end{bmatrix}$$

曝光矩阵分析过程如下：

$$\begin{bmatrix} 0.9965 & 1 & 0.9965 & 0.993 \\ 0 & 0.06218 & 0.06168 & 0.015135 \\ 0 & 0 & 0.001 & 0.122295 \\ 0 & 0 & 0 & 0.01 \end{bmatrix}$$

单子属性匹配patchwork以99.65%的曝光率成为最强匹配单个子属性。

$$\begin{bmatrix} 0.9965 & 1 & 0.9965 & 0.993 \\ 0 & 0.06218 & 0.06168 & 0.015135 \\ 0 & 0 & 0.001 & 0.122295 \\ 0 & 0 & 0 & 0.01 \end{bmatrix}$$

子属性组合匹配patchwork+floral组合以99.65%的曝光率成为首行最强匹配子属性组合。

$$\begin{bmatrix} 0.9965 & 1 & 0.9965 & 0.993 \\ 0 & 0.06218 & 0.06168 & 0.015135 \\ 0 & 0 & 0.001 & 0.122295 \\ 0 & 0 & 0 & 0.01 \end{bmatrix}$$

子属性组合匹配maxi+floral组合以6.16%的曝光率成为第二行最强匹配子属性组合。

$$\begin{bmatrix} 0.9965 & 1 & 0.9965 & 0.993 \\ 0 & 0.06218 & 0.06168 & 0.015135 \\ 0 & 0 & 0.001 & 0.122295 \\ 0 & 0 & 0 & 0.01 \end{bmatrix}$$

子属性组合匹配floral+pocket组合以12.23%的曝光率成为第三行最强匹配子属性组合。

$$\begin{bmatrix} 0.9965 & 1 & 0.9965 & 0.993 \\ 0 & 0.06218 & 0.06168 & 0.015135 \\ 0 & 0 & 0.001 & 0.122295 \\ 0 & 0 & 0 & 0.01 \end{bmatrix}$$

第四行无子属性组合，因此无强匹配项。

综上可以得到如下结论：

1 根属性的最强匹配子属性为patchwork。

2 子属性patchwork的最强匹配组合为patchwork+floral。

3 子属性maxi除patchwork外的最强匹配组合为maxi+floral。

4 子属性floral除patchwork外，maxi最强匹配组合为pocket。

5 子属性pocket为最弱匹配。

根据以上结论删除弱匹配子属性及其组合可以得到如下矩阵组合：

$$\begin{bmatrix} a_{11} & a_{12} & \cdots & a_{1n} \\ a_{21} & a_{22} & \cdots & a_{2n} \\ \vdots & \vdots & \ddots & \vdots \\ a_{n1} & a_{n2} & \dots & a_{nn} \end{bmatrix} = \begin{bmatrix} patchwork & 0 & patchwork + floral & 0 \\ 0 & 0 & \max i + floral & 0 \\ 0 & 0 & 0 & floral + pocket \\ 0 & 0 & 0 & 0 \end{bmatrix}$$

$$\begin{bmatrix} r_{11} & r_{12} & \cdots & r_{1n} \\ 0 & r_{22} & \cdots & r_{2n} \\ \vdots & \vdots & \ddots & \vdots \\ 0 & 0 & \dots & r_{nn} \end{bmatrix} = \begin{bmatrix} 21 & 0 & 7 & 0 \\ 0 & 0 & 141 & 0 \\ 0 & 0 & 0 & 98 \\ 0 & 0 & 0 & 0 \end{bmatrix}$$

$$\begin{bmatrix} n_{11} & n_{12} & \cdots & n_{1n} \\ 0 & n_{22} & \cdots & n_{2n} \\ \vdots & \vdots & \ddots & \vdots \\ 0 & 0 & \cdots & n_{nn} \end{bmatrix} = \begin{bmatrix} 6\,000 & 0 & 2\,000 & 0 \\ 0 & 0 & 10\,000 & 0 \\ 0 & 0 & 0 & 6\,000 \\ 0 & 0 & 0 & 0 \end{bmatrix}$$

为了方便比较，在搜索结果矩阵中选择其现留存元素的公倍数，可得公倍数为30 000（设置公倍数的含义是假设竞争者数量相同，计算在现有竞争性的条件下产品预估排名是多少），那么搜索结果矩阵和排名矩阵可变为如下形式：

$$\begin{bmatrix} n_{11} & n_{12} & \cdots & n_{1n} \\ 0 & n_{22} & \cdots & n_{2n} \\ \vdots & \vdots & \ddots & \vdots \\ 0 & 0 & \cdots & n_{nn} \end{bmatrix} = \begin{bmatrix} 6\,000 & 0 & 2\,000 & 0 \\ 0 & 0 & 10\,000 & 0 \\ 0 & 0 & 0 & 6\,000 \\ 0 & 0 & 0 & 0 \end{bmatrix} \longrightarrow \begin{bmatrix} \frac{30\,000}{5} & 0 & \frac{30\,000}{15} & 0 \\ 0 & 0 & \frac{30\,000}{3} & 0 \\ 0 & 0 & 0 & \frac{30\,000}{5} \\ 0 & 0 & 0 & 0 \end{bmatrix}$$

$$\begin{bmatrix} r_{11} & r_{12} & \cdots & r_{1n} \\ 0 & r_{22} & \cdots & r_{2n} \\ \vdots & \vdots & \ddots & \vdots \\ 0 & 0 & \cdots & r_{nn} \end{bmatrix} = \begin{bmatrix} 21 & 0 & 7 & 0 \\ 0 & 0 & 141 & 0 \\ 0 & 0 & 0 & 98 \\ 0 & 0 & 0 & 0 \end{bmatrix} \longrightarrow \begin{bmatrix} 105 & 0 & 105 & 0 \\ 0 & 0 & 423 & 0 \\ 0 & 0 & 0 & 490 \\ 0 & 0 & 0 & 0 \end{bmatrix}$$

可以看到patchwork的竞争力与patchwork+floral的竞争力在各自的keyword搜索结果下基本是相同的。考虑到patchwork的搜索结果更多，如果要在该类目下利用手动广告推到top栏位花费的成本更高。因此，以patchwork+floral为关键字组合加入手动广告的关键字选择中性价比更高。在其他组合中，虽然一开始floral+pocket有98名仿佛不错的关键字排名，但是当竞争条件变为一样时，maxi+floral的组合表现更为优秀。但是考虑到其排名仍然非常低，不建议用手动广告推到搜索栏首栏，因此不需要点击“多支付50%单次点击费”的广告操作选项。

5.5.2 广告结构细分法

亚马逊广告报告可以提供曝光量、点击量、流量来源（关键字/关联商品）等数据，这些数据可以为运营活动提供各种各样想法。一般广告报表分析思路是先下载报告，使用数据透视表进行筛选，把出单的关键字单独打手动，不出单点击高的词进行否定。这些操作表面上看起来都是正确的，但是很多运营者在实际操作时，仍然无法有效降低ACoS，也不能从广告报告中提取足够多的数据。究其原因，是因为在打广告的初期没有设置好广告结构，以至于在后期处理时无法得到有效的数据。还是以零售业做对比，百货商店之父约翰·沃纳梅克曾提出这样一句话：**“我知道在广告上的投资有一半是无用的，但问题是我不知道是哪一半。”**但是对于CPC广告而言，通过设置更加细致的广告结构，是可以将“无用的50%”广告曝光与点击分离出来，最终有效降低ACoS。

在讲解设置之前，运营者首先需要对亚马逊的CPC广告设置有一个了解。CPC广告设置分为三级，以服装类目的裙子为例，其示意图如图5-23所示。

简单来讲，广告组合属于一级类目，广告活动属于二级类目，广告组属于三级类目。通过金字塔型的组合，可以将现有的广告按照自己的逻辑进行分组管理。

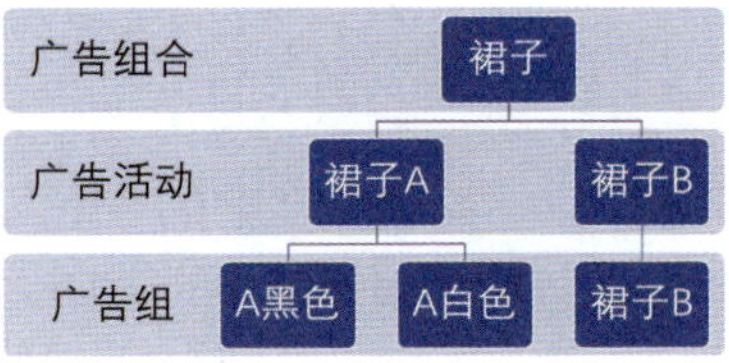

图5-23　广告分级设置示意图

假设裙子A只有黑白两个颜色，在设置自动广告时，通过分别将黑色与白色设置在不同广告组内，在后期操作时可以有效针对不同变体广告投放的效果进行调整，从而节省经费（图5-24）。

广告活动名称	广告组名称	客户搜索词	展现量	点击量	每次点击成本(CPC)	花费	7天总销售额(￥)	广告成本销售比(ACoS)
裙子A	A黑色	b0778xxxx1	2	1	$0.08	$0.08	$0.00	
裙子A	A黑色	summer dresses for women	563	9	$0.34	**$3.06**	$0.00	
裙子A	A黑色	dress summer shoulder	156	3	$0.26	$0.78	$0.00	
裙子A	A白色	b0778xxxx3	1	1	$0.26	$0.26	$0.00	
裙子A	A白色	summer dresses for women	1031	17	$0.34	**$5.78**	$19.98	28.9289%
裙子A	A白色	white dress for women	44	2	$0.31	$0.62	$0.00	

广告活动名称	广告组名称	客户搜索词	展现量	点击量	每次点击成本(CPC)	花费	7天总销售额(￥)	广告成本销售比(ACoS)
裙子B	裙子B	b0778xxxx1	2	1	$0.08	$0.08	$0.00	
裙子B	裙子B	summer dresses for women	1594	26	$0.34	**$8.84**	$19.98	44.2442%
裙子B	裙子B	dress summer shoulder	156	3	$0.26	$0.78	$0.00	
裙子B	裙子B	b0778xxxx3	1	1	$0.26	$0.26	$0.00	
裙子B	裙子B	white dress for women	44	2	$0.31	$0.62	$0.00	

图5-24　广告分级设置操作页面

以图5-24为例，在裙子A的广告活动下按照颜色分别设置了A黑色和A 白色两个广告组。这时累计数据显示黑色与白色在“summer dresses for women”这个词下均有曝光和点击，但是只有白色出单。这时就可以在A黑色的广告组内否定这个关键字，从而在这个关键字下节省近1/3的经费。如果没有这么做，就会出现像裙子B一样的情况。虽然ACoS在44%左右，但是无法进一步优化，在后期这个关键字还将源源不断地吃掉广告预算。这样广告不但产生了极大的浪费，还有可能损失销量，为竞争对手的“超车”留下空间。

除此之外，考虑到大部分买家的点击偏好相对一致，因此还可以通过自动广告流量测试的方法，快速找到点击率或转化率最高的变体手动广告投放和发送FBA。值得注意的是，广告结构区分也不是越小越好。对于服装类目而言，精确至颜色的数据已经可以满足大多数场合的操作需要，一般不再需要细分至尺码。

5.6 产品 listing 数据化运营思路

产品listing的优化方法，传统的经验化运营主导“完美上架”+“流量优化”+“转化优化”，数据化运营的核心思路与经验化运营的“三板斧”其实并无太大差异。产品listing数据化运营的特色有两个：**可量化、精细化。**

首先是“可量化”，数据化运营强调数据主导与驱动，如在优化产品listing转化率时，传统经验化运营会强调通过“A+广告”、review优化、视频化listing来提升转化率，但是具体哪个环节是重心却无法给出答案，而在之后5.10小节中，本书将会介绍如何通过PV与UV的数值不同来计算“访问深度”，从而找到listing转化率优化的突破口，这就是产品listing数据化运营的“可量化”。

其次是“精细化”，经验化运营很容易陷入“眉毛胡子一把抓”的尴尬境地，虽然看上去面面俱到，但是运营者很可能对各个环节只是蜻蜓点水，并没有将优化工作深入下去。在5.7小节和5.9小节中，本书将会分别介绍listing的曝光流量转化模型，以及产品listing数据导向的流量优化方法，从而帮助读者在日后的listing运营中有清晰的思路，同时对于细节有更好的掌控力，做到有的放矢的精细化运营，这就是产品listing数据化运营的“精细化”。

5.7 产品 listing 运营决策模型

5.7.1 产品 listing 曝光流量转化模型

在产品listing数据化运营的过程中，运营者也需要像处理广告问题一样，了解什么是曝光流量转化模型，即产品listing的漏斗模型，其示意图如图5-25所示。

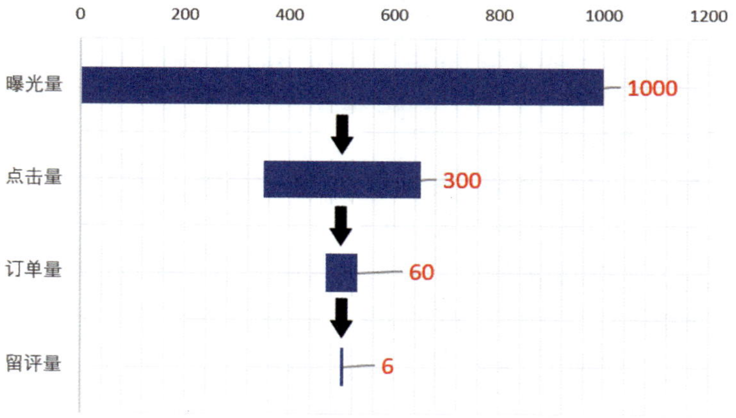

图5-25 listing曝光流量转化模型示意图

产品listing漏斗模型与广告漏斗模型最大的区别在于**数据的不确定性。**例如，对于广告而言，其曝光量是可以直接从广告报表中下载得到的。但是对于产品listing而言，其listing一天的曝光量运营是无从知晓的；而漏斗模型的分析体系和逻辑在listing优化是完全适用的：

1 当曝光量不足时，可以考虑优化关键字与标题；

2 当点击量不足时，可以考虑更换listing主图或者降低商品价格，这样可以使曝光的listing更具有吸引力（主图或者价格），从而提升点击率，获得更多的点击量；

3 当订单量不足时，可以考虑优化转化率，比如“A+广告”、listing视频化、优化review评分、优化Q&A部分、发送FBA等。

其实对于拥有一定工作时间的运营者而言，优化好点击率和转化率属于基本操作，因为在上架时有经验的运营者就可以挑选出适合的关键字和标题。同时，他们会在产品上架后迅速发送FBA，同时完成测评、“A+广告”、视频等一系列转化率优化的工作。在这种情况下，如果产品还是没有产生订单甚至没有产生销量，要么是选品的问题，要么是关键字/标题不匹配。前者自然好理解，后者是因为熟练的运营者已经对于点击优化和转化优化非常自信。因为**在点击率优化完成后，只要产生“有效”曝光，就大概率产生流量；如果没有产生流量，那么一定没有产生“有效”曝光。**这里“有效”曝光的“有效”两字指的是曝光给“适合”的人看，其曝光依据就是产品listing的关键字和标题。所以，如果你的产品在已经优化到极致的情况下还是没有流量，那么大概率是你的选品或者关键字/标题出现了问题，这就是从“listing曝光流量转化模型”即“listing漏斗模型”角度思考问题的方法。

5.7.2 用户购买链路模型

在涉及产品listing优化时，除了上文中提到的曝光流量转化模型外，还存在着用户购买链路模型，其模型示意图如图5-26所示。

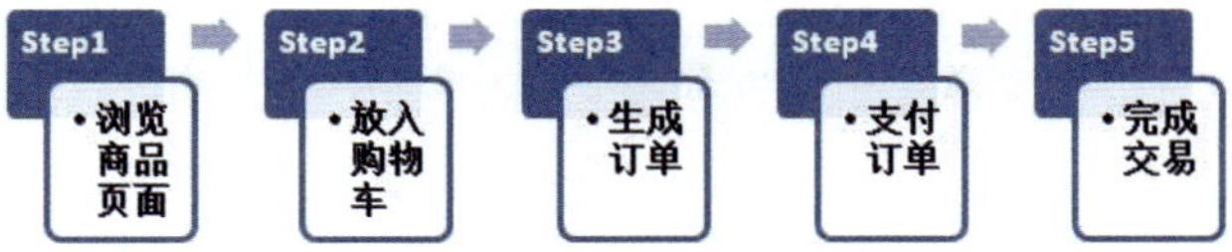

图5-27 用户购买链路示意图

如图5-26所示，根据用户购买链路的不同环节，运营者需要做不同的优化策略。

Step1→Step2的核心就是要提升店铺“黄金购物车”比例，否则一旦失去购物车，用户即使想要购买商品也可能因为操作上的困惑而放弃。“黄金购物车”如图5-27所示。

图5-27 “黄金购物车”示例

运营者可以通过许多手段来提升“黄金购物车”

的比例，其中最重要且直接的方式就是提供“prime order”服务即发送FBA，同时通过销量的增加来逐步提升店铺及品牌在亚马逊平台上的销售权重。

Step2→Step3不必多言，属于正常的用户购买环节。

Step3→Step4则可以展开很多运营技巧的讨论，其中最关键的就是以“用户运营”的角度出发进行listing的运营优化。这是因为如果顾客已经“生成订单”，但是还不愿意“支付订单”，那么意味着他们或多或少对于产品细节仍然存在疑虑，而“用户运营”就是要打消这种疑虑。

Step4→Step5，除非是因为FBM配送导致了长时间的物流延误，否则都可以正常完成订单交易，因此不再展开讨论。

至于如何从用户运营的角度进行listing运营，一般分为以下两大步骤：

1．强调交流时间段

以美国站为例，运营者与美国买家时差较长，亚马逊规定卖家们需要在24小时内回复买家的邮件，但是24小时这个时效本身太长，很多买家也默认卖家不可能立即回复，所以打消了发邮件询问一些商品细节的念头。**因此，运营者要确定一个时间段，告诉买家在该时间段内我们可以5min甚至3min内回复。**（在最初ebay与阿里巴巴的竞争中，后者推出的阿里旺旺就彻底解决了买家与卖家之间的实时沟通问题，从而在中国市场的竞争中获胜。虽然在亚马逊网站上购买的买家大都习惯了邮件沟通，但是能否实时回复沟通仍是考验卖家能否拥有优质服务的指标之一）。

关于用户购物高峰时间的确定，本书在用户画像章节中已经做过详细的介绍，请读者查阅本书第4章相关内容。当运营者确定了自身店铺的用户购物高峰期后，不妨在5点描述或者图片列表中加入一些信息，如“当您于美国时间XX：XX~XX：XX用邮件联系我们时，我们保证会于3min内给予您回复”。

2．明确交流目的

在第一步中运营者已经找到了与客户交流的时间段，但这只是开始，用户运营的最终目的仍然是提升订单或者增加利润。所以，运营者可以将用户运营成效的指标列举为售前邮件咨询率、顾客二次购买率、退货率、自媒体流量增长率（长期效应，品牌化策略）几点（当然，用户运营的测定指标有很多，笔者只是列举了常见的几类）：

1 售前邮件咨询率。为什么要增加售前邮件咨询率呢？这是因为如果单纯依赖视频或者listing信息而不是人工交流，那么很多用户的个性化需求无法满足。比如用户在查阅listing的时候发现下方推荐产品中有的产品比你便宜1~3美元，但是review评分没有你高，这时如果你告诉他我们能够在3min内回复他满意的处理方案，那么就大大增加订单成交的概率。（图5-28就是告诉顾客我们可以做到3min内实时回复后顾客发来的产品咨询邮件，只要解决他们的需求就可以促成订单）。

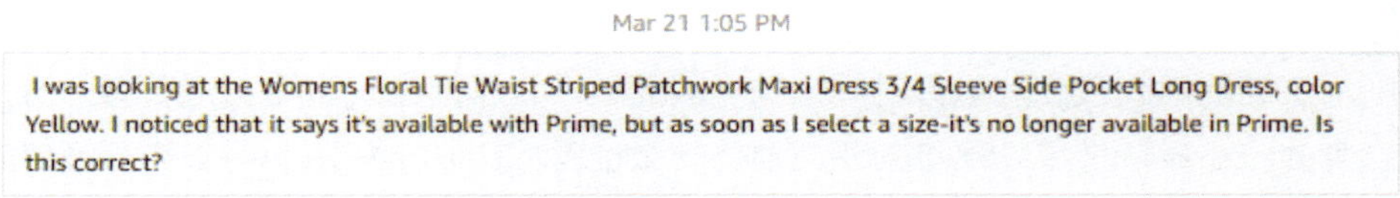
Mar 21 1:05 PM

I was looking at the Womens Floral Tie Waist Striped Patchwork Maxi Dress 3/4 Sleeve Side Pocket Long Dress, color Yellow. I noticed that it says it's available with Prime, but as soon as I select a size-it's no longer available in Prime. Is this correct?

图5-28　即时回复顾客邮件效果示例

如图5-28所示，邮件的含义为“我浏览了女士花领带腰带拼花3/4袖口连衣裙，颜色是黄色。我注意到listing页面上说它有prime的服务（即FBA），但是一旦我选择了一个具体尺寸，它就显示该产品没有prime服务。请问这信息正确吗？”

2 顾客二次购买率。亚马逊平台是世界上最大的B2C平台，其最大的特点就是在品牌化成功前极低的顾客二次购买率，顾客与亚马逊的关系就好像我们与超市之间的关系，所有店铺的产品都罗列在货架上，排名越好的产品罗列在越前端，但是顾客只会记得当需要购物时找亚马逊平台，而不会记得上次是在哪个“货架”上的某个店铺进行购物的。

因此，在未达到品牌化前提升顾客二次购买率一定是产品服务（售后）即用户运营成效的完美体现，顾客二次购买并非认可我们的品牌而是认可我们的服务，经营者可以从以下几点改善在用户运营过程中的服务质量：

① 实时回复；

② 实时跟踪物流信息；

③ 即时通知产品到达信息；

④ 在产品达到一段时间后询问产品使用体验及评价；

⑤ 感谢用户使用并且鼓励其评价我们的产品；

⑥ 间接推送新品，促成二次购买；

⑦ 形成良性用户运营循环。

3 退货率。注意这里主要强调的是退货率而非退款率。一般而言，产品本身在毛利支撑的情况下可以给顾客部分退款使其打消退货的念头，因此运营者可以通过邮件与顾客沟通部分退款的相关事宜来减少退货情况的发生。

4 自媒体流量增长率（长期效应，品牌化策略）。在亚马逊平台的邮件来往中，亚马逊会自动识别并屏蔽私人邮箱账号或者大部分社交账号，因此一定需要确保与顾客通过长期交流建立信任的前提下，将自身品牌的社交账号或者名称（Facebook，YouTube等）以截图或者其他形式发送给顾客，或者让顾客将他的私人邮箱以图片形式发送给运营者，这样才能将流量引入到自媒体平台上，完成长期的品牌化推广。

5.8　产品listing曝光优化方法

产品listing的曝光，其核心为三点：**权重、关键字、标题。**

1 权重是指listing权重与店铺权重，listing权重一般和销量和review挂钩，而店铺权重则与店铺的健康程度与运营时间挂钩。因此，在日常运营过程中，运营者一方面要确保自身的产品质量上乘以预防差评，维持一个优秀的listing权重；另一方面要时刻注意不能违反亚马逊平台的条款与规则，将店铺的ODR数值与有效跟踪率保持在一个健康水平。

2 关键字的重要性不言而喻，关于关键字的优化方法请查阅5.11小节相关内容。

3 标题的优化方式与关键字大同小异，**运营者可以将标题理解为曝光权重最大的关键字。**除此之外，标题和关键字最大的差异在于“可读性”，虽然这已经与曝光关系不大（因为“可读性”的优劣与否并不能大幅度影响曝光），但是标题的“可读性”高低会影响listing的曝光点击率，从而影响listing的权重，所以运营者在优化标题时，需要注意将标题的“可读性”维持在一个良好水平，从而确保当用户看到该标题的时候，能够明白该listing销售的是什么具体产品。

5.9 产品listing流量优化方法

5.9.1 流量报告分析方法

很多运营者在处理listing的流量报告时，仅仅将关注点限于每日流量和订单的波动变化上面。一旦发现链接流量下降，就着急去开广告做促销。关注流量变化固然是一件好事，但这样做就陷入了惯性思维，因为在实际的店铺运营过程中，流量的波动并不是没有规律的。这涉及零售业的一般性规律，即**销量以周为周期，呈周期性波动。**有零售经验的运营团队会使用周权重指数(周权重指数，请查阅第6章有关内容)对实际情况做出预估。如果没有意识到这一点，仅仅凭借每天的流量报告来判断链接状态，往往会疲于奔命，而不能从本质上去解决问题。

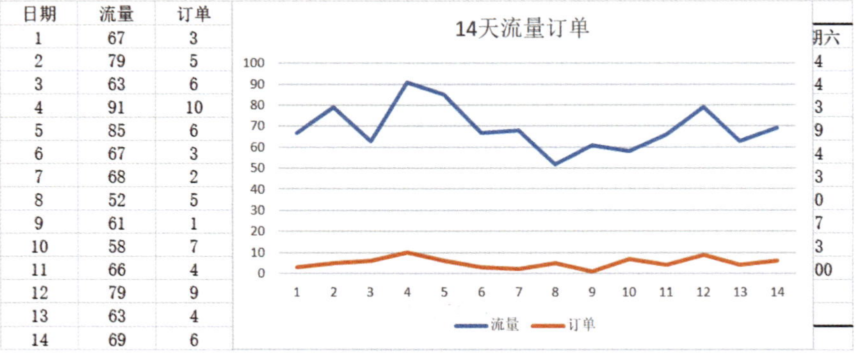

日期	流量	订单
1	67	3
2	79	5
3	63	6
4	91	10
5	85	6
6	67	3
7	68	2
8	52	5
9	61	1
10	58	7
11	66	4
12	79	9
13	63	4
14	69	6

图5-29 14天流量订单变化折线图

举例而言，假设链接A在14天内的流量变动情况如上图5-29所示。针对图中表格，普通运营者可能会注意到在4号和12号分别出现了流量的小高峰，同时销量也有了小幅度的上涨；在其他时间流量变化属于正常波动。有些读者应该也注意到了4号与12号之间相差7天，猜想链接A也满足流量和销量周期性变化的规律。这些都是存在于表面的数字，并不难理解。数据化运营的目的是要使用这张图表指导下一个周期的运营，要从这张图表中看出链接A存在什么问题。如果以周为单位进行统计，可以得到如图5-30所示的图表。

	流量	订单	转化率	流量同比
第一周	520	35	6.7	/
第二周	448	36	8.0	-13.8%

图5-30　以周为单位统计示例（图表中的转化率为百分比数值）

如图5-30所示，如果不借助周流量统计图表，仅从单日的数据对照来观察，是很难发现链接的下滑趋势的。如果以7天为周期来统计，就可以明显发现14天内链接A销量虽然基本稳定，但流量显著下滑。造成该情况的原因可能在于产品的评价、价格、站内竞争、生命周期，以及一些节日或促销活动等。这时运营者就需要对运营进行进一步分析，找出核心的影响因素，从而有针对性地进行操作。如果不能从宏观上把握流量变化趋势，只是“靠感觉”操作，往往会陷入盲目追求流量或者订单量，甚至是乱操作的恶性循环中，失去对listing本质的把握。

5.9.2　品牌店铺流量分析方法

拥有品牌店铺的卖家是可以制作店铺首页的，通过品牌首页进入店铺的流量一般比较稳定，而通过头条广告进行品牌推广可以为品牌店铺带来更多的流量和转化。这些流量是店铺品牌化早期的基础，需要用心维护。通过提升品牌知名度和产品复购率，可以逐步打造一家成功的品牌化店铺，最终获得品牌溢价能力，提高店铺利润率。

如图5-31所示，在店铺Insights操作面板中，最重要的是**自定义源标签**功能。它是亚马逊站内与站外的另一个接口。通过为不同引流渠道（如Facebook、Google、YouTube等）设置数据标签，亚马逊可以自动统计站外引流的效果，包括流量与转化。这与国内互联网运营的渠道运营有共通之处：通过不同渠道进行引流并分析带来的流量及转化情况，从而有针对性地进行下一步推广。

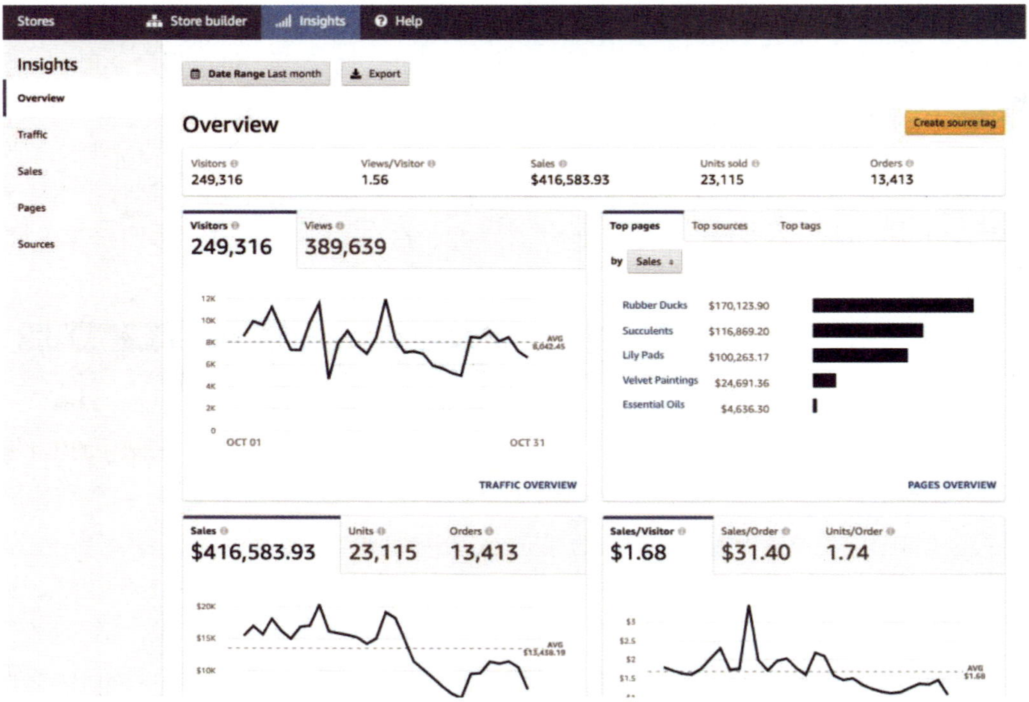

图5-31　店铺Insights操作页面

5.9.3　根据曝光流量漏斗模型优化流量

在5.7.1小节中已经介绍了产品listing曝光流量转化模型，即“产品listing漏斗模型”，那么如何结合“漏斗模型”的思路来优化流量呢?

流量=曝光量×曝光点击率，而曝光的优化方式已经在5.8节中做过介绍，那么在曝光量没有问题的情况下运营者需要将优化的重心放到**“曝光点击率”**上来。

图5-32所示是一个产品listing的曝光页面，其中包含如下元素：

1 曝光图片即主图；

2 listing标题；

3 review评分及review数量；

4 价格；

5 “prime”标志，即是否有FBA库存。

Stone & Beam Modern Round Arc Iron Hanging Wall Mirror With Shelf, 30 Inch Height, Dark Bronze
77
$92.49
prime

图5-32　某产品listing曝光页面

运营者可以根据以上五大要素依次进行优化，提升曝光点击率从而提升流量。

关于曝光图片即主图的优化，请查阅本书7.3节相关内容。

关于listing标题的优化，请查阅本书5.11节相关内容。

关于review评分及review数量的优化，请查阅本书7.4节相关内容。

关于价格的优化，请查阅本书7.2节相关内容。

关于“prime”标志（FBA的优化），在Amazon平台中，产品只有拥有FBA库存销售时，该产品链接才会带有“prime”标志。因为带有“prime”标志的产品意味着可以支持FBA配送，从而能大幅度减少物流时间，所以拥有该标志的产品会有更高的曝光转化率。

当一个产品刚刚上架时，运营者可能并没有真实的货物去发送FBA，但是仍然可以通过运营的操作让产品链接带上“prime”标志。运营者首先要在后台插入变体，然后将该变体的图片设置为现在拥有可以发FBA库存的产品的图片（可以找一些与原产品相关或者类似的库存类产品），然后发送1~2件商品过去，这样就可以让新上架的商品在特定的关键字搜索结果下带有“prime”标志，提高曝光转化率及流量，从而促成订单成交。

5.10 产品listing转化率优化方法

5.10.1 转化率经验化优化方法

1. 如何在众多要素中寻找关键点？关注FBA

在对产品listing的转化率进行优化的过程中，首先要关注的是能否有FBA库存进行销售。在亚马逊平台，商品物流模式分为FBA（Fulfillment by Amazon）与FBM（Fulfillment by Merchant），前者属于亚马逊配送，后者属于自配送。如果listing拥有FBA库存，那么就可以给用户提供“prime order”服务，只要此时店铺健康度正常，且listing权重高于平均值，那么该listing就可以拥有“黄金购物车”，如图5-33所示。

图5-33 “黄金购物车”示例

拥有黄金购物车的listing可以让顾客直接将产品放入购物车；而没有黄金购物车的listing则需要用户先查看卖家信息，然后再操作购买选项，操作会比较烦琐。在亚马逊平台，对于没有购物车的产品，如果用户想要购买就需要点击超过3次（什洛莫·贝纳茨、乔纳·莱纳的《屏幕上的聪明决策》一书中提到了“三次点击原则”，即如果用户在三次点击中无法找到信息和完成网站功能，就会停止使用这个网站），因此这严重影响了转化率。所以，如果想让新品的转化率快速提升，发货到亚马逊海外仓库使产品拥有FBA配送服务是不二之选。

2．库存设置——低库存购买提示

在产品listing页面以及产品微观图片展示的栏目下，如果该产品自配送库存/FBA库存小于一定数量时，Amazon就会有“Only XX left in stock – order soon”的提示样式，如图5-34与图5-35所示。

所以，当产品处于上升期，且已经完成页面优化时，可以每过一段时间去后台将可售库存调整成5件或者更少，这样既可以保证每次产品页面出现低库存购买提示，也可以在一定程度上促成交易，如图5-36所示。

图5-34　listing页面低库存购买提示

图5-35　曝光页面低库存购买提示

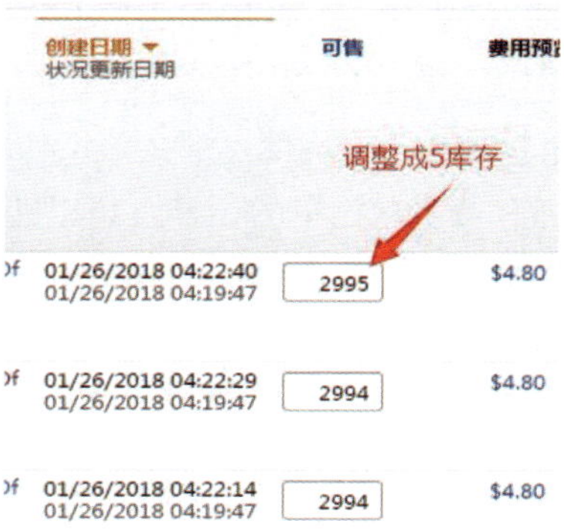

图5-36　低库存设置技巧

需要注意的是，FBA需要控制发货才能有低库存显示，所以操作难度较大；而自配送库存虽然可以实时调整，但是一旦忘记调整库存会造成订单的损失。所以，当**对某些**

listing进行低库存调整的时候注意对ASIN或者SKU进行记录以免出现遗漏。

3．价格定位——价格梯度

如图5-37所示，该产品价格为$9.48~$21.09，可是当顾客点击某个具体尺码时，很难找到与$9.48对应的产品。该操作技巧称为价格梯度，操作方式为设置某个最不热销子产品的价格为超低价，也可以让超低价的子产品禁止显示来达到“看得到买不到”的效果。当然，运营者也可以直接选择将各个变体设置成不同的价格进行销售来增加转化率，其具体决策需要结合用户画像来判断，可查阅本书4.5节与4.6节相关内容。

94
$9.48 - $21.09

图5-37　价格梯度listing示意图

4．Q&A部分优化

在listing页面中，有一个名叫“Customer questions & answers”的部分，即Q&A部分（图5-38）。该部分内容因为与顾客的购买体验直接相关，所以顾客浏览的概率也会很大。在新上架的产品中，运营者可以到已经拥有大量Q&A的同类商品中截取相关内容，并更新到自身的listing产品页面上，在解决顾客疑惑的同时促成订单的成交。

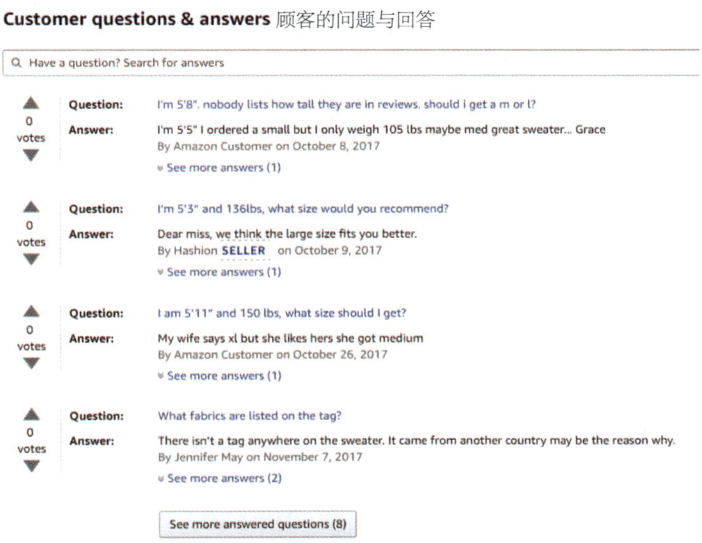

Customer questions & answers 顾客的问题与回答
Have a question? Search for answers
0 votes
Question: I'm 5'8". nobody lists how tall they are in reviews. should I get a m or l?
Answer: I'm 5'5" I ordered a small but I only weigh 105 lbs maybe med great sweater... Grace
By Amazon Customer on October 8, 2017
See more answers (1)
0 votes
Question: I'm 5'3" and 136lbs, what size would you recommend?
Answer: Dear miss, we think the large size fits you better.
By Hashion SELLER on October 9, 2017
See more answers (1)
0 votes
Question: I am 5'11" and 150 lbs, what size should I get?
Answer: My wife says xl but she likes hers she got medium
By Amazon Customer on October 26, 2017
See more answers (1)
0 votes
Question: What fabrics are listed on the tag?
Answer: There isn't a tag anywhere on the sweater. It came from another country may be the reason why.
By Jennifer May on November 7, 2017
See more answers (2)
See more answered questions (8)

图5-38　Customer questions & answers即消费者疑问和回答

5．图片列表优化

在图片列表中，除了选择高清且适合的白底图片作为主图外，还需要带有简单易懂的产品信息表。因为人有超过80%的信息来源于视觉，而人又偏向于看图而非文字或者表格，所以一张美观的产品信息表会大大提高客户在页面的停留时间乃至提高转化率。以服装尺码表为例，运营者可以设计一张如图5-39所示的品牌尺码表。

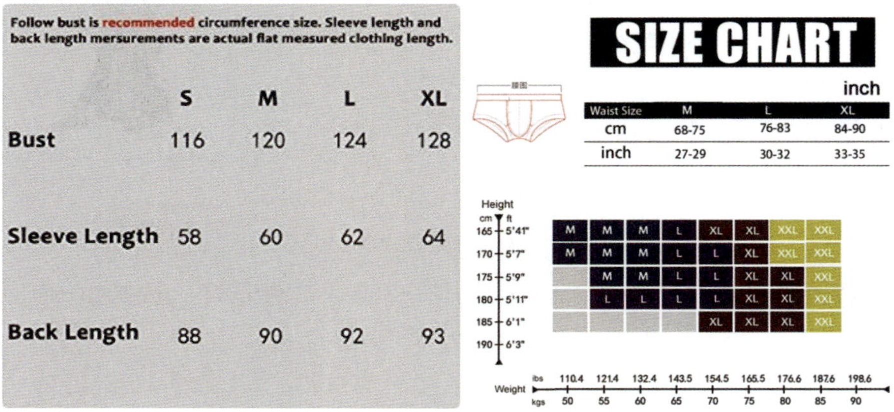

图5-40　品牌尺码表示意图

6．商品介绍优化改进

在商品介绍的优化中，“A+广告”的优化是最为有效的。以服装产品为例，现在仍然有许多店铺的商品介绍是这样的（图5-40）：

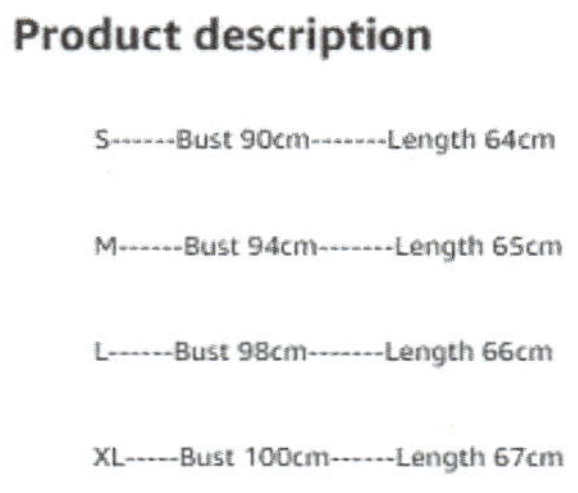

图5-40　普通商品介绍示例

虽然很多运营者会说，其他那些大牌不也是只写了一句话或者放了一个简单的尺码信息，不也在大卖特卖吗，何必费精力去写这些商品介绍呢？但是市场竞争是优胜劣汰的，大牌靠广告靠质量靠品牌取胜，中小卖家只能通过“A+图文”与视频等内容去尽可能做宣传。

为此，建议所有品牌店铺结合各自店铺风格，对其销售的所有listing进行优化改进：商品介绍全部采用高质量“A+图文广告”进行介绍，**虽然“A+图文广告”的作用已经证明小于视频化review与FBA，但是作为运营手段之一，在未完成店铺风格视频化转变与发送FBA库存前，“A+图文”宣传仍是不错的运营优化手段。**

因为亚马逊平台上华丽优秀的“A+广告”有很多，在此以服装行业的部分优秀的“A+图文广告”为例供读者作为参考（图5-41、图5-42）。

除了使用“A+广告”来进行产品宣传，运营者还要根据产品不同的定位来描写产品介绍。如果是针对男性的产品，可以描写较为详细的信息与内容；而对于女性则可以在介绍中加入一句“如果有疑问可以随时联系我们”（帕科·昂德希尔在《顾客为什么购买》一书中阐述了男女购物习惯的不同，女性喜欢直接询问店员，而男性更倾向于从文字材料、宣传视频来获取第一手信息），来获得更高的转化。

HOOYON
HOOYON is a brand dedicated to providing the high quality product and the service for the customer,sets up that all customers can smile brand image.
Here are some pictures of customers
Parent-child clothing
Office, casual
Party, wedding
Beach, outdoor

图5-41 “A+页面”示意图（图例品牌为HOOYON）

ZESICA
Fine Clothing
You won't regret when purchasing from our shop.
ZESICA
wrap design
v-neckline
frill hemline
short butterfly sleeves

图5-42 “A+页面”示意图（图例品牌为ZESICA）

7. listing视频化

如图5-43所示，在产品页面ASIN排名的下面有个“Related Video Shorts”，这里的视频没有什么内容限制，只需要跟产品相关即可。这类视频可以通过直评上传，所以性价比最高。视频化listing拥有超高的页面浏览时间与吸引力，是listing后期优化的不二之选。

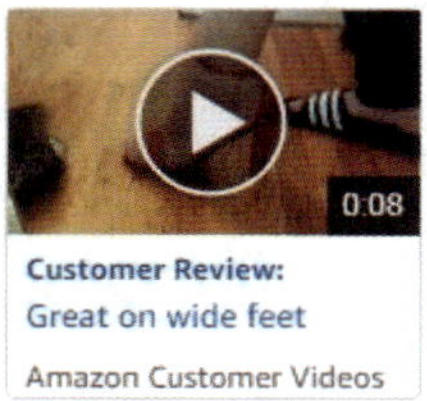

图5-43 listing视频示例，(Related Video Shorts的意思是相关视频短片)

一个店铺风格改变的重点就是大规模产品介绍视频化，有以下几点好处：

1 减少“款式不满意”“图文不符”等退货或者AZ（AZ是指用户因某种原因向亚马逊投诉）的发生。单纯图片介绍因为显示设备与个人颜色敏感的差异很容易产生收到货物不满意的情况，而视频可以给顾客更直观的感受。

2 大幅度提高产品转化率。单纯图片能传递的信息过于稀少，顾客也没有很大的心思去阅读那些烦琐的介绍，一个经过优秀剪辑的视频可以完美化解这些问题，促成订单成交。

3 强化品牌理念。视频本身可以通过水印、LOGO等方式传递品牌理念与品牌名称，且不会使人产生厌恶感。

4 高点击率、高参考率、高浏览率。在Amazon上，视频介绍一般都是大牌使用的方式，并不常见，所以视频相对于传统的文字直评或者图片直评更具有吸引力，而且其所在的“Video”栏位比review栏位更显眼，浏览量也更大。

开箱/开袋视频如图5-44所示。

开箱视频主要是录制由拆卸产品包装到展示产品细节过程的视频，下方一般有产品内容介绍、材质介绍以及店铺服务介绍等。

图5-44 开箱/开袋视频示例

优点：

1 直观显示产品包装及产品细节，杜绝“图文不符”“包装不符”等情况的发生。

2 如果产品包装上印有品牌名也可进一步宣传自身品牌。

3 若为易损品可通过视频展现包装的细致程度从而打消顾客心中的疑虑。

缺点：

1 若产品为服装类产品则没有实拍效果明显。

2 若产品包装不够细致、精美可能会使顾客产生不好的印象。

3 需要娴熟的产品展示技巧与展示手法，不然效果不明显。

摆拍视频如图5-45所示。

摆拍视频为卖家实拍视频，背景多为白色或其他纯色；视频中一般会让模特穿特定搭配的衣服或者架构，在特定场景以便搭配产品进行拍摄。

图5-45　摆拍视频示例

优点：

1 完美展示产品卖点与特性，选择适合的模特可以大幅度提高成交率。

2 通过摆拍动作可以展现产品细节。

3 可以通过字幕、后期特效等提升视频的宣传效果。

缺点：

1 产品与模特的动作及场景搭配需要大量准备工作。

2 过分夸张的视频效果可能适得其反。

3 在场景效果上可能不如实拍视频。

实拍视频如图5-46所示。

实拍视频多为真实买家拍摄的视频，一般不会有后期剪辑与特效，视频内容较为朴实，客观。亚马逊平台中的产品相关视频多数属于这一类别。

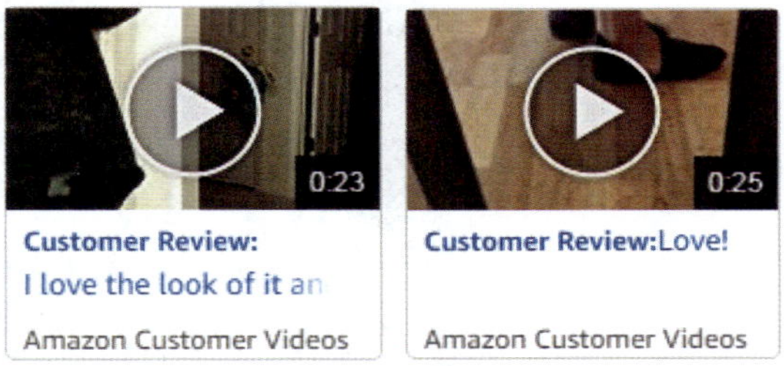

图5-46　实拍视频示例

优点：

1 可信度高，是买家最认可的视频内容。

2 如果是top100的reviewer视频效果会更佳。

缺点：

1 视频内容不可控，可能某些搭配在上传视频的买家眼中很漂亮，但是不符合大众的需求。

2 买家上传视频的比率极低，从以往运营经验中来看该概率甚至会低于0.01%。

5.10.2　转化率数据化优化方法

数据分析是亚马逊运营过程中非常重要的一个环节，也是一个优秀从业者必不可少的技能之一。通过每天追踪listing的流量和转化，可以更好地把握销售周期。但是很多运营者都会陷入惯性思维，认为只要持续提升流量和转化率，就能实现爆单。这种观点虽然没有大的错误，但也谈不上正确。因为在实际优化时，流量与转化率往往存在此消彼长的关系。举例而言，与搜索“office table”的买家相比，搜索“office tables for small spaces”的买家有着更加清晰的购买需求，也更容易促成交易。但是在“office table”搜索下有100 000多的链接，在“office tables for small spaces”搜索下只有30 000条；通过竞争度分析也可以初步判断“office table”的流量比“office tables for small spaces”的流量要高。此外，还要根据链接所处的生命周期来进行判断，如果listing开始进入衰退期，就要及时开拓新的产品。

另一个原因在于转化率往往存在瓶颈，而经过曝光、点击、浏览、加购物车到购买，每一步流量都在流失。而运营者要做的，不只是分析流量的来源，还要分析流量的流失情况，并有针对性地处理这些问题。

对于一般运营者而言，通过亚马逊后台提供的数据进行分析属于基础的运营操作。图5-47所示的是亚马逊后台可获取的listing数据类型：

图5-47　店铺后台订单数据列表（左边为中文列表，右边为英文列表）

亚马逊并没有给出自然流量下曝光和收藏的数据，所以运营者能看到的最有价值的数据有以下几个：

1 买家访问次数(Visit/Sessions)：统计24小时内曾经在销售页面浏览过的用户数，(以cookie为依据)访问网站的一台电脑客户端为一个访客，可以理解为UV。

2 页面浏览次数(PV)：在一定统计周期内用户每打开或刷新一个页面就记录1次，多次打开或刷新同一页面则浏览量累计。

3 购买按钮赢得率：赢得购买按钮的商品页面的浏览次数在总的商品浏览次数中占的百分比，理论上可以达到100%。

此外，还有订单商品转化率、已订购商品数量和已订购商品销售额等，都是比较常见的数值。通过下载每日报表，可以将其汇总整理为一张较为完善的分析表格，有效追踪到listing的流量变动情况。举例而言，假设链接A在1月与2月的数据如表5-2所示。

表5-2 链接A1~2月数据统计

	买家访问次数	页面浏览次数	购买按钮赢得率	订单商品转化率	已订购商品数量
1月	2314	2657	52%	4.36%	101
2月	2168	2441	67%	4.29%	93
同比变动率	-6.31%	-8.13%	28.85%	-1.72%	7.92%

从表5-2中可以看到，链接A的流量与转化率都在下降，但购买按钮赢得率却在上升。根据对链接的观察，发现是由于FBA补货入库使得购买按钮获取率提升，但是连续出现了差评，所以正确的处理方法不是去推流量，而是要对review进行维护。

通过上述案例可以看出，关于listing转化率的优化，运营者可以先对目标进行拆解量化，而对于问题的产生原因将在下文讲述。

对于亚马逊运营，始终存在这样两种看似不可调和的观点，暂且称之为流量优先思路和转化率优先思路。

1 流量优先思路。通过大流量关键字的使用，站外引流、低价冲排名等方法，短时间内提高listing曝光和流量，最终提升销量。

2 转化率优先思路。通过精准长尾词的使用、页面及类目优化等方式，获得较高的转化率，逐步稳定提升销量。

造成这两种思路不同的原因，实际上是对用户行为理解的不同。前者认为买家对排名和价格更加敏感，对产品了解程度高，更容易做出购买决策；后者则相反，需要圈定特定买家群体，提高买家的购买欲望，再进行流量变现。

亚马逊平台A9算法在一开始并不知道什么东西是爆款什么东西不是爆款，它只是通过给不同产品曝光后，分析这些产品的点击转化率和订单转化率来判断是否需要再给其中的某些产品更多的流量。对于不同的产品，应该对两种方案进行反复实验，获取足够的数据来支持其中一项方案。运营者可以使用访问深度系数以及推广系数这两个值来初步衡量用户行为。

1 访问深度系数。首先，买家访问次数(Visit/Sessions)是统计24小时内曾经在销售页面浏览过的用户数，而页面浏览次数(PV)每打开或刷新一个页面就记录1次(多次打开或刷新同一页面按浏览量累计)。前台页面中，链接可以产生点击的按钮包括挑选商品变体、加buybox、wish list、查看reviews等。买家在页面内访问次数越多，所花费的时间就越长，购买意愿也越高。通过二者做比，可以定义：

访问深度系数=页面浏览次数 ÷ 买家访问次数

根据访问深度系数与转化率的变化，可以分成以下四种情况进行分析。

① 访问深度系数下降，转化率下降：重点优化review/A+广告内页面内容。

② 访问深度系数上升，转化率下降：重点优化库存，提升FBA比率。

③ 访问深度系数下降，转化率上升：可以考虑添加变体来获得更大销量。

④ 访问深度系数上升，转化率上升：listing属于健康状态，继续维持。

2 推广系数。正常情况下，链接自然流量可以占到总流量的80%~90%，则广告流量与自然流量之比在0.11~0.2。如果在广告正常操作下，广告流量占比超过20%，则说明产品仍然具有较广泛的市场，可以进行推广。通过二者做比，可以做出如下定义：

推广系数=广告流量与自然流量比

本小节的案例讲解仍以链接A为例。假设1月与2月的数据如表5-3、表5-4所示。

表5-3　链接A1~2月访问浏览统计

	买家访问次数	页面浏览次数
1月	2314	2657
2月	2168	2441
同比变动率	-6.31%	-8.13%

表5-4　链接A1~2月流量及推广系数统计

	自然流量	广告流量	推广系数
1月	1774	540	0.3044
2月	1712	456	0.2664
同比变动率	-3.49%	-15.56%	-12.50%

从表5-3和表5-4中可以看到，链接A的访问深度系数降低，更证实了链接差评是主要原因。而即使广告流量降低了15.56%，推广系数却仍在0.2以上，证明产品本身仍然有较大的推广空间。只要解决对应的差评，保证不要断货，是可以通过流量优先思路进行进一步操作的。

5.11　listing关键字的数据化优化方法

5.11.1　关键字词库的建立与管理

对于固定类目经营的有经验的亚马逊运营者而言，往往会积累一些自己常用的关键字，在遇到类型产品时使用恰当的词汇。而对于新手或经营经验较少的运营者，更多是通过参考同类链接或使用第三方提供的关键字数据进行优化。目前多数提供关键字挖掘的网站并非实时测算关键字的使用频率，而是通过内置关键字数据库，在用户查找时反馈相应的数据。这些关键字数据往往只有流量高低之分，对具体产品的帮助不够明显。通过建立固定类目的关键字词库，可以节省大量时间，提升优化效率。下文将从**如何选取基本关键字**、**如何扩展关键字词库**和**如何使用及更新词库**三个方面，详细介绍关键字词库的建立与管理。

（在这里关键字并不止包含Search Terms，还包含了比重最大的标题）

5.11.2 如何选取基本关键字

Listing的关键字有效和无效之分，而对于关键字好不好的评判标准只有一个：商品能获得的有效流量的大小。经验上来看，亚马逊对新品有一定的扶持期，在此期间链接将会在其所包含的关键字下得到额外曝光。通过对基本词的整理和分类，可以在新品上架及手动广告优化时很大程度地涵盖产品的各个流量来源，避免隐形的销量流失。

为了能够更加精准的描述产品，首先要积累一定程度的基础词汇。一般而言，可以分为以下4种：

1 **品牌词：**对于注册对应站点品牌的店铺，自己的店铺名可以作为关键字使用。通过一段时间的品牌化运营，不仅可以提升品牌词的搜索流量，也可以为店铺其他链接带来额外的曝光机会。对一些同类目热销的大卖品牌也可以进行积累，在后期广告关键字投放时进行尝试。

2 **型号词：**对于3C类目（计算机、通信和消费类电子产品）等标准品（简称标品）而言，由于买家对产品属性了解程度较高，购买决策偏向理性购买，因此型号词是买家搜索时重点关注的内容，比如“iPhone X”“USB 3.0”等词。这些词和产品本身关联度较高，需要按实际情况选取使用。

3 **类目词：**对于服装等非标品而言，买家在购买前较少有清晰的购买意向，也更倾向于做出感性购买决策，因此搜索行为更倾向于使用类目词。除了亚马逊提供的分类树用词外，还可以参考其他电商平台的分类标准添加同义词。

4 **属性词：**属性词是对型号词和类目词的补充，以商品的**风格**、**材质**、**颜色**以及**使用场景**等其他特质为主。最简单的方法是直接对对应类目下排名Top 100的产品进行标题关键字的抓取，根据词义和字符数保留和产品本身最相关的核心词，再将其分门别类进行整理。

与一般单词相比，基本关键字在标题中出现的频率更高，买家搜索的可能性也更大。这时可以通过爬虫软件（网络爬虫又被称为网页蜘蛛、网络机器人，在FOAF社区中间，更经常地被称为网页追逐者，是一种按照一定的规则，自动地抓取万维网信息的程序或者脚本）批量采集相应类目下产品的信息，通过词频分析软件进行使用排序，最后按照以上分类规则进行编码整理保存，就可以得到一份较为完整的基本关键字表格。

5.11.3 如何扩展关键字词库

根据传统的关键字分类方法，亚马逊关键字分为三类：核心关键字、常用关键字和长尾关键字。对其判断方法也可以依据搜索结果数及首页review数量来简单判断。由于各类目情况不同，以下仅以服装的dress类目为例讲解。

1 核心关键字。核心关键字一般为1~3个单词或词组，常为型号词或类目词其中一种或搭配组合，也是最普通的关键字。比如“dresses for women”，前台搜索结果超过100 000，首页review超过1 000 的链接有22个，占首页链接数量的45.8%，属于典型的核心关键字。

2 常用关键字。常用关键字在核心关键字的基础上添加了更多属性词和类目词，一般在前台的搜索结果介于50 000~100 000个，首页链接有超过1 000个review的大卖链接。常用关键字一般包括亚马逊搜索栏推荐词、行业大词等。比如“long sleeve dresses for women”在前台搜索结果超过90 000个，首页review超过1 000的链接有11个，词义更精准，竞争度相对核心关键字更低。

3 长尾关键字。长尾关键字一般使用型号词、类目词、属性词中2~3种，长度超过5个单词或词组。长尾词在前台搜索结果小于50 000的关键字。比如“striped long sleeve dresses for women”。

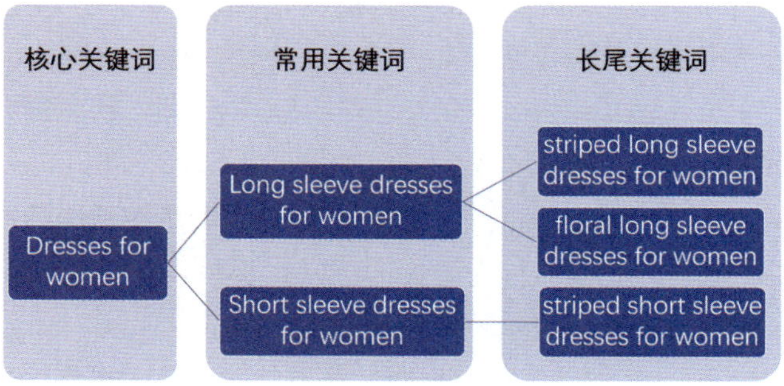

图5-48　三类关键词使用示例

正如图5-48所示，对于dress类目，三类关键字呈树状分布，使用Excel基础的层次结构和前期积累的属性词，可以有效拓展关键字丰富度。

其次，好的关键字是对于**一般词组的优秀排列组合，**而判断优秀与否的根本标准在于能否出单，其数据计算标准如下：

销售量 = 浏览量 × 转化率，

Review数量 = 销售量 × 留评率

从上述两个数据计算标准中可以看出：浏览量和购买量成正比，购买量和用户review数量成正比。亚马逊平台买家留评率整体在3%~8%，于各个类目中留评率相对稳定，那么可以推测用户review总数量越多，该页面的浏览量也就越大；同时，商品所在页面页数与浏览量成反比，即商品越靠后，浏览量越低。那么，关键字的选取标准就推测出来了：

优秀的关键字应该使商品所处页面的页数尽量小而且要使排在该商品前的review数量尽量多。

有了以上的基础词积累，就可以通过5.11.5小节中的关键字数据化评分，批量生成一批关键字并判断其有效性，在此不做赘述。

5.11.4 如何使用及更新词库

关键字的使用最终是与上架产品相关的，通过批量操作获取到的高分关键字如果与产品不符合，只能为链接带来无效的曝光和流量，降低前期出单的比例。同时关键字的评分也不是一成不变的，在一段时间后某个好用的关键字的搜索结果下会涌入大量链接，使得该关键字的整体评分向平均值回归。因此应至少要保证在上架的时间点使用的关键字是最优的。仍以服装类目为例，假设上架的款式如图5-49所示。

图 5-49

图5-49所示款式的根属性为裙子（Dress），首先通过搜索发现同类款式核心关键字为“T-shirt Dress”，其余属性为中长、圆领、短袖、休闲、纯色、女士、棉……通过第一步筛选，可以有效降低难度，属性词排列表格如表5-5所示。

表5-5 属性词排列

T-shirt Dress	Round Neck	Short Sleeve	Casual
	Women	Solid	Cotton
	Spring	Summer	Fashion
	…	…	…

其次，通过日常运营经验选择一批常用关键字和长尾关键字，判断其搜索有效性和评分（具体评分方法请查阅下一小节），将高分关键字放入后台search terms中，可以显著提高链接的搜索可见概率。

最后，值得注意的是，如果上架产品已经有多款同款链接，可以简化流程直接通过分析对手的标题来获取相关信息。但如果上架产品在亚马逊是全新的产品，在关键字评分的同时还需要分析搜索结果，判断关键字本身是否符合产品属性与卖点，从而避免不恰当的关键字使用。

5.11.5 如何对关键字进行数据化评分

关于关键字的数据化评分，其评分的要素主要来源于以下几点：

1 搜索关键字后的搜索结果数量；

2 搜索关键字后的前列页面高review的listing数量；

3 搜索关键字后的曝光产品与上架产品的匹配程度。

关于第1点，高评分关键字的搜索结果不应该过多，这是因为**关键字的数据化评分方法主要针对长尾关键字而非头部流量关键字，**运营者可以通过第三方软件或者Google Trend等工具来比较各个头部流量关键字，但是长尾关键字必须考虑搜索结果的数量。如图5-50所示，图中红框标注的数字就是在亚马逊美国站搜索“Classic Slim Fit Sleeveless Midi Dress”关键字后的搜索结果数量，其数值为100。

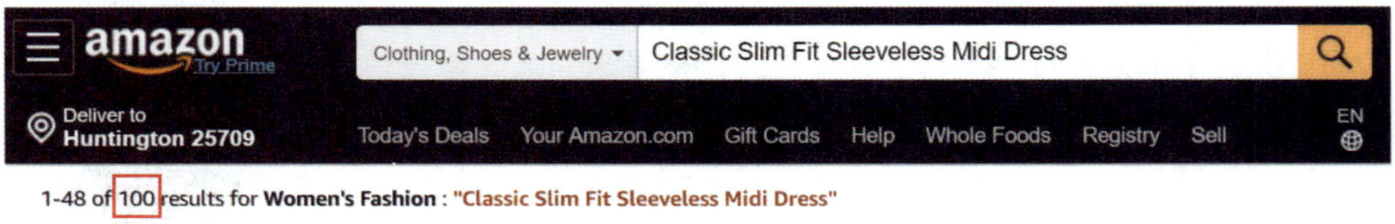

图5-50 搜索“Classic Slim Fit Sleeveless Midi Dress”关键字后的搜索结果数量

关于第2点，优秀的长尾关键字搜索页面应该有较多高review的listing，注意是**高review的listing数量而不是review的数量。**这是因为即使某个关键字的搜索页面下有10 000条review，但是那些review只是集中在某几个listing上，并不意味着这个关键字是个优秀的长尾关键字。因为仅仅只有几个listing拥有高review只是说明该关键字有大卖使用其部分组合，但是重合度并不是特别明显。与此相反，如果某个关键字的搜索页面下review有5 000条，且较为平均地分布在20~30个listing上，那么就说明这些listing的运营者都使用了这个关键字的排列组合，也就证明这个关键字是一个优秀的关键字。

例如，当在亚马逊美国站搜索“Classic Slim Fit Sleeveless Midi Dress”关键字后，首页会显示48个listing。根据2019年9月3日笔者的搜索记录，其首页review总和超过7 000个，其中review在30~100个的listing有10个，review在100以上的listing有13个，总计历史高销量listing一共23个，占据全部曝光listing比例约为50%，这就意味着这些大卖listing都基本使用了“Classic Slim Fit Sleeveless Midi Dress”这个关键字组合，考虑到其总搜索结果就100个，这个关键字组合就是个优秀的长尾关键字，其详细搜索页面如图5-51所示。

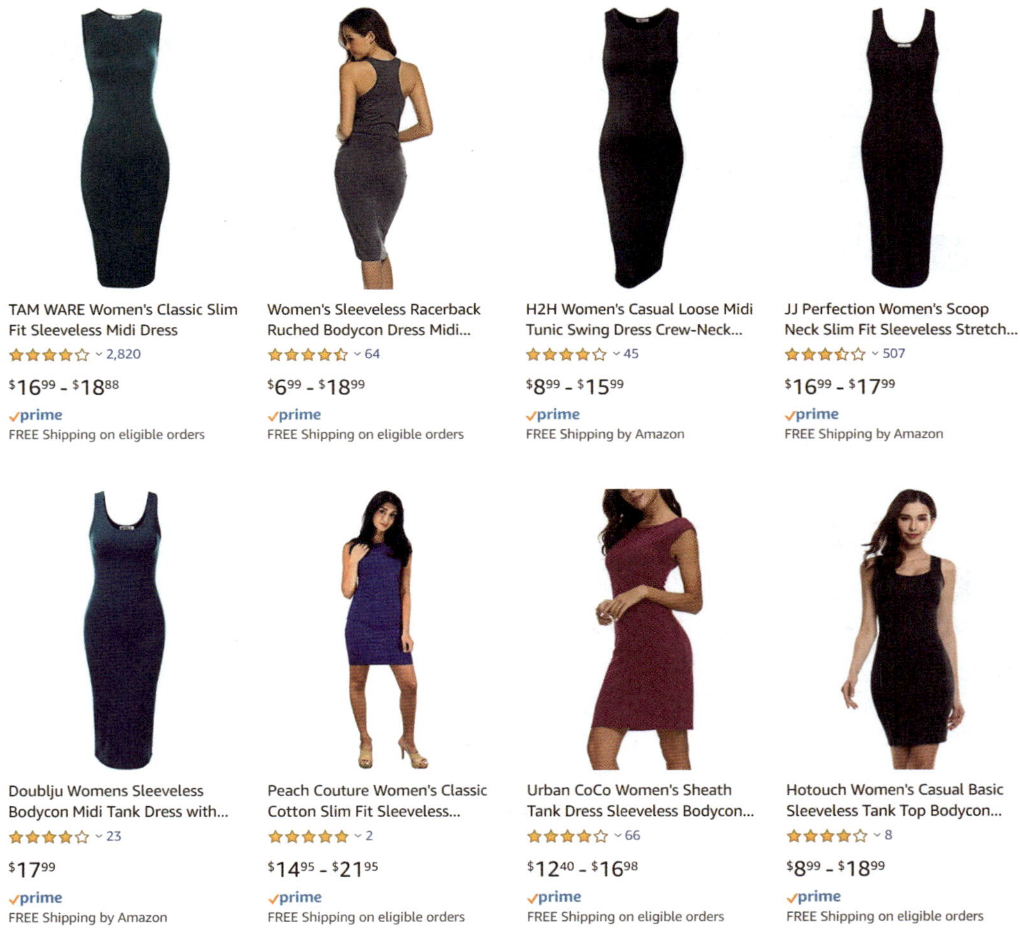

图5-51　搜索“Classic Slim Fit Sleeveless Midi Dress”关键字后的详细搜索页面
（该关键字的搜索结果页面一共有6页这里省去）

关于第3点，无须通过死板的数值来判断，稍微有些类目运营经验的运营者，立刻就能根据搜索页面判断出该关键字是否符合上架产品的类型，所以在下文的数据化评分过程中不会过多涉及这一点。

在了解了关键字评分的逻辑后，就可以构建关键字的数据化评分表格。本小节以Excel（2016版）为例讲解评分表格的构建方法，运营者也可以自行尝试用Python等编程语言构建自动化评分表格。

注意：5.11.5小节所讲解的图表示例对应Excel文件“关键字评分表”，请根据自身学习需要自行下载查看。

Excel关键字评分表格的形式如表5-6所示

表5-6　Excel关键字评分表格

关键字组合	结果页数	100/30review		首页	平均	总评分
关键字A	8	12	5	135	4	31
关键字B	10	13	2	136	1	15
关键字C	4	6	3	69	15	62
关键字D	6	3	22	96	7	46

表5-6中各列的含义如下：

1 “关键字组合”：顾名思义，当运营者要对某个关键字组合进行评分时，将那个关键字填入该单元格即可。例如，如果要对“Classic Slim Fit Sleeveless Midi Dress”这个关键字进行评分，就需要将该词填入“关键字组合”下的单元格，如图5-52所示。

关键字组合
Classic Slim Fit Sleeveless Midi Dress

图5-52　填入“关键字组合”列中的“Classic Slim Fit Sleeveless Midi Dress”

2 “结果页面”：当在亚马逊前台搜索某个关键字时，用户能够浏览的搜索页面的数量，搜索页面的数量与该关键字对应的搜索结果的数量成正比。搜索页面的数量如图5-53所示。

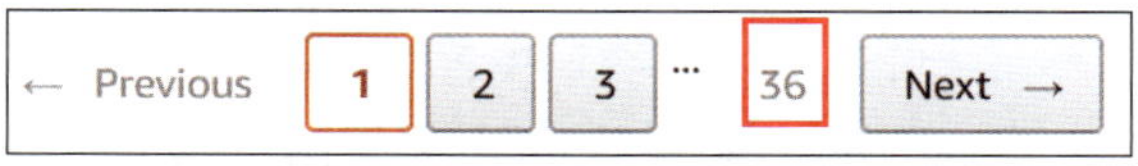

图5-53　搜索页面的数量（图例中的数量为36页）

需要注意的是，在亚马逊前台进行关键字搜索时，一定要选择具体的类目进行搜索，如图5-54与图5-55所示。

3 “100/30review”：“100”和“30”分别指代搜索页面首页review超过100的listing数量与搜索页面首页review超过30但是低于100的listing数量。**表中的“100”与“30”其数值并不是固定不变的，而是根据类目不同有所不同，两个数字代表的分别是“大卖家”与“中体量卖家”。**因为本次案例讲解以服装为例，所以“100”与“30”是参考了服装行业的销量和留评来确定的。在服装行业，日销量500以上可以称为“大卖家”，日销量达到100可以称为“中体量卖家”，而服装行业的留评率在1%上下浮动，所以一个“大卖家”的畅销listing一个月的review增长约为500×30×1%=150，而一个“中体量卖家”的畅销listing一个月的review增长约为100×30×1%=30。最后为了方便比较，在Excel中将review筛选基数确定为了“100”与“30”，因此在读者制作自己类目的关键字评分表时，需要结合运营经验计算出适合的筛选基数。

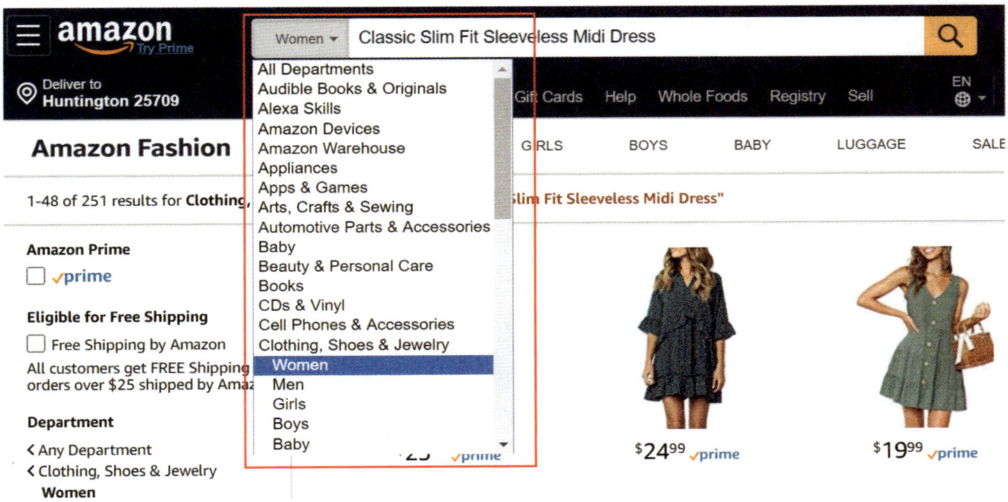

图5-54 在搜索关键字时要筛选类目

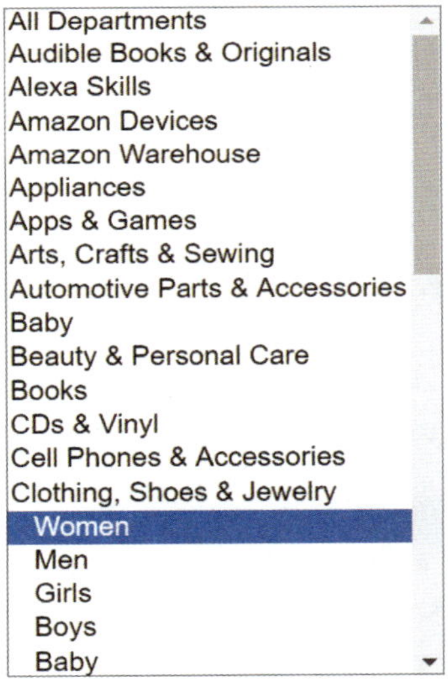

图5-55 前台搜索时具体的类目列表

根据图5-53，可以得知在“Classic Slim Fit Sleeveless Midi Dress”关键字的详细搜索页面下，review在30~100个的listing有10个，review在100以上的listing有13个，搜索结果有6页，那么“Classic Slim Fit Sleeveless Midi Dress”对应的“100/30review”数值如图5-56所示。

关键字组合	结果页数	100/30review	
Classic Slim Fit Sleeveless Midi Dress	6	13	10

图5-56 “Classic Slim Fit Sleeveless Midi Dress”对应的数值

4 “首页”：表示首页评分，其评分方式为“权重法”，即将变量赋予不同的权重，然后再进行累加计算。通过前三步的数据记录，此时表格中已经存在3个变量：① 搜索结果页数；② review为100以上的listing数量；③ review为30以上100以下的listing数量。在“首页”数值的计算中，只需要涉及两个变量：review为100以上的listing数量，以及review为30以上100以下的listing数量。在权重的分配上，最简单的算法是直接按review筛选基数的比例计算，如一个“review为100以上的listing”权重设定为10，一个“review为30以上100以下的listing”权重设定为3。根据此种计算方式，“Classic Slim Fit Sleeveless Midi Dress”首页的权重分数为13×10+10×3=160（review在30~100个的listing有10个，权重为10×3=30，review在100以上的listing有13个，权重为13×10=130），其首页评分如图5-57所示。

关键字组合	结果页数	100/30review		首页
Classic Slim Fit Sleeveless Midi Dress	6	13	10	160

图5-57　首页评分示意图

5 “平均”：表示商品出现在搜索结果最后一页时所能获取的流量。在之前的数据记录中有一个数据为“结果页数”，即搜索结果页数，记录该数值的目的就是为了计算最后一页搜索结果所能获取的流量。在亚马逊平台，任何搜索页面都存在流量流失现象，即如果首页流量为10 000，第2页的流量可能只有6 000甚至更低。笔者对流量的流失做了一个数学上的仿真模拟，将搜索页面数量定为$p(page)$，首页流量定为$n(number)$，每一页流量的流失率定为$x(percent)$，那么该商品能获得的流量估算计算公式为如下形式：

$$y=n/(1+x)^p$$

图5-58流量流失仿真图，是笔者用Matlab软件进行的简单仿真结果，图中横轴代表了搜索页数，纵轴代表了不同搜索页数所能获得的流量大小。由图可知，当流量流失率为10%时，如果首页流量为5 000，搜索结果页数为50页，流量流失的速度是非常快的，所以在进行搜索页面平均得分时，需要参考搜索结果页数。

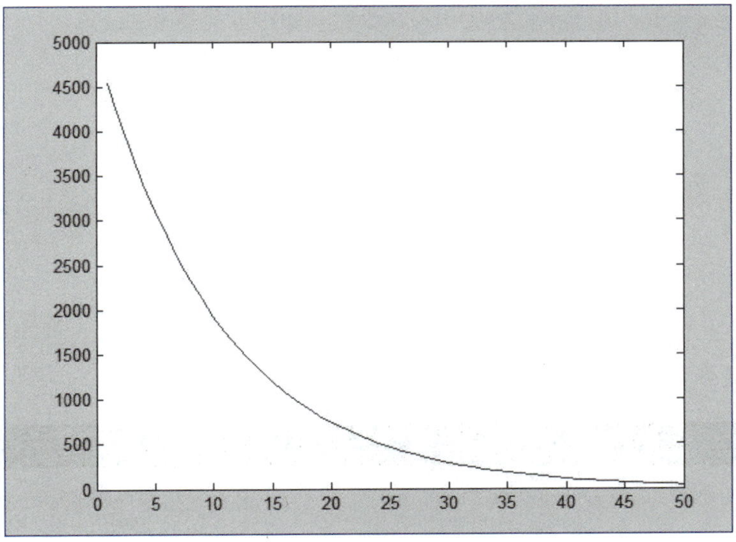

图5-58 流量流失仿真示意图

6 "平均"：指最后一页搜索结果所能获取流量数值的计算可以使用累乘法，即将"首页"得分与流量流失率的数值进行累乘。在案例表格中，笔者将流量流失率设置为40%（**读者可以根据需求调整流量流失率，一般可以设置成10%~40%，标准品流量流失率一般较低，可以设置成10%~20%，非标品流量流失率较高可以设置成20%~40%**），即如果首页有10 000流量，第2页的流量为10000−10000×40%=6000。例如，"Classic Slim Fit Sleeveless Midi Dress"关键字的"首页"评分为160，"结果页数"为6，那么其搜索页面平均得分为160×[0.6^(6−1)]=160×0.6×0.6×0.6×0.6×0.6=12.4416≈12，其表格如图5-59所示。

关键字组合	结果页数	100/30review		首页	平均
Classic Slim Fit Sleeveless Midi Dress	6	13	10	160	12

图5-59 首页评分平均得分示意图

7 "总评分"：表示该关键字的最终评分，其参考依据来源于首页评分与最后一页搜索结果所能获取的流量预估数值。在计算总评分前，首先要设立一个计算门槛，即最低搜索页面数量，如果搜索页数太少可以视为"无效关键字"。一般而言，这个最低页面数量为2页或者3页，运营者可以根据自身类目进行调整。因为本次案例讲解的是服装类目，所以将最低页面数量设置为2页，对应的Excel内置函数就是"IF"函数。因为关于最终评分的计算原理略显复杂，本小节则直接讲述计算方式，对计算原理有兴趣的读者可以阅读笔者的另一本书《亚马逊跨境电商运用实战：揭开畅销品与A9算法的秘密》中第七章相关内容。简而言之，关键字的最终评分=搜索页面平均得分×搜索页数+首页评分^[1÷(首页评分/搜索页面平均得分)]。例如，对于"Classic Slim Fit Sleeveless

Midi Dress”关键字，其首页评分为160，最后一页搜索结果所能获取的流量预估数值为12，搜索页数为6页，那么总评分的计算过程及结果为：12×6+160^[1÷(160÷12)]=76，其表格及总评分计算涉及变量如图5-60所示。

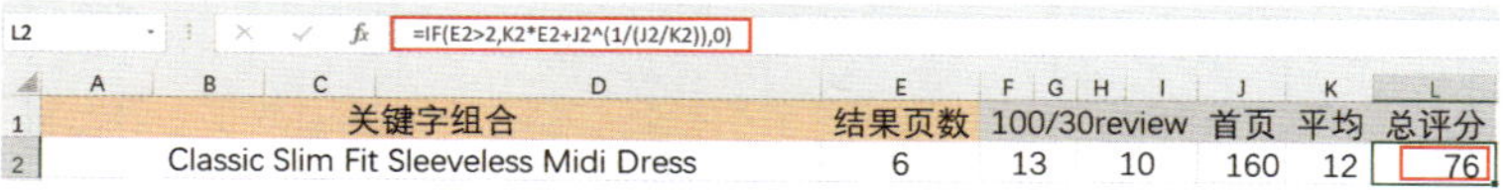

图5-60　总评分计算及变量示意图

在了解了关键字数据评分表的各个数据的含义后，就可以根据自身的需求灵活使用该表格来评判各个关键字的优劣了，评分表的页面如图5-61所示。

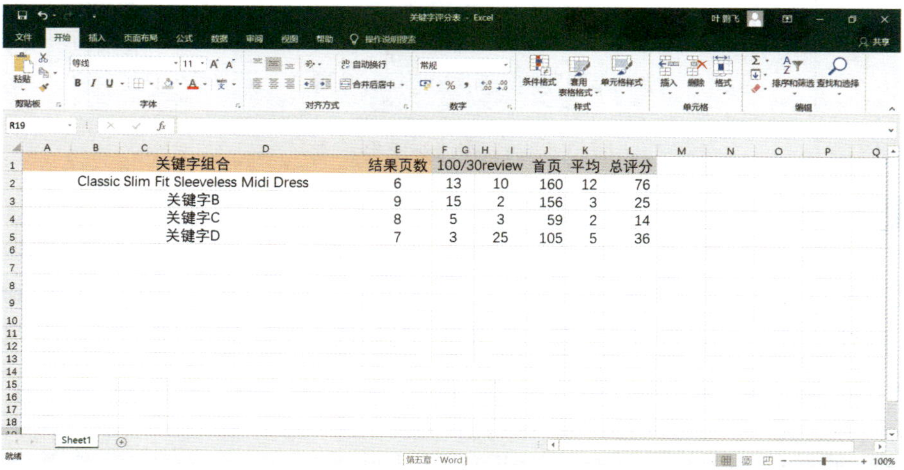

图5-61　关键字数据评分表页面

在日常使用关键字评分表时，可能会遇到如下问题：

1 “平均”即最后一页搜索结果所能获取的流量预估数值总是为0怎么办？解决方式为适当降低流量流失率，如从原本的40%降低为20%。

2 “100/30review”对应的listing太少怎么办？案例中讲解的类目是服装类目，读者可以根据自己的类目调整review基数，如出评率较低的标准类目可以调整为“50/20review”。

3 “总评分”越高的关键字是不是越好？不一定，这是因为运营者还需要判断关键字与上架产品是否符合，“驴唇不对马嘴”的关键字即使评分再高也无济于事。

4 以后上架时是不是只需要使用该评分表筛选关键字？不是，本小节的数据化评分表对应的是长尾关键字，头部关键字例如“women dress”则需要根据类目不同添加到listing信息中。

5 如何改进该评分表格？改进评分表格需要涉及更多的参数，如首页review波动、

listing平均排名数值、曝光点击率等，这些数据依赖人工记录效率太低，所以如果想要进一步改进该评分表格，可以结合笔者《亚马逊跨境电商运用实战：解开畅销品与A9算法的秘密》一书尝试使用编程语言进行自动化改进。

6 头部关键字如何寻找？头部关键字相对于长尾关键字要容易寻找得多。一方面，有大量的第三方软件可以查询到亚马逊平台各个关键字的单日搜索量；另一方面，可以通过亚马逊平台自身的关联关键字进行筛选，如图5-62所示。

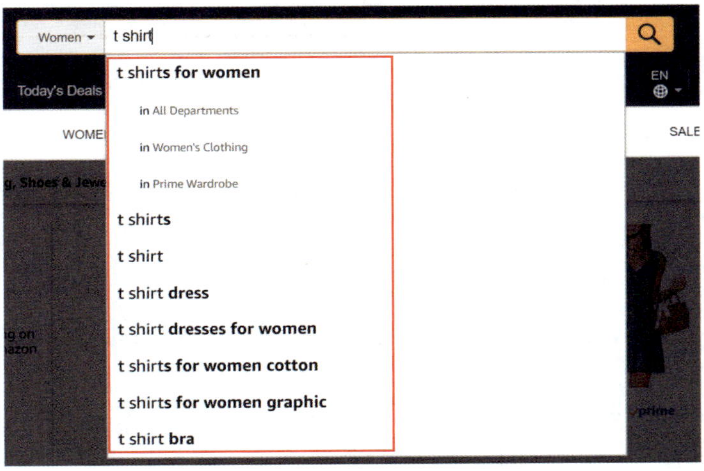

图5-62　寻找头部关键字示例

7 除了多次尝试关键字排列组合进行评分比较外，有什么快捷的方式可以获取长尾关键字吗？优秀的长尾关键字只能通过多次的排列组合才能得到，但是组成关键字的词汇可以通过对用户review进行词频分析得到，具体操作请查阅本书7.4节相关内容。

8 标题和关键字优化逻辑一样吗？标题可以理解为权重最高的关键字；除此之外，标题还需要有一定的“可读性”，而关键字可以完全不用考虑“可读性”。

第 6 章

市场体系数据化

不同的类目市场具有怎样的数据波动规律？市场竞争度、市场容量如何通过亚马逊平台数据进行计算？

6.1　市场体系包含的不同数据维度

市场体系不同于用户体系与运营体系，其更加强调销量的波动规律以及市场的宏观变化。一般市场体系的数据化运营包含以下维度：

1 销售波动趋势（周趋势、月趋势、季度趋势、年趋势）；

2 市场趋势（淡季/旺季更替）；

3 产品生命周期；

4 不同keyword的市场容量；

5 不同keyword的市场竞争度。

在本章节将结合Excel图表对如上维度的要素分析方法依次进行讲解。

6.2　销售波动周趋势分析

注意： 6.2章节所讲解的图表示例对应Excel文件“销售波动周趋势分析”，请根据自身学习需要自行下载查看。

6.2.1　周权重指数介绍及计算

亚马逊管理与基础的运营业务有着共同的目标，即使用科学的方法提高资源利用率，力求以有限资源尽可能多地提高销售额。在这个目标下，一线运营人员需要更加有效的数据化工具来追踪店铺每日具体的销售情况，因此本小节将会介绍一种全新的数据模型：**周权重指数。**

首先，由于亚马逊平台B2C的性质，平台销售量带有明显的周期性变动，具体表现在每周周末销售额降低，周一至周五回升但略有波动。例如，某店铺业绩波动及对应日期如图6-1所示。

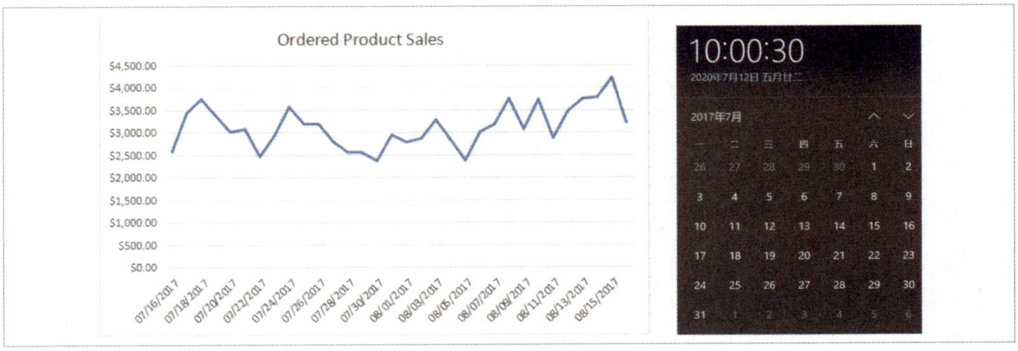

图6-1　某店铺业绩波动及对应日期

根据经验判断该店铺销量属于中等水平，所以其业绩变化趋势在一定情况下代表了亚马逊某领域整体的销量趋势。通过对比日历，可以得出以下结论：

1 美国时间周三处于一周中的销售额低谷，但不是最低值；

2 美国时间周六处于一周中的销售额低谷，且大概率为最低值；

3 销售额数值于美国时间周日~周二以及周四~周五属于增长期。

通过如上所述的经验验证，运营者可以发现店铺销量以周为单位进行循环，因此可以使用**周权重指数**作为指标。

运营团队/企业周权重指数的计算方法如下：

1 收集各店铺最近1个完整年度的销售数据。

2 剔除Prime day、黑五、deals秒杀等异常值数据。

3 将其余数据按周排序，行标签为第几周，列标签为星期几，计算平均日销量。

4 取平均日销量最低的销售数据，将其**日销售权重指数设为1。**用其他6天的平均值除以该日平均值，得到其他6天的日销售权重指数。

5 将每日权重指数相加，得到最终的周权重指数。周权重指数最小应该是7，越大说明销售越不稳定。假设某运营团队/企业销售额统计如表6-1所示。

表 6-1　某运营团队销售额统计

周	星期一	星期二	星期三	星期四	星期五	星期六	星期日
1				8563	6611	7772	5278
2	6857	6619	6042	5191	5752	7605	6400
3	7679	6706	6794	5529	7364	6881	6586
4	5404	7180	5422	5946	5123	7221	5623
...	...	...	...	...	...	...	...
50	5507	7596	6156	7898	5789	7892	5726
51	6465	7766	6623	7022	7474	7785	6091
52	5878	6616	5498	6225	5272	6508	6939
53	5610	6586	7088	8149			
平均值	6200.00	7009.86	6231.86	6815.38	6197.86	7380.57	6091.86
加权指数	1.02	1.15	1.02	1.12	1.02	1.21	1.00
周权重指数	7.54						

运营者可以通过一年中每周的日业绩来计算周一到周日的全年日平均业绩，然后将日均业绩最低值“6091.86”即周日的日销售权重指数设置为1，那么周一到周六的日销售权重指数也可以通过计算获得，最后就可以得到周权重指数。表6-1中的“周权重指数”也被称为“企业周权重指数”，属于宏观管理数据。

有了总体运营团队与企业的周权重指数，运营者就可以反推团队或者企业中各个店铺的**日权重指数**，根据各店铺具体的情况来指定不同的绩效标准。

单独店铺的日权重指数计算方法如下：

1 统计最近两个月和去年同期一个月的店铺销售数据，剔除异常值。

2 将筛选后的数据以周为单位进行计算，得到周一至周日平均日销售额和平均周销售额。

3 完成最终计算。单独店铺的日权重指数为：

星期N的日权重指数 =（星期N的平均日销售额 ÷ 平均周销售额）× 周权重指数

某团队中A店铺部分周销售数据如表6-2所示。

表 6-2　某团队 A 店铺部分销售周数据统计

	周	星期一	星期二	星期三	星期四	星期五	星期六	星期日	周销售额
今年	25	555	741	683	923	564	761	632	4859.00
	26	873	566	792	846	650	709	575	5011.00
	27	844	672	761	673	616	823	452	4841.00
	28	591	796	780	984	864	772	507	5294.00
	29	853	847	600	919	662	895	479	5255.00
	30	824	598	765	912	800	897	686	5482.00
	31	629	712	554	802	649	724	589	4659.00
	32	890	782	793	726	585	560	528	4864.00
去年	**33**	832	800	606	960	894	851	758	5701.00
	34	884	836	663	751	666	868	784	5452.00
	35	776	762	653	710	845	873	853	5472.00
	36	705	795	657	726	834	673	665	5055.00
	平均值	771.33	742.25	692.25	827.67	719.08	783.83	625.67	5162.08
	企业周权重指数	7.54							
	店铺日权重指数	1.13	1.08	1.01	1.21	1.05	1.14	0.91	
	星期N的日权重指数=（星期N的平均日销售额/平均周销售额）*企业周权重指数								

由于单店铺的日权重指数取值范围较短，是通过3个月的数据来预估1个月的销量，因此需要每个月更新一次，以保证数据的可参照性。

最后，运营者要为节日及促销预测合适的日权重指数。对于美国站而言，多数节日是由星期来定义的，由于会产生节前购物高峰和节时低谷，多数促销也会选择在节前开启，因此可以简单对比过去2~3年的销售数据，使用：

日权重指数 = 日销售额 ÷ 单位权重（销售）值

来判定促销日和节前1周的日权重指数。

A店铺在某节前一周的历史销售数据如表6-3所示。

表6-3　A店铺节前一周历史销售数据表

	星期一	星期二	星期三	星期四	星期五	星期六	星期日	当年单位权重值
16年Prime Day周	1003	**1581**	905	891	760	626	851	773.01
17年Prime Day周	1037	**1795**	836	917	919	636	762	691.25
18年Prime Day周	1072	**1663**	**1357**	1045	900	648	643	870.27
16年日权重指数	1.30	2.05	1.17	1.15	0.98	0.81	1.10	
17年日权重指数	1.50	2.60	1.21	1.33	1.33	0.92	1.10	
18年日权重指数	1.23	1.91	1.56	1.20	1.03	0.74	0.74	
某节前一周权重指数	1.34	2.18	1.31	1.23	1.12	0.82	0.98	
日权重指数=日销售额/单位权重（销售）值								

6.2.2　周权重指数的应用

有了可量化的周权重指数，运营者就可以跳出传统的经验化运营思路，通过数据来追踪销售情况。对于亚马逊运营而言，周权重指数可以有以下三种用途：

1 分解日销售目标。如果把亚马逊店铺作为零售业的店铺进行管理，就要将绩效考核目标分解至最小可执行单元，即日销售目标。考虑到周期性的影响，可以参考以下公式制定合理的销售目标：

日销售目标 = 月销售目标 ×（日权重指数 ÷ 月权重指数）

式中，月权重指数等于全月日权重指数之和。

此上述数据为例，设A店铺月度目标为3万，则可以计算A店铺每天应该完成的销售目标，表6-4所示（具体的数据计算请参考Excel文件“销售波动周趋势分析”）。

表6-4　计算A店铺每月销售目标

	星期一	星期二	星期三	星期四	星期五	星期六	星期日
店铺日权重指数	1.13	1.08	1.01	1.21	1.05	1.14	0.91
月权重指数	**33.41**						
月度目标	30000						
A店铺日销售目标	1015	970	907	1087	943	1024	817
日销售目标=月销售目标*（日权重指数/月权重指数）							
（其中，月权重指数等于全月日权重指数之和）							

2 月度销售预测。除了制定目标以外，还可以根据每天的销售情况，及时追踪业绩完成度，实现销量的最大化。可以使用以下公式：

月销售预测值 = Σ 日销售额 ÷（Σ 日权重指数 ÷ 月权重指数）

假设今天是18号，距离月末还有12天，A店铺共完成销售额17510，完成度58.4%。此时可以根据周权重指数及时跟进，观察销量完成情况，如表6-5所示（具体的数据计算请参考Excel文件“销售波动周趋势分析”）。

表 6-5　月目标销售量情况统计

	权重指数			1-18日	7月	
本月目标	1-18日	1-31日	理论完成率	实际销售	销售预测值	预测完成度
30000	19.49	33.34	58.46%	17510	29952.97	99.84%
月销售预测值=Σ日销售额/（Σ日权重指数/月权重指数）						

3 销量对比。对于一些特殊的销售节点，比如Prime Day、黑色星期五、网络星期一等，运营者需要单独设置绩效目标，这时就要对销量进行历年的综合对比。运营者除了可以制定合适的目标外，也可以指导合理备货，避免缺货或者冗余库存的产生。

对于美国的节日而言，大多数是以星期来固定的，但也不排除以下特例：

2016年 Prime Day：7月12日星期二；

2017年 Prime Day：7月11日星期二；

2018年 Prime Day：7月16日星期二—7月17日星期三。

可以看到，2018年的Prime Day时间延长至36小时，简单做除法的对比显然是不恰当的。这时，我们可以使用**单位权重值**来衡量：

单位权重值 = Σ 日销售额 ÷ Σ 日权重指数

举例说明，假设A店在过去3年的Prime Day（仅周二单日）的销售分别为1581、1795和1663，则可以使用单位权重值，对比3年的销售状况，如表6-6所示（具体的数据计算请参考Excel文件“销售波动周趋势分析”）。

表 6-6　使用单位权重值对比 3 年销售状况

	Prime Day销售	日权重指数	单位权重值
2016年	1581	1.01	1565.35
2017年	1795	1.16	1547.41
2018年	1663	1.08	1539.81
单位权重值=Σ日销售额/Σ日权重指数			

由表6-6可以看出，A店铺近年来Prime Day的销量呈下降趋势，运营者需要进一步分析问题原因。

4 单位权重值曲线介绍。如果运营者将一段时间内每天的单位权重值进行计算并绘图，就可以得到一条单位权重值曲线，如图6-2所示（关于折线图的绘制方法，请查阅本书2.3节相关内容）。

绝对的权重曲线应该是一条直线，而现实条件下，这条单位权重值曲线将围绕某个值上下波动。通过追踪和分析这些值的分布状况，可以对店铺促销效果、特殊事件影响、新品上市、缺货等因素进行分析与评估。

由于该曲线需要实时更新和追踪，在此不建议小卖家和单店铺运营者使用。如果运营者已经拥有自己的团队和店铺群，那么可以尝试使用该方法。

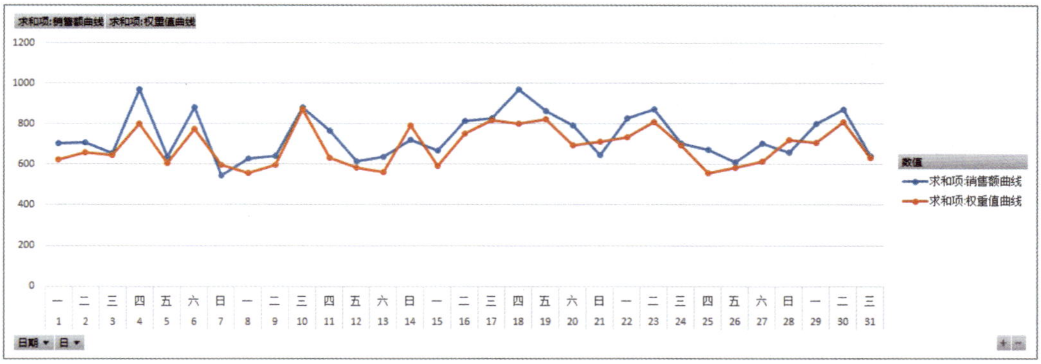

图6-2　单位权重值曲线图

6.3　淡季旺季更替的数据表现及规律

6.3.1　类目宏观流量数据分析

关于类目的宏观流量数据，有大量的第三方工具和软件可供运营者参考，本文以其中最方便的工具——Google Trends作为案例进行讲解。

Google Trends的网络页面如图6-3所示。

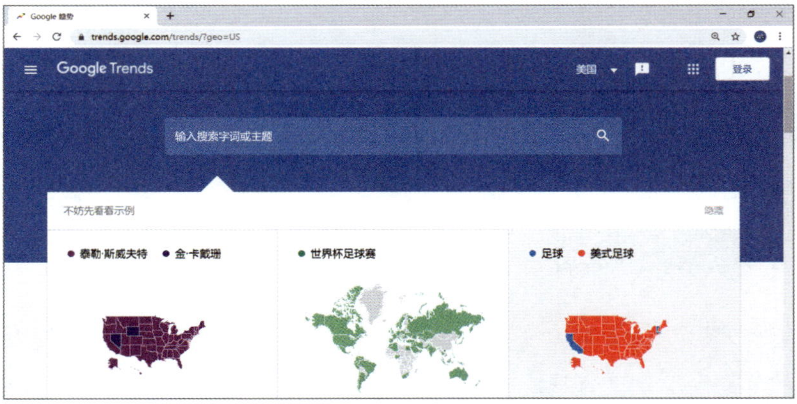

图6-3　Google Trends网络页面

在Google Trends这个工具中，使用者可以搜索任何keyword在过去某个时间段及某个国家或地区的热度，也可以将不同keyword的搜索热度进行对比，如图6-4所示。

图6-4 “dress”与“shirt”两个keyword在过去三年内的美国地区的搜索热度对比（蓝色线条与柱状图为“dress”的搜索热度，红色线条与柱状图为“shirt”的搜索热度）

关于一个类目的宏观流量大小，亚马逊运营者可以根据Google Trends上的搜索热度变化判断该类目的销量变化。虽然Google Trends上只统计了Google搜索引擎的keyword搜索热度，但是用户对于头部keyword的搜索习惯与在亚马逊平台上几乎一致，所以通过Google Trends来判断类目宏观变化是一种非常高效且简单的方式。

例如，当运营者要判断“casual dress”即“休闲裙”这一裙子大类目在亚马逊平台上的流量变化时，可以在Google Trends中直接输入“casual dress”一词，由此可以得到如图6-5所示的搜索热度变化表。

图6-5 “casual dress”的搜索热度变化表

为了方便比较，可以将生成的图表文件下载下来，然后以Excel文件的形式打开，如图6-6、图6-7所示。

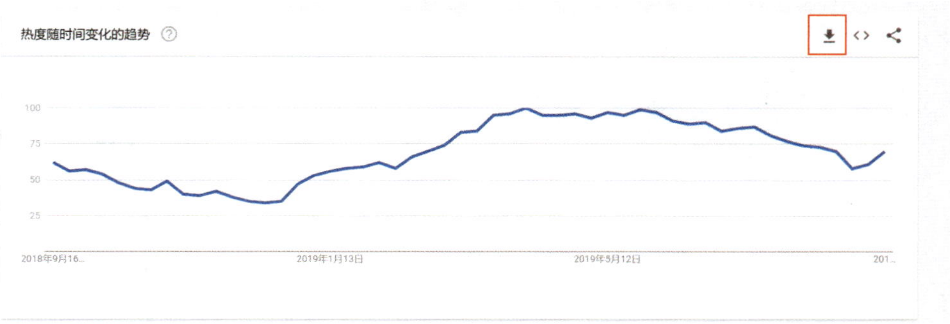

图6-6　以Excel打开图文件示例

下载完数据后，可以通过Excel生成更容易进行数据分析的折线图，如图6-8所示（关于折线图的绘图方法，请查阅本书2.3节相关内容）。

日期	搜索热度
2018/9/16	62
2018/9/23	55
2018/9/30	54
2018/10/7	54
2018/10/14	45
2018/10/21	45
2018/10/28	44
2018/11/4	47
2018/11/11	38
2018/11/18	39
2018/11/25	42
2018/12/2	38
2018/12/9	34
2018/12/16	33
2018/12/23	33
2018/12/30	48
2019/1/6	51

图6-7　以Excel文件打开表格示例

图6-8　“casual dress”搜索热度折线图

从图6-8中可以看出，“casual dress”这一类目产品的搜索热度在每年的9月至次年的2月属于低迷期，而每年的3月至同年的9月为高峰期。因此，运营者可以得到如下结论：

1 当“casual dress”搜索热度大于60时，可以判断该类目进入高流量时段；

2 当“casual dress”搜索热度小于60时，可以判断该类目进入低流量时段；

3 当“casual dress”搜索热度在60左右时，可以判断该类目进入中等流量时段。

同时，运营者还可以通过Google Trends工具对美国各个地区的keyword搜索热度进行对比，从而能更客观地把握某一类目产品的流量波动规律，如图6-9所示。

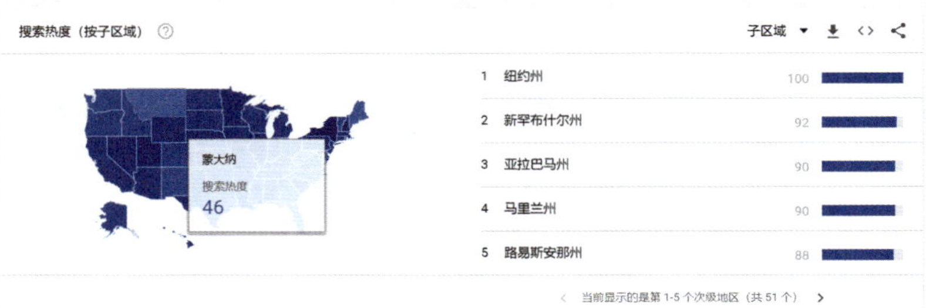

图6-9　某类目产品的流量波动示例

需要注意的是，通过Google Trends运营者只能从宏观上把握某一类目的淡旺季更替，其时间误差一般为1周~1个月不等。如果运营者想要具体了解某一细分产品的流量及销量数据，请查阅本书7.4节与6.3.2节相关内容。

6.3.2　产品微观销售量数据分析

相对于一个类目的淡旺季更替，产品本身更强调“产品生命周期”的把控，如图6-10所示。

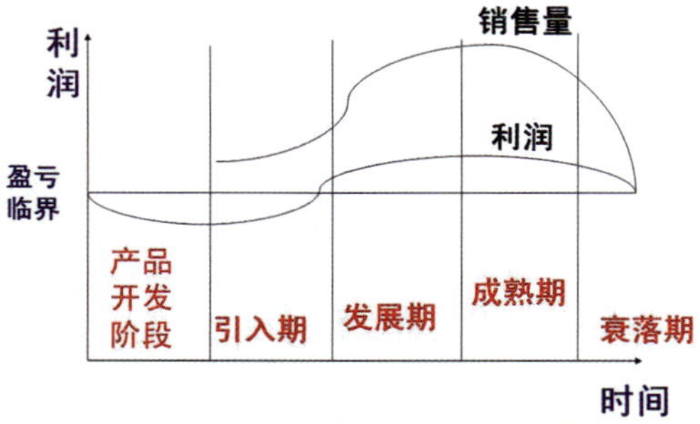

图6-10　产品生命周期示意图

产品生命周期（product life cycle），亦称“商品生命周期”，是指产品从投入市场到更新换代和退出市场所经历的全过程。是产品或商品在市场运动中的经济寿命，也指在市场流通过程中，由于消费者的需求变化以及影响市场的其他因素所造成的商品由盛转衰的周期，其主要是由消费者的消费方式、消费水平、消费结构和消费心理的变化所决定。一般分为开发期、引入期、发展期、成熟期、衰落期五个阶段。

相对于产品的“成熟期”和“衰退期”而言，运营需要更加重视产品的“开发期”“引入期”和“发展期”。本小节将以爆款产品和普通商品的流量及销量变化为例进行讲解。

如图6-11所示，图中灰色线条代表“爆款”产品“3”，橙色与蓝色线条代表其他两个普通款式，从图中可以发现爆款流量变化具有一个明显特点：“爆款”商品流量呈指数上涨，其流量远高于其他款式。

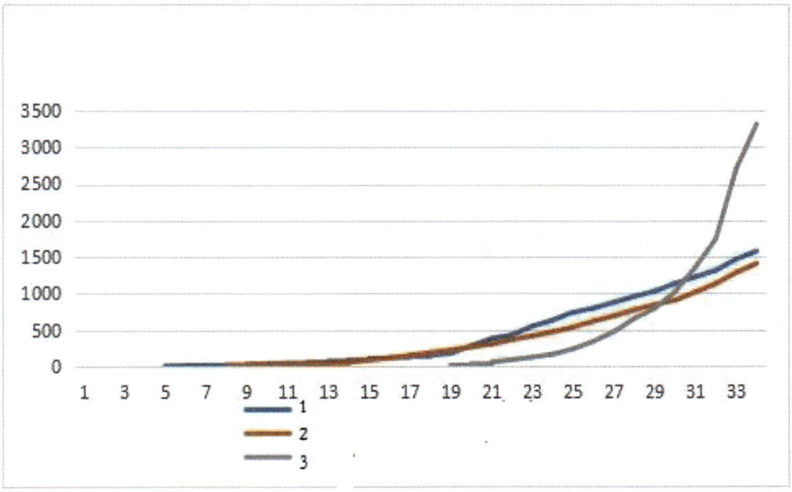

图6-11　产品流量变化示意图（图中3号产品为爆款产品，其流量数值在最后1周内出现指数性增长）

根据流量转化率公式，运营者可以得到第一个结论：在流量指数上涨的前提下，“爆款”商品的订单额也几乎呈现指数上涨趋势。

如图6-12所示，图中的折线图表示了3个款式订单数量的变化。根据亚马逊的排名算法，在“爆款”商品销量快速增加的同时，“爆款”商品的排名相对于普通款式也会出现一个快速上升的趋势。虽然部分类目的“爆款”商品可能还会受季节和天气等因素的影响，但是无论如何，“爆款”商品在流量、排名与销售量上的表现都非常出色。

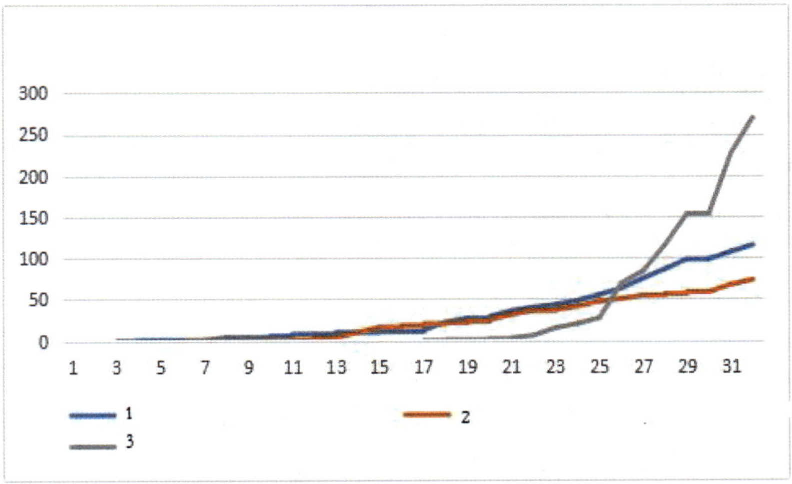

图6-12　产品订单量变化示意图

了解了“爆款”商品的各项数据特征后，运营者就可以结合这些特征来观察产品的微观销量变化，从而判断该产品是否有潜力成为下一个“爆款”。关于亚马逊站内商品的排名数据抓取方法，以及该商品对应的listing销量波动分析技巧，请查阅本书7.4节与7.6节相关内容，本小节不再赘述。

6.4 不同keyword有效曝光市场容量分析

注意：6.4章节所讲解的图表示例对应Excel文件“keyword有效曝光市场容量分析”，请根据自身学习需要自行下载查看。

在亚马逊平台上，搜索不同的keyword会显示不同的商品搜索页面，但是这并不意味着所有keyword的有效曝光市场容量是一致的。本书5.11节中已经提及了“流量流失率”这一概念，在keyword的曝光页面中，运营者也可以使用类似的概念来推断不同keyword的有效曝光市场容量。

那么什么是keyword的有效曝光市场呢？举例而言，虽然每个keyword都会对应几百、上千甚至上万的搜索结果，但是并不意味着搜索该keyword的用户都会看到这几百、上千甚至上万的搜索结果，因为这其中涉及“流量流失率”。因此，**如果一个listing在某个keyword的搜索结果下会占有相对较高的流量，那么它就属于该keyword的有效曝光范围内，所有这些有效曝光的listing数量总和就是该keyword的有效曝光市场容量。**

在亚马逊平台上，所有的listing都会根据销量信息被A9算法指定一个销售排名，如图6-13所示。

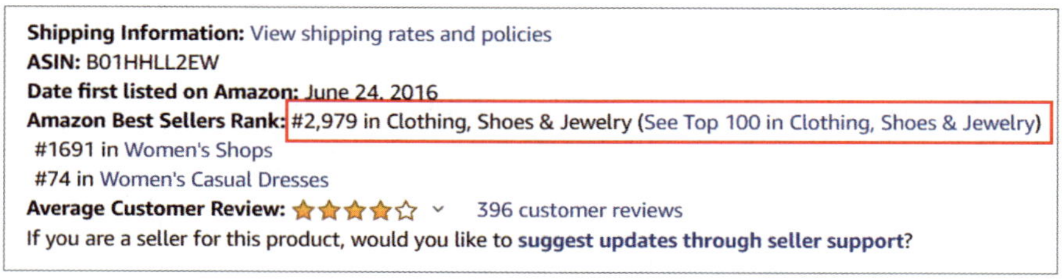

Shipping Information: View shipping rates and policies
ASIN: B01HHLL2EW
Date first listed on Amazon: June 24, 2016
Amazon Best Sellers Rank: #2,979 in Clothing, Shoes & Jewelry (See Top 100 in Clothing, Shoes & Jewelry)
#1691 in Women's Shops
#74 in Women's Casual Dresses
Average Customer Review: 396 customer reviews
If you are a seller for this product, would you like to suggest updates through seller support?

图6-13 服装类产品的销售排名

因此，运营者可以使用某一keyword下所有listing的排名波动趋势来判断该keyword的有效曝光市场容量，其判断标准为：**如果不同listing之间排名波动较小，则可以认为该listing仍处于有效曝光市场内，如果不同listing之间排名波动非常大且已经没有收敛趋势，那么可以认为该listing及其之后的所有listing不处于有效曝光市场内。**

本小节将以“short sleeve casual dress”与“long sleeve maxi dress”为例进行讲解，如图6-14与图6-15所示。

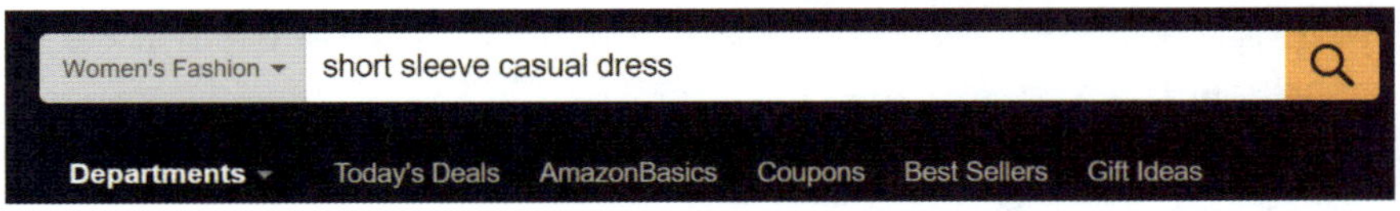

图6-14 “short sleeve casual dress”示意图

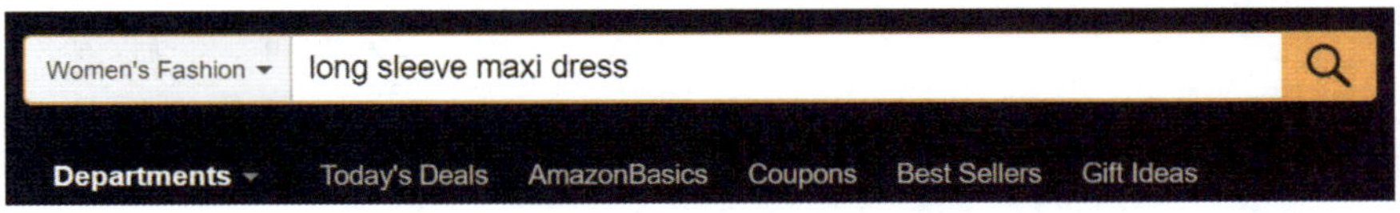

图6-15 “long sleeve maxi dress”示意图

在亚马逊美国站搜索“short sleeve casual dress”与“long sleeve maxi dress”，然后分别记录下两个keyword曝光页面下前48个listing“Clothing, Shoes & Jewelry”排名数据，完成后的Excel如图6-16所示（排名记录时间为2019年7月8日）。

记录好listing的排名数据后，运营者可以通过Excel软件绘制排名对比的折线图，如图6-16所示（关于折线图的绘制方法，请读者查阅本书2.3节相关内容）。

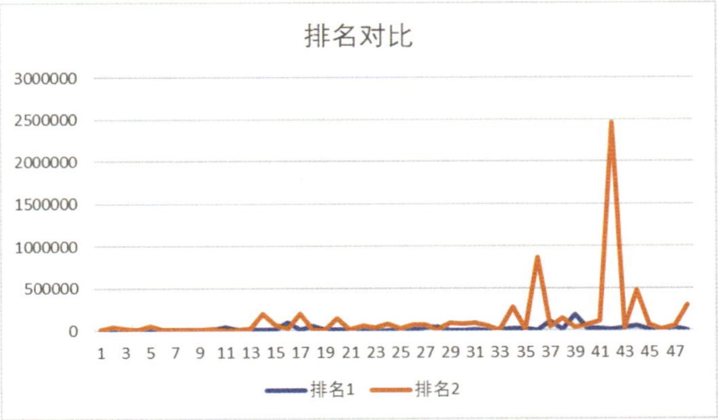

图6-16 排名对比折线图

如图6-16所示，**通过折线图直接比较排名只能看出两个keyword中哪个keyword中的搜索流量大、首页订单量大，但是并无法精确判断每个keyword的市场容量大小。**因此，为了方便计算市场容量，运营者需要计算**排名权数**。排名权数的计算方式：**选择排名中的最小排名数值为A，将所有排名数值除以A，再开平方，就可以计算出排名权数，利用该数值就可以比较不同类目的排名波动信息。**

通过计算，可以得到“short sleeve casual dress”与“long sleeve maxi dress”各自前48个listing的排名权数，新表格如表6-8所示（读者可以直接打开“keyword有效曝光市场容量分析”的Excel查看数据）。

然后运营者就可以结合排名权数，生成新的折线图，如图6-17所示（关于折线图的绘制方法，请查阅本书2.3节相关内容）。

表6-7　排名记录表（排名1对应“short sleeve casual dress”，排名2对应“long sleeve maxi dress”）

曝光位序	排名1	排名2
1	333	7325
2	8768	33787
3	2898	13958
4	211	9430
44	54448	463425
45	5903	58723
46	4908	1030
47	24893	54315
48	294	288048

表6-8　48个listing排名权数

曝光位序	排名1	中间数值1	排名权数1	排名2	中间数值2	排名权数2
1	333	9.00	3.00	7325	348.81	18.68
2	8768	236.97	15.39	33787	1608.90	40.11
3	2898	78.32	8.85	13958	664.67	25.78
4	211	5.70	2.39	9430	449.05	21.19
44	54448	1471.57	38.36	463425	22067.86	148.55
45	5903	159.54	12.63	58723	2796.33	52.88
46	4908	132.65	11.52	1030	49.05	7.00
47	24893	672.78	25.94	54315	2586.43	50.86
48	294	7.95	2.82	288048	13716.57	117.12

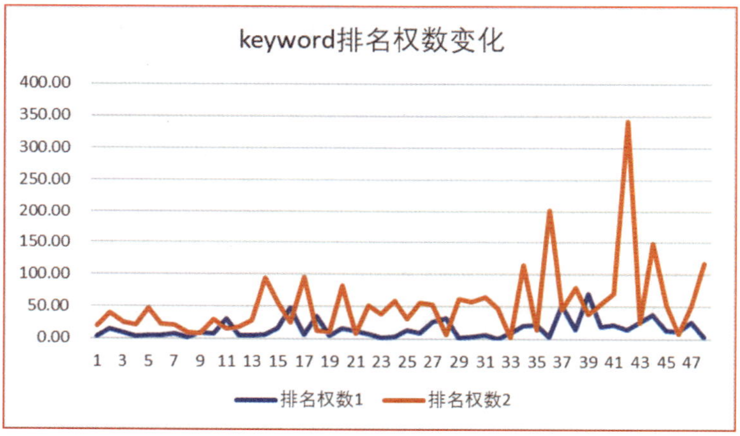

图6-17　keyword排名权数变化图

如果排名权数发生剧烈波动，说明从该排名开始不再属于“有效曝光”的区域，如图6-18所示，“排名权数2”从35名后开始剧烈波动，因此该keyword即“long sleeve maxi dress”的有效曝光市场容量为35名，而“排名权数1”至少在排名48内即首页范围内都没有大幅度波动，说明该keyword即“short sleeve casual dress”的有效曝光市场容量至少为48名。

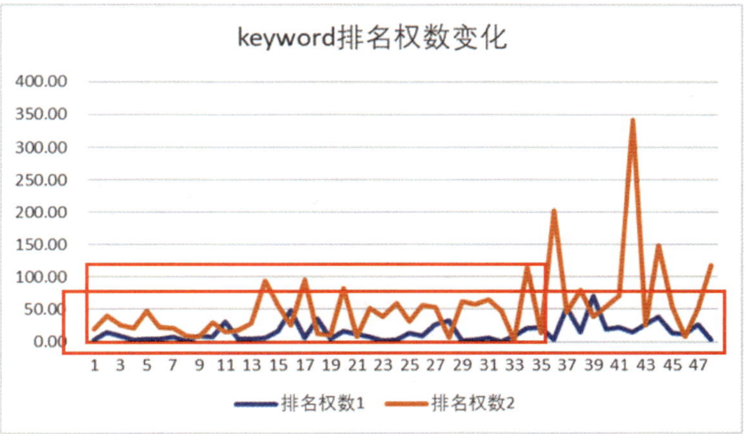

图6-26　keyword排名权数变化分析示意图

6.5　不同keyword市场竞争度分析

市场竞争度可以用keyword市场前列产品在前几页的平均曝光时长来衡量。例如，要分析“casual t-shirt”这一keyword的市场竞争度，可以计算前3页曝光中不同listing在前三页的曝光时长。方法如下：

1 首次记录时记下前3页所有listing的标题、图片信息和listing网址；

2 每隔8小时对每个listing确认其是否还在该keyword下的前三页内曝光，如果还在曝光，曝光时间增加8小时，否则曝光时间记为0小时；

3 重复第2步，连续记录15~30天，直到至少50%的listing已经不在前三页曝光；

4 计算在该keyword下每个listing的平均曝光时长，其数值越大代表竞争度越低，数值越小代表竞争度越大。

相对于不同keyword有效曝光市场容量的分析，不同keyword市场竞争度的分析要较为简单方便。**对于竞争度较大的keyword市场，运营者可以将重心放在站外营销（详见本书8.2节相关内容）、review营销（详见本书11.2节相关内容）等环节来加大自身listing的竞争力。对于竞争度较小的keyword市场，运营者可以将重心放在转化率优化（详见本书5.10节相关内容）、关键字优化（详见本书5.11节相关内容）、用户画像决策（详见本书第4章相关内容）。**

第7章

产品体系数据化

如何确定自己的产品定位？如何实现数据化选品？如何在众多产品中做出取舍？

7.1 产品类目市场的选择

注意：7.1章节所讲解的图表示例对应Excel文件“红海 蓝海 低流量类目判断”，请根据自身学习需要自行下载查看。

在本节的内容中，笔者将以女装产品中的“Coats，Jackets & Vests”类目为例进行分析。分析该类目的第一步是分别记录所有“Coats，Jackets & Vests”中各个类目排名5、30和80产品的“Clothing，Shoes & Jewelry”排名以及对应的经验推导销量，其中抓取的“Clothing，Shoes & Jewelry”排名信息如图7-1所示。

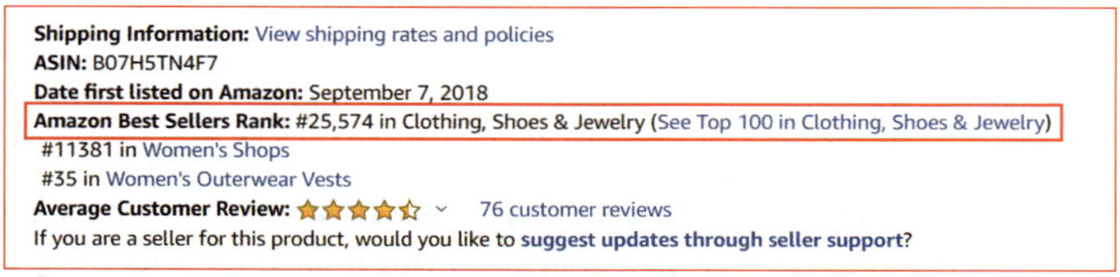

Shipping Information: View shipping rates and policies
ASIN: B07H5TN4F7
Date first listed on Amazon: September 7, 2018
Amazon Best Sellers Rank: #25,574 in Clothing, Shoes & Jewelry (See Top 100 in Clothing, Shoes & Jewelry)
#11381 in Women's Shops
#35 in Women's Outerwear Vests
Average Customer Review: 76 customer reviews
If you are a seller for this product, would you like to suggest updates through seller support?

图7-1 “Clothing, Shoes & Jewelry”排名信息

如图7-1所示，这里抓取的“Clothing，Shoes & Jewelry”排名旨在了解一个产品的销量信息，而通过头部排名第5位、中部排名第30位、尾部排名第80位的产品销量信息就可以推断出一个类目的整体销量波动趋势。在实际运营过程中，运营者可以根据类目不同适当调整排名序号，如抓取头部排名第10位、中部排名第40位、尾部排名第90位……

需要注意的是，从排名到销量的推导过程属于经验推导，当运营者在亚马逊平台

的某一类目中有过将产品从几万名成长为类目top100的经验后，该运营者对于每个“Clothing, Shoes & Jewelry”排名就可以通过运营经验推导出大概的销量。

记录完所有数据后，最终完成的排名及销量数据如图7-2所示。

小类目排名、大类目排名、销量信息	Women's Coats, Jackets & Vests	Women's Down Coats & Parkas	Women's Wool & Pea Coats	Women's Trench, Rain & Anoraks	Women's Quilted Lightweight Jackets	Women's Casual Jackets	Women's Denim Jackets	Women's Leather & Faux Leather Jackets & Coats	Women's Fur & Faux Fur Jackets & Coats	Women's Outerwear Vests	Women's Active & Performance Outerwear
类目排名5产品的“Clothing, Shoes & Jewelry”排名	482	1264	4478	1768	6885	5616	6312	2100	6834	1973	881
类目排名30产品的“Clothing, Shoes & Jewelry”排名	2074	9677	15178	11857	31887	22648	40597	34912	63674	11667	7842
类目排名80产品的“Clothing, Shoes & Jewelry”排名	4073	24536	40105	26463	176925	53181	98846	63357	880130	31311	24110
类目排名5产品的推导日销量	70	55	20	40	20	20	20	40	20	40	60
类目排名30产品的推导日销量	40	15	8	15	5	6	4	5	2	15	16
类目排名80产品的推导日销量	22	5	3	5	0	2	0	1	0	5	5

图7-2 “Coats, Jackets & Vests”类目下各个小类目排名与销售数据对比

如图7-2所示，图表的上面3行分别为各类目排名5、30、80产品的“Clothing, Shoes & Jewelry”排名，下面3行则为该排名推导出的此产品一天的出单量。通过观察图表，运营者可以发现如下规律：

1 在类目“Women's Down Coats & Parkas”“Women's Leather & Faux Leather Jackets & Coats”“Women's Active & Performance Outerwear”中，排名第5的产品销量与排名第30和第80的销量存在巨大差距。虽然这3个类目从“Coats, Jackets & Vests”排名中看到每天的出单总量比较乐观，但是其类目出单量基本被top10产品垄断①，因此这些类目为“垄断类目”。

2 在类目“Women's Wool & Pea Coats”“Women's Casual Jackets”中，排名5、30、80的产品销量和排名差距相比于其他类目差距较小，虽然此类目流量不大但是出单量分布均匀，竞争较小，所以这些类目为“蓝海②类目”。

3 在类目“Women's Quilted Lightweight Jackets”“Women's Denim Jackets”“Women's Fur & Faux Fur Jackets & Coats”中，可以发现这3个类目整体流量较小，即使排名top5出单量也不大，所以这些类目为“低流量类目”。

4 在类目“Women's Coats, Jackets & Vests”中，我们能发现该类目流量/单量巨大，排名5、30、80的产品虽然有一定的销量差距，但是这些差距并不是呈指数倍的增长或者下降，因此该类目产品竞争非常激烈，是典型的“红海③类目”。

针对以上这些类目的分析，运营者可以对需要上架的新产品做出如下决策：

① 垄断（英语：Monopoly），或称卖者垄断、独卖、独占，一般指唯一的卖者在一个或多个市场，通过一个或多个阶段，面对竞争性的消费者。

② 蓝海市场属于市场的一种类型，蓝海代表当今还不存在的产业，这就是未知的市场空间。

③ 红海市场属于市场的一种类型，红海代表现今存在的所有产业，也就是已知的市场空间。

1 如果对产品款式非常有信心，认为该款式一定为下一个阶段的类目“爆款”，那么必须上架到“红海类目”中，因为该类目拥有所有类目中最大的流量与曝光率，产品的成长周期会大大缩短，如运营得当可以使产品获得最大的订单量。

2 如果新上架的产品仅仅属于“款式一般”且“能卖的款式”，推荐上架到“蓝海类目”，因为这种类目竞争不激烈，流量中等，也不会遇到那些垄断流量的巨头。一旦运营者将这类产品上架到“蓝海类目”后，其款式的成长上限就被限制了，因为即使产品listing排到该类目的top1，其销量也很有可能不及“红海类目”的排名50名的产品，所以运营者一定要在产品上架前把控好产品市场潜力的大小。

3 如果是“过季产品”，“没什么信心的产品”或者“测款产品”，推荐上架到绿色的“低流量类目”，这些类目因为整体流量较低，竞争度非常小。比如在“Women Quilted Lightweight Jackets”类目中，如果产品listing每天能稳定出1~2单，那么该listing就已经能够排到类目top100中。listing流量=广告流量+搜索流量+排名流量+关联流量，因此关联流量与排名流量是listing流量的重心之一，对于那些可能在“红海类目”或者“蓝海类目”都没什么竞争力的产品，运营者不妨将产品上架到“低流量类目”中，提前通过广告让产品出单然后进军类目top100，再通过类目排名提升获得的排名流量和关联流量让产品慢慢地卖出去。

4 当运营者对自身产品非常有信心，且在FBA、营销、广告经费等一应俱全的情况下，可以将产品尝试上架到“垄断类目”中。需要注意的是，一旦发现产品出单量很低或者无法出单，运营者需要立即更换类目。灰色的“垄断类目”一旦攻克下来可以带来近乎完美的市场占有率和出单量，这除了需要高超的运营技巧更需要出色的营销手段，单单依赖产品和运营很难在这些类目中让产品排到top5或者top10。

总之，除了部分类别清楚的上架类目，许多类目的分类较为模糊，如果运营者在新品上架前不做适当的类目分析，就容易误入较难出单的冷门类目。同时，所有的类目选择是根据“产品卖点”“类目流量大小”“类目竞争对手”等要素来判断的，只有在详尽地类目分析后，运营者才可以去精确地抢占该类目的市场。

7.2 产品价格定位

7.2.1 成本定价

成本定价是一种比较稳定的定价方法，它可以最大程度保证销售利润率，也是各种定价方式的基础。其定价公式如下：

自发货产品售价 = 产品成本+平台佣金+期望利润+其他

FBA产品售价 = 产品成本+平台佣金+FBA头程均摊费用+FBA费用+期望利润+其他

以常规的价格推算为例，假设产品的采购成本是30元人民币，产品重量是500g，售价30美元（191元人民币），国内的物流费以物流价格每公斤1.3元，那么单个产品的国内物流费是：0.5kg× ￥1.3/kg= ￥6.5（不同物流公司价格有所差异）。

如果头程物流费以美国的空运费每公斤32元人民币计算，0.5kg× ￥32/kg= ￥16（具体价格随时变动）。

亚马逊平台佣金是售价的15%：\$30×15%=\$4.5，折合人民币29元。

FBA配送费单个产品大概是2~3美元（体积越大，价格越贵），折合人民币15元。

那么，产品的单个运营成本是：30+6.5+16+29+15=96.5元人民币。

单个产品的毛利润是：191 - 96.5 = 94.5元人民币，因此产品毛利润率大概是50%。

毛利润96.5元中需要减去一定的退货、产品广告费、运营成本、人员成本，再减去0.5%~1%的汇损，最终如果退货和广告费能够控制好，那么产品的净利润率是35%~45%。

7.2.2 现行价格定价。

对于普通商家而言，即使不以规模化的方式运营，也可以采取随行就市的方法，即每次产品定价都比大卖低1~2美元。在这个过程中，可以使用亚马逊官方提供的亚马逊利润计算器通过利润计算器来确认产品是否存在盈利空间，是否适合发FBA。

7.2.3 心理定价

心理定价属于技巧性的定价调整，即通过对价格的调整提高成交概率。一般来说有“尾数定价”和“招徕定价”两种手段。

尾数定价，即给产品定一个“xx.99”零头数结尾的非整数价格，如图7-3所示。

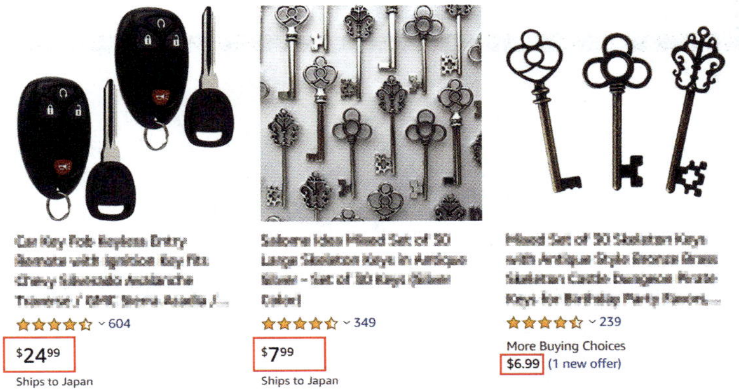

图7-3 尾数定价

招徕定价，即将个别子SKU设置一个较低的前台显示价格，其操作方法是在后台设置价格时将不同的子产品设置不一样的价格，如图7-4所示。

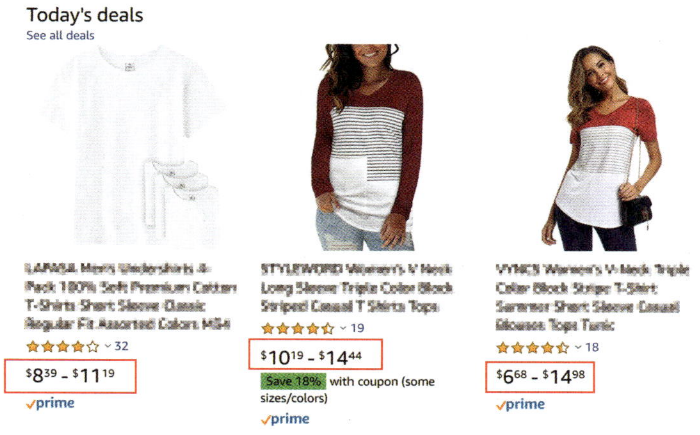

图7-4　招徕定价

“尾数定价”和“招徕定价”两种定价都是通过低价的方法吸引买家进行点击，使用也比较广泛。

7.2.4　产品价格区间及竞争度判断

注意：7.2.4小节所讲解的图表示例对应Excel文件“产品价格竞争度判断”，请根据自身学习需要自行下载查看。

在不同的keyword搜索结果下，产品会体现不一样的价格区间及竞争度，本小节笔者将以“Women’s Fashion”大类下“casual dress for women”这一keyword组合为例进行阐述，如图7-5所示。

图7-5　“casual dress for women”示例

在利用Excel进行产品价格分析时，运营者需要记录所有产品的排序、产品的曝光价格及review评分，如图7-6所示。

一般进行价格分析需要记录至少100个listing数据，本次案例以“Women’s Fashion”大类下“casual dress for women”搜索排名前100的listing作为数据源进行分析。当在Excel中记录完所有数据后，需要计算“累计平均价格”，其数值为当前listing价格与先前记录listing价格的平均值。例如，如果前2个listing的价格为\$10与\$20，那么“累计平均价格”为(10+20)÷2=15，如果前3个listing的价格为\$10、\$20与\$30，那么“累计平均价格”为(10+20+30)÷3=20，依此类推。最后，运营者就可以结合数据利用Excel进行可视化分析，如图7-7所示。

图7-6　产品曝光价格及review评分

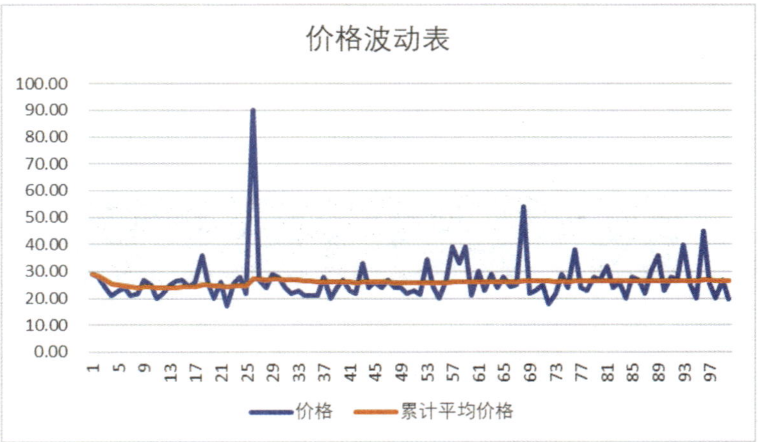

图7-7　不同listing价格（蓝线）与累计平均价格（橙线）波动示意图

如图7-7所示，虽然不同listing价格波动较大，但是随着listing价格统计的数量增多，“累计平均价格”数值最终趋于定值，如图7-8所示。

如图7-8所示，“累计平均价格”在经历了震荡后最终趋于定值，结合Excel可以了解该定值约为26.6美元（读者可以查阅“产品价格竞争度判断”Excel中的数据）。

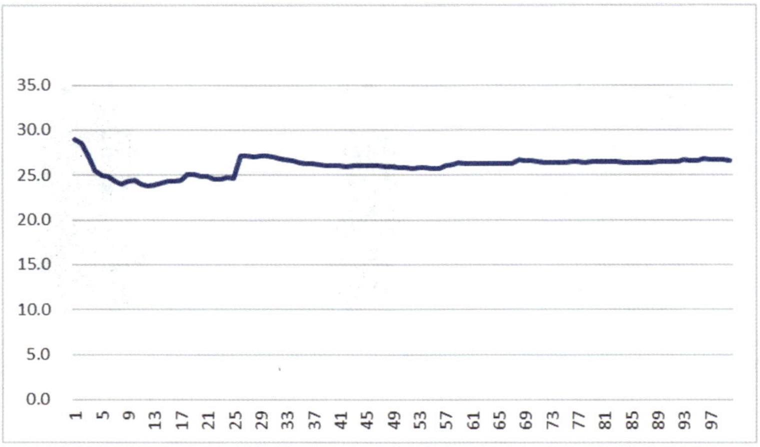

图7-8　累计平均价格波动示意图

当完成了价格波动分析后，运营者可以根据“listing排序”“review评分”来判断“累计平均价格”所得到的价格数值的竞争度。其判断逻辑为：如果价格处于“累计平均价格”的“listing排序”偏高，或者价格处于“累计平均价格”的listing其“review评分”偏高，那么就说明该“累计平均价格”具有较高的竞争度。在Excel中，如果需要将数据以某种规则进行区分，需要用到“排序与筛选”中的“筛选”功能，运营者首先需要选定“产品价格竞争度判断”Excel中的第一行，如图7-9所示。

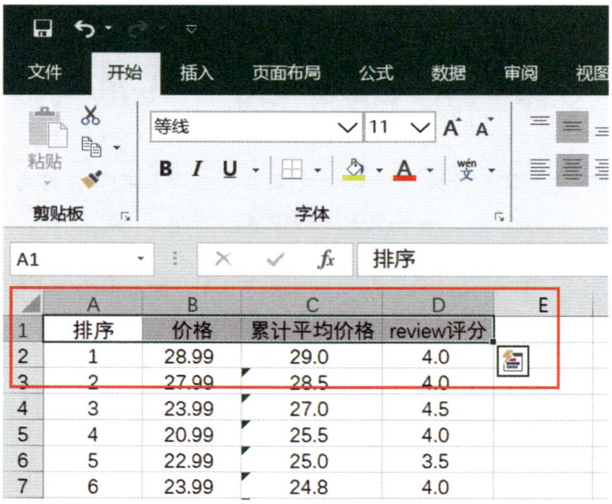

图7-9　选择“产品价格竞争度判断”示意图

然后选择“开始”栏中右端的“排序与筛选”选项，点击“筛选”，如图7-10所示。

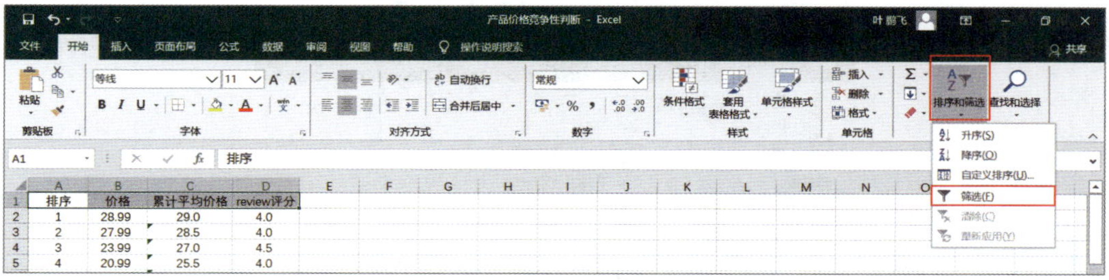

图7-10　点击“筛选”操作示意图

操作完成后，就会发现Excel中第一行多了下拉按钮，如图7-11所示。

	A	B	C	D
1	排序	价格	累计平均价	review评
2	1	28.99	29.0	4.0
3	2	27.99	28.5	4.0
4	3	23.99	27.0	4.5
5	4	20.99	25.5	4.0
6	5	22.99	25.0	3.5
7	6	23.99	24.8	4.0

图7-11　生成下拉按钮

之后就需要结合先前得到的“累计平均价格”波动图判断价格区间，如图7-12所示。

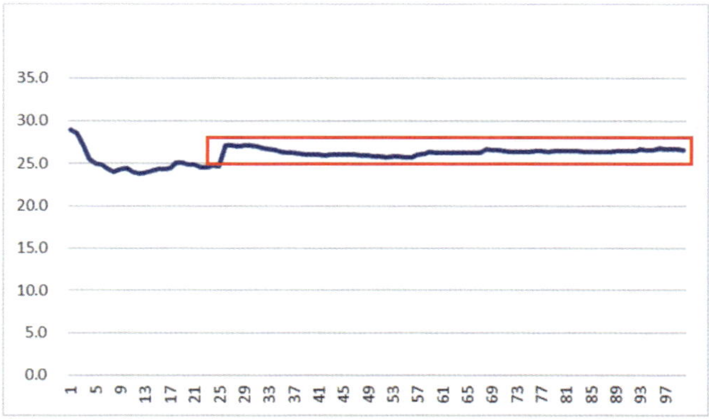

图7-12　利用“累计平均价格”波动图判断价格区间

如图7-12所示，排除掉最初“累计平均价格”剧烈波动的部分，其数值稳定区间为25~27，那么$25~$27就是运营者需要去筛选判断的价格区间，即价格大于等于25美元且小于等于27美元的区间。

运营者需要通过上文中提及的“筛选”操作完成价格区间划分。首先点击“价格”单元格右边的下拉菜单，选择“数字筛选”，点击“自定义筛选”，如图7-13所示。

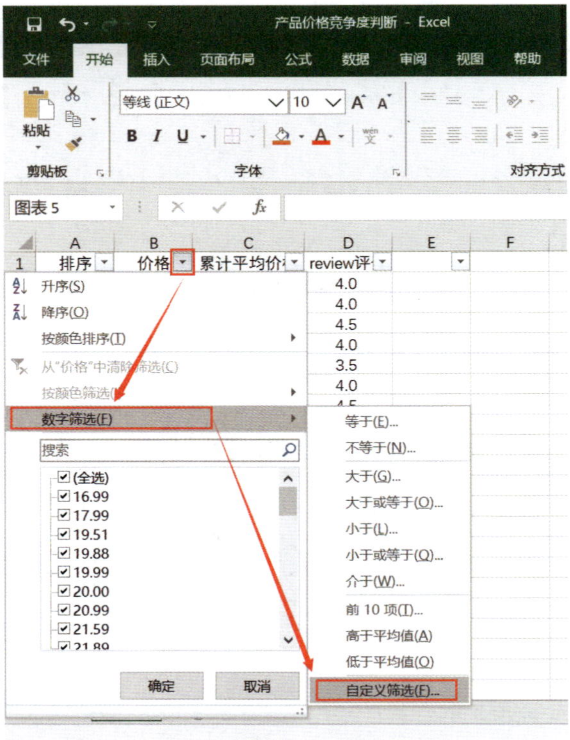

图7-13　点击“自定义筛选”操作示意图

在弹出的选项框中，第一栏选择“大于或等于”，数值填写“25”，第二栏选择“小于或等于”，数值填写“27”，然后点击右下角的“确定”按钮，如图7-14所示。

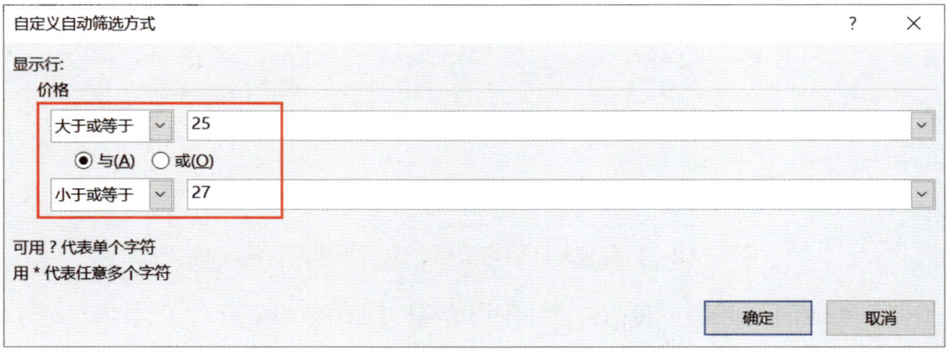

图7-14　自定义筛选方式示意图

操作完成后，就可以得到如图7-15所示的新表格。

排序	价格	累计平均价	review评
9	26.99	24.3	4.5
13	25.00	23.9	4.5
14	26.62	24.1	4.5
15	26.99	24.3	3.5
17	25.99	24.4	4.0
19	25.40	25.1	4.0
21	26.00	24.9	4.5
23	25.98	24.6	4.0
27	26.99	27.1	4.0
40	26.95	26.1	4.0
45	25.99	26.0	4.0
47	26.99	26.0	4.0
56	26.99	25.8	4.5
80	26.99	26.4	4.5
83	25.99	26.5	4.5
86	26.99	26.4	4.5
92	26.99	26.5	4.5
97	25.31	26.7	4.0
99	26.99	26.7	4.5

图7-15　自定义筛选生成新表格

通过Excel中的数值计算可得，处于\$25~\$27的listing平均排序为46.47，review平均评分为4.2，而所有listing的平均排序为50，review平均评分为4.2。这就说明处于\$25~\$27的listing平均排序优于所有listing的平均排序即46.47<50，且review平均评分不低于总体均值，那么运营者就可以使用\$25~\$27这一价格区间，也可以直接以\$26.6的“累计平均价格”作为自身产品的价格。

7.3　产品图片分析

7.3.1　产品图片种类选择

亚马逊平台的产品图片多种多样，不同类目产品有着不同的产品主图上传规则，因此本小节将从标品与非标品两个角度对产品图片种类的选择方法进行阐述。

1．标品的划分

1 功能层：标品在功能性方面扮演着刚需的角色，如垃圾袋为了装垃圾、照相机是为了摄影照相等。

2 质量层：买家对标品的品质认知较强，首先是商品材质和工艺的通用标准，如买一盒筷子其材质分别是竹筷、不锈钢、塑料等。其次是名品（知名品牌），多数情况下品牌的定位和知名度意味着质量（品控），如戴尔的电脑、华为的手机等。最后是销售量，买家都认为大多数人买的就是好的。

3 价格层：在上述条件一致且不超出常识逻辑情况下，价格往往是决定性因素。

大部分买家对标品的认知比较明确，通过了功能、品质、价格三关后随即下单，因素排序分别为功能＞价格＞品质。因商品同质化严重且买家主观性强，多半无须过多挑选便完成付款。

2．标品的产品图片种类选择

标品的主图图片可以理解为产品整体图＋产品细节＋场景图＋信息图。产品整体图属于电商运营的基本功，不再赘述；产品细节方面，请查阅7.3.2节相关内容；信息图方面，请查阅7.3.3节相关内容。

除了以上要素外，标准品的主图也可以使用场景图。以书桌为例，在亚马逊平台上有两大类书桌主图：一类为场景图，如图7-16所示；另一类则是经典的产品图，如图7-17所示。

图7-16　标品场景图

图7-17　标品产品图

因此，当运营者涉及标品的销售业务时，除了要考虑主图的色调、拍摄角度、光亮等基本要素外，还需要仔细考量产品主图的定位，从而在场景图与产品图之间做出恰当的选择。

那么如何进行主图分析呢，一般分为以下几个步骤：

1 搜索自身类目定位，根据竞争程度，分析搜索排名前5~20页产品的主图分类。

2 确定产品的决定性要素，如价格、颜色、尺寸等，观察要素与主图分类的联系。

3 数据可视化，确认自身产品主图定位。

下面以“table”类产品为例进行阐述。首先在亚马逊平台上搜索相关产品，如图7-18所示。

图7-18 “table”类产品具体搜索词汇对应其搜索结果示意图

然后统计前列产品的两种主图的数量。我们统计了前10页listing主图中场景主图与产品主图各自的数量，如图7-19所示。

根据图7-19所示的数据，可以绘制成如图7-20所示的折线图。

页数	场景主图	产品主图
1	11	17
2	10	18
3	14	14
4	8	20
5	8	20
6	13	15
7	23	5
8	18	10
9	21	7
10	18	10

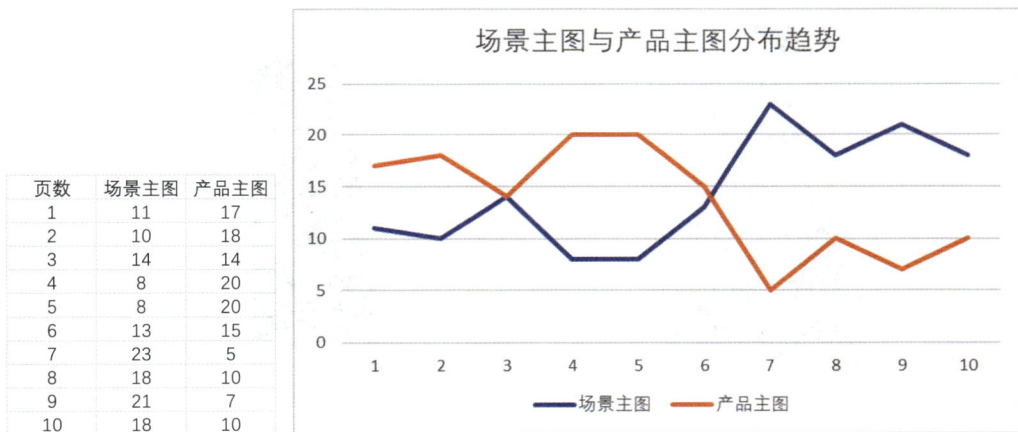

图7-19 “table”类产品场景主图与产品主图数量对比

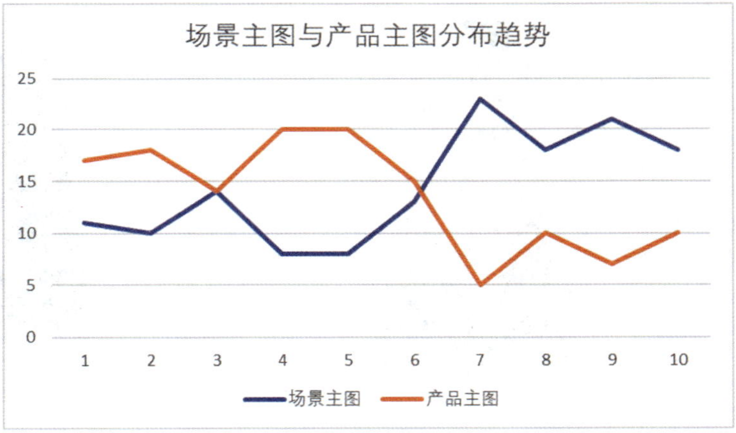

图7-20 “table”类产品场景主图与产品主图趋势分析示意图

通过分析图中数据波动，运营者可以得出如下规律：

1 随着搜索页数的提升，以产品主图为表现形式的listing逐渐减少。

2 随着搜索页数的提升，以场景主图为表现形式的listing逐步增加。

根据如上规律，运营者可以做出如下推断：单以“table”这一关键字而言，产品主图的竞争力要远大于场景主图。因此，如果运营者自身的产品是要以“table”关键字为切入点进行销售，必须使用产品主图作为表现形式。

3．非标品的划分

1 功能层：买家对商品的功能需求没有绝对标准，如女装类目的买家需求是好看，在没同款比较的情况下，“好看”这一因素占购买意向的大比重。

2 质量层：非标品的商品材质和工艺标准数不胜数，买家对非标品的品质认知比较弱，且较少作为核心购物因素，品牌对于非标品的质量甄别标准多为锦上添花之举。例如服饰，买家很难通过图片分辨质量层级。

3 价格层：非标品的价格因素影响较小，往往呈现分段式波动。

大部分非标品买家的购物意向相对模糊，除了品质和价格外，对商品的功能并没有明确的需求，就像纯粹的“逛街行为”。

4．非标品的产品图片种类选择

以服装/鞋帽产品为例，非标品一般为白底图片，其主图选择无非是考量产品展示角度与模特选择，例如正面/侧面展示，黑人/白人模特展示，如图7-21、图7-22、图7-23所示。

在服装类产品的上架过程中，除了以上展示角度的不同外，运营者还可以将图片稍加改动作为新品上架。

图7-21　产品背面展示

图7-22　产品侧面展示

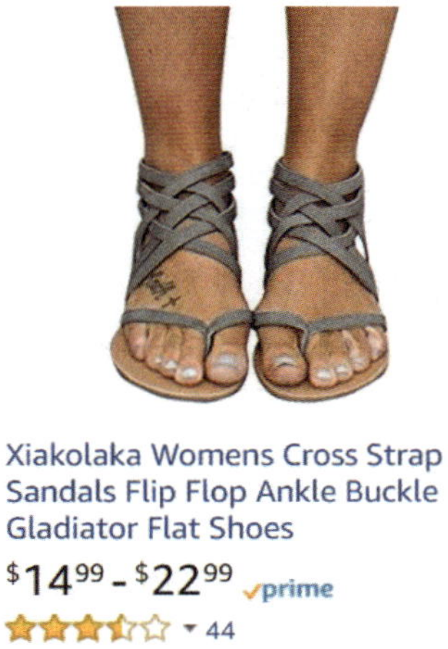

图7-23　产品正面展示

图7-24　服装类产品主图示意图

以图7-24所示的服装类产品主图为例，假设该款式是爆款产品，那么其卖点可分为如下几个要素：

1 吊带设计；
2 蕾丝上衣；
3 镂空花纹；
4 破损牛仔短裤。

如果运营者仔细考量上述四个要素，可以发现前三个要素针对的为上身搭配，而最后一个要素针对的为下身搭配，当卖点要素的主体不同时，运营者就可以将主体进行拆分。因此，对于该产品，运营者可以将原本的主图拆分为上半身与下半身图片，如图7-25所示。

图7-25　将原来的产品主图一拆为二

拆分完成后，运营者可以选择上衣以及牛仔短裤的类目，将产品以新品的形式进行上架销售。如果这个套装是爆款，那么单独截取出来的上半身和下半身主图也可能拥有不错的流量。

所以，对待一款产品，如果它的卖点在部分区域就可以体现出来，运营者就可以截取部分图片作为主图上架到不同类目中，这样不仅防止产品重复上架导致listing关联，也可以扩大曝光量，提升销售额。需要注意的是，套装类产品上架到上衣类目中属于踩了亚马逊上架规则的“黄线”但仍没有越过“红线”。而有些跨类目上架或者插入变体、更换主图的举动会越过亚马逊规则的红线，最终会被平台禁止显示。例如，鞋子类目与服装类目不可模糊上架，否则会被亚马逊平台算法判定为违规而将listing图片禁止显示。

7.3.2 产品图片细节优化

1. 图片侵权风险判断

在亚马逊平台，任何不经授权使用他人图片的行为都有侵权风险。一旦被亚马逊平台判定为侵权，轻则listing整改，重则店铺封店，因此运营者一定要极力避免自身listing使用了侵权图片。

例如，在服装类目，模特侵权的发生频率较高，因此在亚马逊平台上的服装产品图片分为“模特去头图片”与“模特全图”，如图7-26所示。

由图7-26可知，左边的图片为“模特去头图片”，右边的图片为“模特全图”。一般而言，卖家选择将模特的头部图片切除是为了避免侵权，因为这类型图片可能并非卖家自身拍摄，而是由其他运营者或者公司拍摄，所以这类型图片如果全部展示可能会侵犯模特的肖像权。

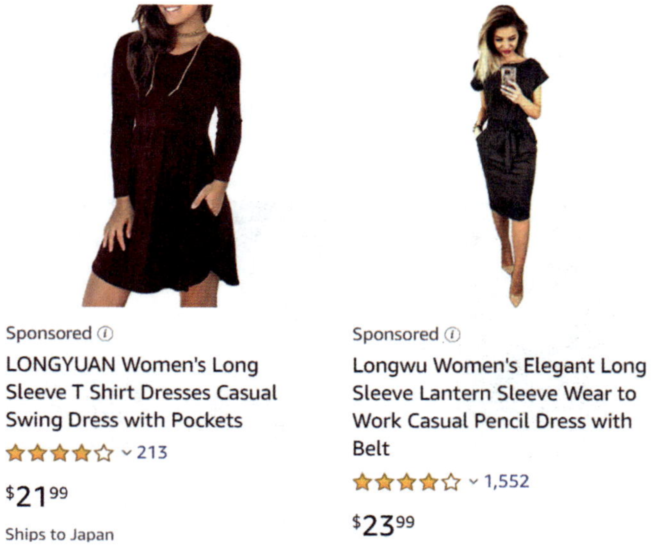

图7-26 “模特去头图片”与“模特全图”

2. 生活场景元素添加

相比于白色背景的高清产品图，如果把产品放在各种生活场景中，并让模特(包括手模、脚模等局部模特)出镜，能唤起用户情绪，并且让消费者产生强烈的代入感，如图7-27所示。

Parenting & Children
London
A baby bath towel that creates magic moments for parent and child !!

图7-27 婴儿用品的生活场景图

7.3.3 信息类图片的选择

1. 信息图表（Infographic）

信息图表（Infographic）是提高转化率的必胜招数，懒得读listing五点描述的用户一般会被构图精巧的信息图表（Infographic）所吸引。同时，信息图表（Infographic）可以将产品功能和具体图片位置依次对应，信息传达更准确。

运营者可以在产品五点描述的基础上进行高度提炼，使信息图表（Infographic）上的文字部分短小精悍，如图7-28、图7-29所示。

2. 产品属性可视化图表（Information visualization chart）

对于任何产品都有其可量化的属性信息，如尺寸、重量、容积等，运营者可以针对产品的某些属性结合图片将信息可视化，帮助用户更直观地了解产品本身，如图7-30所示。

Uber expands into e-scooter rentals
Startup electric scooter company Lime is aligning with Uber in a multi-million dollar deal to expand its unconventional mode of transportation
Jul 9, 2018: Uber invests share of $335m in Lime. Deal, led by Alphabet (Google's parent company), values business at $1.1bn. Uber plans to rebrand bikes, add Lime to its app and spread service globally
LIME-S ELECTRIC SCOOTER
Automatic headlight
Always be seen
Throttle
Maximum speed
23.8km/h
(14.8mph)
Brake lever
250-watt motor
Electric boost makes ride effortless
Cost:
$1 unlock +
$0.15/min
to ride
Lime
Founded:
Jan 2017,
San Mateo, CA
Availability:
Mostly U.S. cities (shown left), plus Berlin, Bremen, Frankfurt (Germany), Paris (France) and Zurich (Switzerland)
UNITED STATES
Custom frame
Lightweight and easy to manoeuvre
Comparison: Uber operates in 77 countries (633 cities)
Solid 20cm wheels
Stay steady while scooting
Kickstand: Responsible parking at kerbside locations
"Unlock me to ride me, or I'll call the police!"
HOW TO USE LIME
1. Use app to find and unlock scooter, then begin journey
2. Press throttle to accelerate (60km range)
3. Park scooter. Use app to lock it. Walk away
Scooter will not drive without app
Batteries: Employees called juicers collect exhausted scooters, charge them overnight and return them to pavements early next morning

图7-28 产品描述文字提炼示例（一）
（A+图文广告包含了新闻概要、产品说明、公司信息）

Experience the Towel Chosen by Thousands of Moms
Premium Hooded Bamboo Towel
Antibacterial
HYPO ALLERGENIC
Great for Eczema
Ultra-Soft
Machine Washable
Natural Bamboo
500 GSM
Bamboo Stalk
Processed into fiber
Spun into yarn
Woven into fabric

图7-29 产品描述文字提炼示例（二）

3．竞品差异对比图表（Competitor Comparison Chart）

产品的差异化是提升产品成功率的根本，所以运营者可以将自己的产品与市场上的其他产品通过图表的形式进行对比，以增加产品的流量转化率，如图7-31所示。

30 Inches
30 Inches

图7-30 可视化信息示例

Why Choose Us?	Channing & Yates®	Average Competitors
Thickness of Towel in GSM (Grams per Square Meter)	500	300
Size of Towel in Inches	40 x 28	30 x 30
Absorbency Level	1342 ml	527 ml
Organic Bamboo Fabric	✓	✗
Naturally Hypoallergenic	✓	✗
Lifetime Guarantee	✓	✗

图7-31 产品对比图表示例

4. 产品使用说明图（Instructions）

对于一些需要用户自己手动安装操作的产品，运营者需要将产品的使用方法及注意事项以图片的形式展现出来，如图7-32所示（如果产品需要较为复杂的安装流程，则推荐使用视频进行说明）。

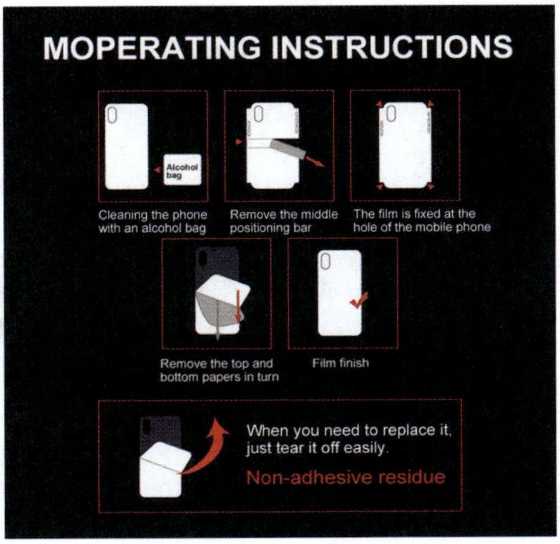

图7-32　产品使用方法图片示例

7.4　产品 review 数据化分析

注意：7.4节所讲解的图表示例对应Excel文件“产品review数据化分析”，请根据自身学习需要自行下载查看。

本书6.3节已经讲述了淡季旺季更替的数据表现及规律，本节将从微观的角度去分析一个产品的成长过程及销量的变化，判断的依据是listing的review数据。

本节以一个玩具类产品为例进行分析。该产品listing有2个子SKU，分别为“Mega Set”和“Peculiar Pets”，其review一共有121个，如图7-33、图7-34所示。

图7-33　产品“Mega Set”示例

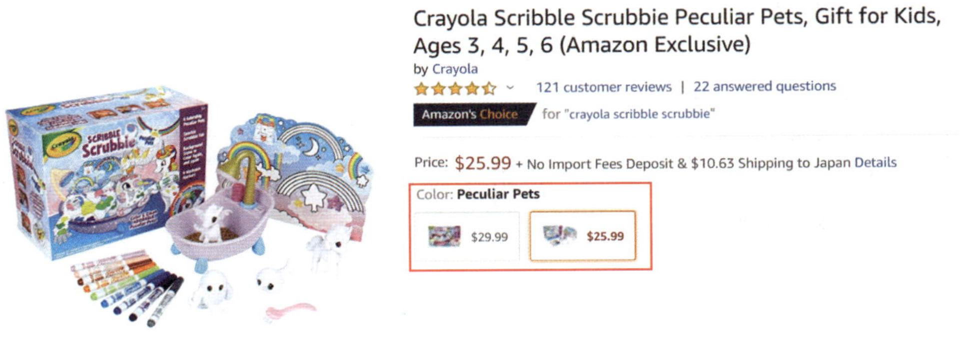

图7-34　产品“Peculiar Pets”示例

了解了产品的listing页面与子SKU变体后，运营者就可以开始进行review的数据分析，需要抓取的数据为不同变体对应的review上评时间，如图7-35所示。

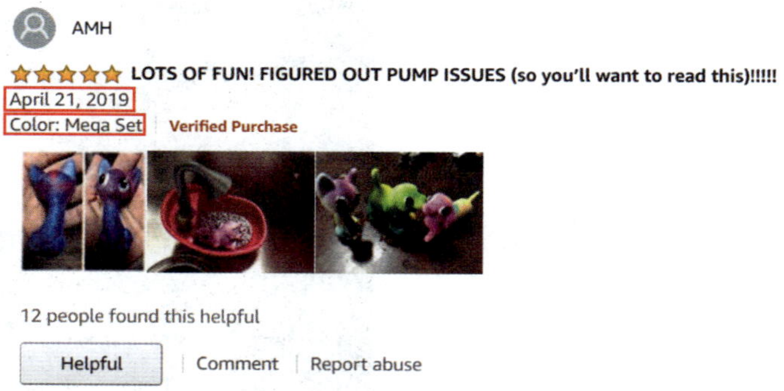

图7-35 “Mega Set”变体产品示例

如图7-35所示，“Mega Set”的变体产品在2019年8月21日产生了一个review评价，那么对应的该月份（即2019年8月）“Mega Set”review数量在Excel中数值加1，其他月份以此类推。如果是“Peculiar Pets”的变体产品产生了review，则在Excel中将其对应的review单元格数值加一。

读者可以打开“产品review数据化分析”的Excel查看数据，截至2019年10月22日，“Mega Set”的变体产品产生了87个review，“Peculiar Pets”的变体产品产生了29个review，总计116个review，其数量与listing页面显示的121个review相比少了5个review，这可能是由于平台删除评价或卖家删除变体造成的。

将两个产品不同月份产生的review数量汇总到Excel后，可以得到如图7-36所示的数据图表。

如图7-36所示，“Mega Set”子变体从2018年10月就产生了review，而“Peculiar Pets”子变体则到2019年7月才开始产生review。同时，“Mega Set”子变体在2018年12月~2019年1月为review高峰期，分别产生了23和27个review。通过上述数据表格，运营者可以将“Mega Set”与“Peculiar Pets”两个产品不同时间段产生的review数量做成可视化图表，如图7-37所示。

如图7-37所示，“Mega Set”的review数量呈现出一种迅速攀升然后下降，最后逐渐稳定的趋势；“Peculiar Pets”的review数量则呈现出一种缓慢上升的趋势。因为review的生成时间要慢于订单的产生时间，比如用户10月份下单购买，可能会到11月乃至12月才去编辑review文本，所以**根据该产品listing的review数量变化可以推测出该产品销量的波动变化。**

对应年份	上架月数	Mega Set的review数量	Peculiar Pets的review数量
2018年	10月	1	0
	11月	1	0
	12月	23	0
2019年	1月	27	0
	2月	6	0
	3月	5	0
	4月	4	0
	5月	5	0
	6月	3	0
	7月	4	7
	8月	3	6
	9月	4	3
	10月	1	13

图7-36 “Mega Set”与“Peculiar Pets”不同月份产生的review数量

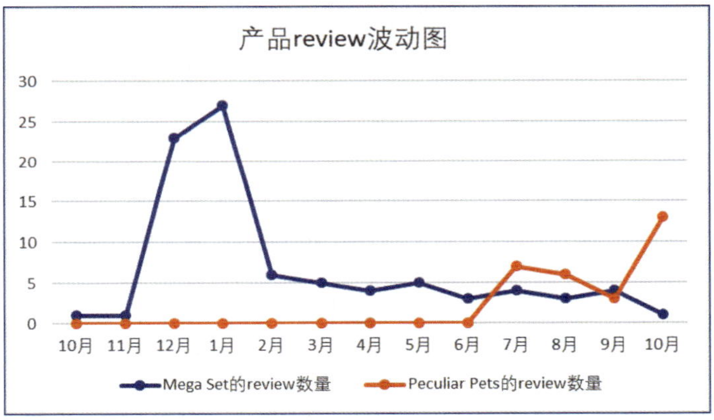

图7-37 “Mega Set”与“Peculiar Pets”不同时间段产生的review数量波动折线图

首先，因为2018年12月~2019年1月为“Mega Set”子变体的review高峰期，所以将该时间段往前推移1~2个月，即2018年10月初~2018年12月末为产品订单高峰期。其次，因为在2019年7月“Peculiar Pets”子变体开始产生review，所以“Peculiar Pets”子变体的上架时间应该为2019年5月末~2019年7月初，即该玩具类目卖家在2019年5月末就开始为2019年的订单高峰期开始做准备。结合上述信息，运营者就可以得到如下结论：

1 该玩具类目订单高峰期在每年10月初~每年12月末。

2 该玩具类目listing最佳成长期在每年6月初~每年10月初。

结合本书6.3节所介绍的宏观类目流量判断方法，运营者就可以知晓每个类目、每个产品的成长规律及淡季旺季时间，从而能够有把握地提升运营业绩。

7.5 铺货类运营模式的产品取舍方法

在亚马逊跨境电商运营领域，主要分为“精品类运营”和“铺货类运营”两种运营模式。“精品类运营”，是指那些旨在精品打造和品牌养成的运营模式；“铺货类运营”，是指那些以铺货追求偶然性爆单的运营模式。关于“精品类运营”，读者可以查阅第8章与第11章关于品牌化运营的相关内容。

“铺货类运营”之所以经久不衰，是因为在亚马逊平台的爆款率一般都会维持在1%~5%，所以只要上架产品的数量足够多，且运营者自身能力尚可，那么订单上涨只是一个时间问题。虽然在商业模式上“铺货类运营”并没有漏洞，但是在执行层面却是困难重重，这是由以下几个原因造成的：

1 铺货运营者没有时间和精力将每个铺货listing优化到极致；

2 如果采用FBA即亚马逊配送的铺货形式会产生极大的风险和费用；

3 如果采用FBM即自配送的铺货形式则可能转化过低，无法把握爆单时机；

4 铺货也存在产品限制，如高成本产品、品牌附属产品、版权类产品难以运营。

因此，针对“铺货类运营”，运营者也需要对自身上架的产品做出取舍。一般而言，“铺货类运营”应该选择**客单价适中、出货快、拥有部分或全部自有供应链资源**的产品进行销售。

1 客单价适中：是因为如果客单价过低，说明该产品成本较低，因此直接大规模上架这类产品的卖家不会是少数，竞争人数的增多会减少产品成长的空间，所以不能选择客单价过低的产品。相反，如果客单价过高，这意味着产品本身对品牌附加值或者产品制作工艺有较高的要求，而选择“铺货类运营”的产品供应链普遍弱于“精品类运营”，因此也不可以选择客单价过高的产品。

2 出货快：是因为“铺货类运营”相比“精品类运营”多了一个测款的过程，而一旦一个产品流量表现出色且持续产生订单，运营者就需要联系供应商开始备货。因此，如果一个产品的出货速度不能保证，那么就意味着该产品listing无法保证100%的FBA库存，一旦竞争对手有更优质的供应商，且竞争对手能够做到更快地生产产品，那么自身的listing成长空间就极其有限。

3 拥有部分或全部自有供应链资源：是因为如今亚马逊平台上采用“铺货类运营”的卖家数量较多，甚至很多卖家的供应商都是同一家工厂，那么初期即使在运营层面有所差异，后期随着产品卖家的增多各个卖家彼此之间也会进入同质化竞争。因此，如果运营者不能通过自有的供应链资源将产品进行差异化改善，就无法在运营后期获得较大的市场份额。

7.6 数据化选品与经验化选品的对比

7.6.1 数据分析 + 经验判断类选品

在亚马逊平台，商品排名虽然是综合性排名，但是主要还是与订单量的大小有关，如果某一个款式订单量快速增加，那么其排名也会迅速上升。

如何去找到这些数据变化呢？首先，其他卖家某一款式的流量与订单量都是不可见的，这属于商业机密，只有商品排名变化才能被获取与分析。数据化选品的本质是通过商品排名数据的抓取，分析哪部分产品拥有爆款或者畅销款的潜力，然后运营者可以通过精细化运营和供应链资源整合快速提升销售量。

通过以上逻辑推导，数据化运营必须使用数据抓取的相关IT技术，而爬虫程序①就是其中之一。数据化选品过程如下：

1 选择亚马逊平台上运营者想要涉及的商品大类目；

2 使用编程语言爬虫类程序抓取该类目前列商品排名信息（可以是前10 000个商品信息，也可以是前1 000个商品信息，具体抓取数量视类目竞争度而定）；

3 设定数据抓取更新周期，一般为4~12小时；

4 将排名变化数据导入数据分析软件或程序，建立模型评估该商品是否为“爆款”；

5 使用所有listing优化方法对于“爆款”产品进行系统性优化，争取在竞争对手获得大额市场份额前抢占先机。

当使用爬虫程序获得亚马逊各个产品的排名后，运营者就需要根据各个产品的排名做数据分析。一般而言分为如下几个步骤：

1. 确认选品退出机制

运营者首先要根据大量的数据统计分析出“不受欢迎”的款式具有哪些特点，从而建立一个退出机制，及时将排名快速下跌的产品踢出。一般而言，产品listing排名下降的顺序为：销量减少→流量减少→销量最终为零→排名快速下跌。图7-38所示为随机抽取的亚马逊平台上美国市场11个排名下跌产品的排名数据变化图（需要注意的是，虽然文字表达上称为“排名下跌”，但数值上是显示上升的，因为在亚马逊平台，排名数值越小销量越大）。

① 网络爬虫（又被称为网页蜘蛛、网络机器人，在FOAF社区中间，更经常地被称为网页追逐者），是一种按照一定的规则，自动地抓取万维网信息的程序或者脚本。另外一些不常使用的名字还有蚂蚁、自动索引、模拟程序。

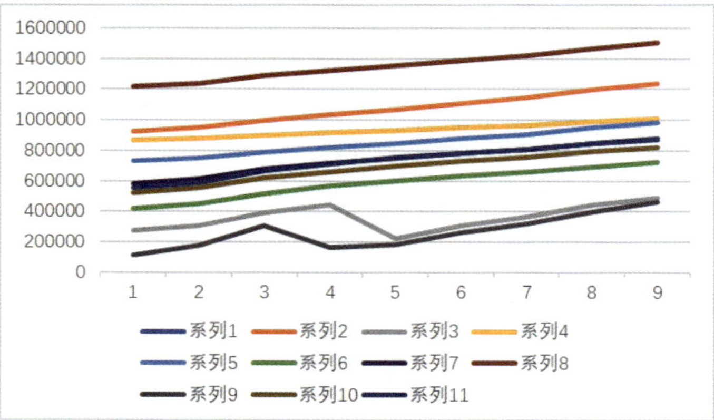

图7-38 产品排名变动示意图

如图7-38所示，当listing没有订单时排名下降是具有一定规律的，平均数值为30 000左右，即当listing没有发生订单时，排名数值会以大约30 000/d的速度增大。因此，运营者可以建立如下选品退出机制：如果某一listing的排名数值于X天（X可以取3~30任意数值，与类目相关，竞争度大的类目时间可以放宽一些），平均每天排名数值增长30 000左右时，判定该产品为“不受欢迎”的产品，不考虑在选品范围之内。

2. 剔除排名稳定的热销款

之所以要剔除稳定款，是因为当某一listing销量稳定时，其排名也会趋于稳定，亚马逊的A9算法①会迅速帮助产品找到其对应顾客，这时候再选其作为上架款式已经错过了最佳上架时间，很难对竞争对手的listing形成反超，因此要剔除这些产品。

假设爬虫程序在同一时间记录数据（比如连续10天于中国时间7：00~8：00记录数据），以“bodystocking”类目（女士内衣）为例，运营者可以得到如下数据波动结论：

1 如果商品排名标准差数值为50 000以下，那么这里listing大概率已经在A9算法中找到稳定的搜索位置，即listing销量较高且排名波动不明显。

2 如果商品排名标准差数值大于50 000且小于100 000，多数listing下方会出现非稳定搜索位置推荐栏位，且这类listing销量一般、波动性较大。

3 如果商品排名标准差数值大于100 000以上，那么这里listing大概率还没有在A9算法中找到稳定的搜索位置，即listing销量较低且排名波动非常明显。

根据以上结论，运营者就可以在众多款式中找出那些排名稳定的热销款，然后予以剔除。

① A9是亚马逊搜索算法的名称。简单一点来说，A9就是从亚马逊庞大的产品类目中挑选出最相关的产品，并且根据相关性排序展示给客户。

3. 找到潜力款式

针对潜力款式又有两大类选品方案：一是排名上升类listing选品（即排名数值呈现快速下降的趋势），如图7-39所示。

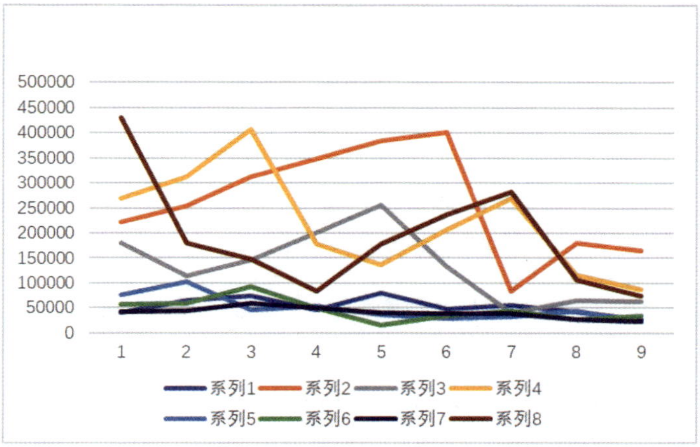

图7-39 潜力款排名波动趋势示意图

二是非稳定排名listing选品，即选择那些排名表现较好但是排名数值标准差较高的listing，其排名大幅度波动表明该listing没有在A9搜索栏位中找到其适合搜索位置。一方面可能是运营水平不足所致，另一方面也代表A9算法还未对产品本身的潜力顾客进行精准定位，如图7-40、图7-41所示。

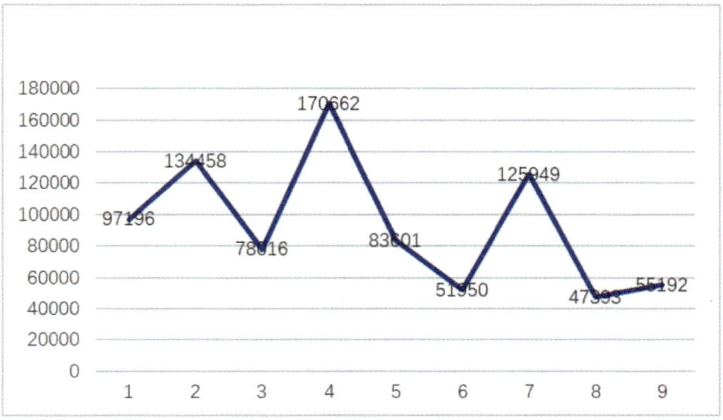

图7-40 非稳定产品排名波动趋势示意图（一）

4. 实时跟踪潜力款排名，最终确定上架款式

当完成前三步后，运营者应该已经通过数据分析挑选出了部分潜力款，其占比应该在10%左右；但是鉴于爆款率一般为5%不到，所以还需要做一次精简的工作。因此，运营者还需要实时监督潜力款排名，一旦发现其排名有稳定趋势且销量颇高，则该产品大

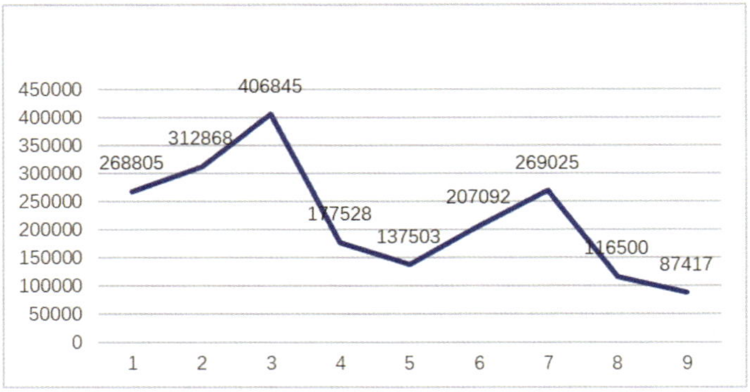

图7-41　非稳定产品排名波动趋势示意图（二）

概率为未来的热卖款式，可以立即上架销售，并且同时整合供应链资源开始生产产品，如图7-42所示。

数据化选品需要强大的供应链支持，如果运营者自身供应链薄弱，则可以从批发网站上用同样的步骤抓取热销产品，从而搬到亚马逊站进行销售。

需要注意的是，如果选择数据化选品，数据抓取统计的时间至少为1周；同时为了能够降低风险，需要再进行1周的数据观测来确认款式是否为潜力款。但是如果等确认是潜力款再整合供应链进行生产，再等商品FBA到货时，距离第一次数据分析已经过去至少1个月了。虽然一个产品的成长周期一般为1个月以上，但是鉴于通过爬虫程序实时跟踪亚马逊每一个新上架新品的数据波动非常困难，所以最好把这个“数据分析+测款验证+真实销售”的周期控制在21天内。

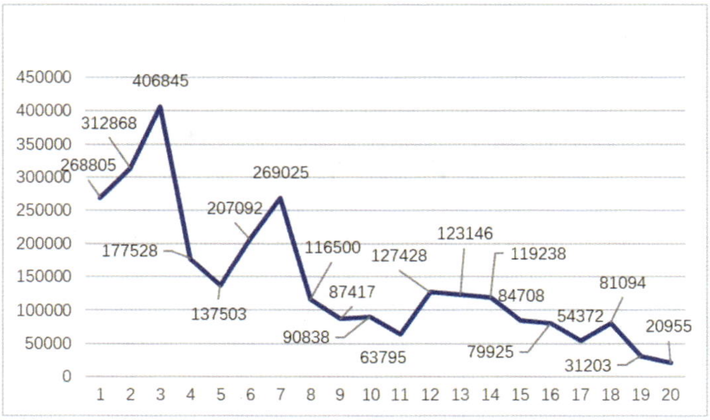

图7-42　热卖款排名波动趋势示意图

建议通过如下两个方案来解决这一难题：

1 前期先进行数据收集，找到一部分潜力款式，然后寻找其是否在“1688”或其他国内批发网站上拥有对应链接，如果拥有链接且“1688”卖家支持小订单销售，那么直接购买小批订单。在确认质量中等以上的情况下，于第一次数据抓取后的10~15天，确认该款式为潜力款，将该小批订单直接发送FBA销售。当商品到货后，观察其流量走势，决定是否继续在“1688”采购或者自行生产。

2 前期先进行数据收集，找到一部分潜力款式，直接开始制作样品，于第一次数据抓取后的10~15天，确认该款式为潜力款，同时确认样品开始批量生产，争取在25天内完成产品制作，保证1个月内自行生产的产品可以发送FBA销售。

亚马逊平台上很多中小卖家都是在“1688”等网站上进行产品购买，然后到亚马逊网站上进行销售。因此，运营者可以实时分析这些批发网站上的销售数据，然后将销售数据暴涨的产品放到亚马逊上进行销售。以裙子为例，运营者可以先在“1688”上搜索“亚马逊裙子”，然后可以看到具体的销售信息，如图7-43、图7-44所示。

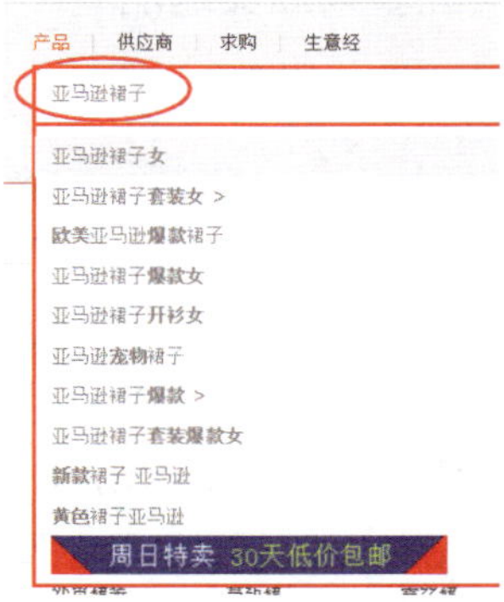

图7-43 在“1688”网站中搜索“亚马逊裙子”

图7-44 在“1688”网站的搜索结果示意图

在选定了产品类目后，运营者就可以利用爬虫程序抓取其销售额，根据销售额的增长波动来判断哪些款式近期热卖，从而判断出什么是近期的热卖产品或爆款产品。

数字化选品方法的利弊

利：

- 实时跟踪竞争者数据变化，不放过亚马逊平台上任何一款具有爆款潜质的商品。
- “爆款”评测客观科学，可以节约大量选品成本与测品时间。

弊：

- 排名数据仍然具有一定程度的滞后性。
- 对于运营者或者从业组织的IT能力与数据挖掘能力要求较高。
- 需要高效编译算法，否则信息处理周期过长。
- 对供应链要求较高。

7.6.2 纯经验判断类选品

纯经验判断类选品一般分为市场分析和产品选择两大步骤。本小节以服装行业的纯经验判断类选品流程为例进行阐述。在跨境电商服装领域，传统的中国服装设计很难符合外国用户的需求和审美。如果直接把中国的服装商品上架到亚马逊上销售，那么很可能连流量都不会产生。因此，运营者就需要针对海外市场进行分析，分别以竞争者与顾客的角度去了解市场需求。

1．以竞争者角度了解市场需求

所谓以竞争者角度了解市场需求，是指站在竞争者的角度去考虑产品的定位。美国与中国国情有很大不同，中国的B2C网站几乎清一色都是互联网起家的，但是美国前10位的B2C网站中，除了亚马逊剩下9家都是有线下实体零售业背景的，所以美国线上线下一体化已经相当完善。因此，在亚马逊平台上几乎每一个美国大卖都拥有自己的独立站，运营者可以到这些独立站上观察服装流行趋势的变化，从而找到某些规律（如图7-45所示就是一个外国裙子的独立站点）。

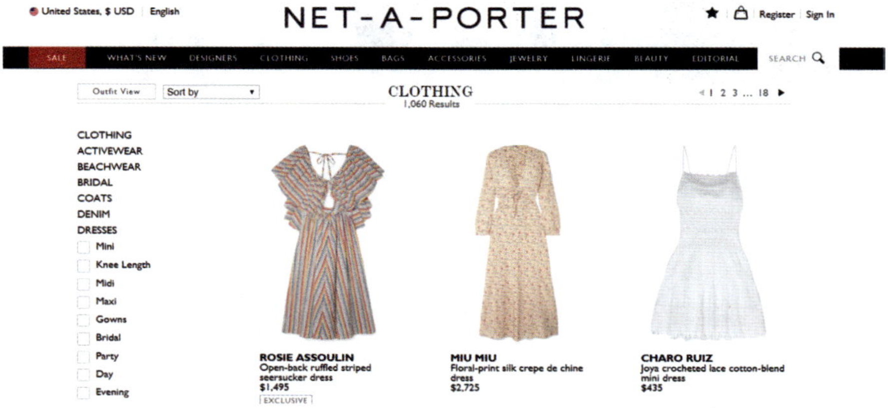

图7-45 美国卖家独立站（图例中的品牌叫作“NET-A-PORTER”）

2．以顾客角度了解市场需求

所谓以顾客角度了解市场，是指观察顾客的需求与想法，从而帮助运营者找出某种市场规律，最终生产出符合顾客预期的产品。此种分析方法一般在标准品中使用较多，其参考的依据可以是Q&A（图7-46），也可以是review。亚马逊平台根据顾客review还有了review关键字汇总的功能（图7-47），运营者也可以根据review的关键字汇总确定用户的产品需求。

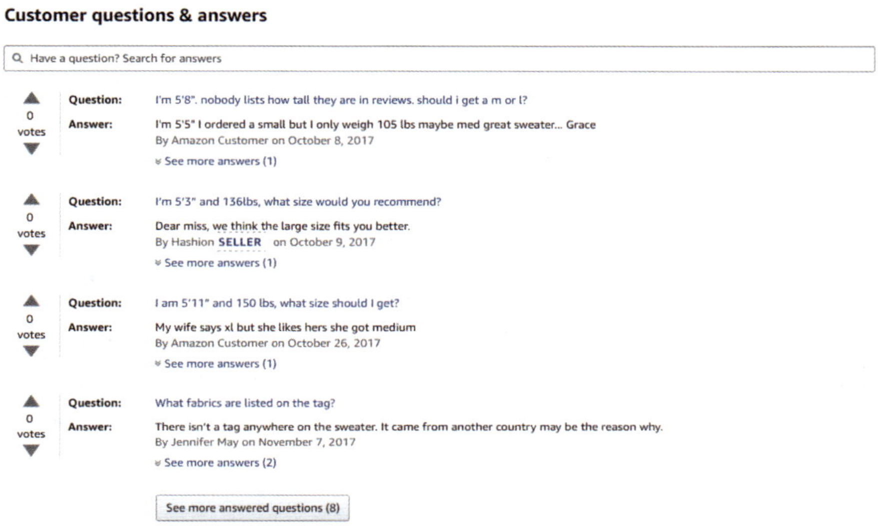

Customer questions & answers
Have a question? Search for answers
0 votes
Question: I'm 5'8". nobody lists how tall they are in reviews. should i get a m or l?
Answer: I'm 5'5" I ordered a small but I only weigh 105 lbs maybe med great sweater... Grace
By Amazon Customer on October 8, 2017
See more answers (1)
0 votes
Question: I'm 5'3" and 136lbs, what size would you recommend?
Answer: Dear miss, we think the large size fits you better.
By Hashion SELLER on October 9, 2017
See more answers (1)
0 votes
Question: I am 5'11" and 150 lbs, what size should I get?
Answer: My wife says xl but she likes hers she got medium
By Amazon Customer on October 26, 2017
See more answers (1)
0 votes
Question: What fabrics are listed on the tag?
Answer: There isn't a tag anywhere on the sweater. It came from another country may be the reason why.
By Jennifer May on November 7, 2017
See more answers (2)
See more answered questions (8)

图7-46　Q&A部分（“Customer question & answers”的意思是顾客问题与回答）

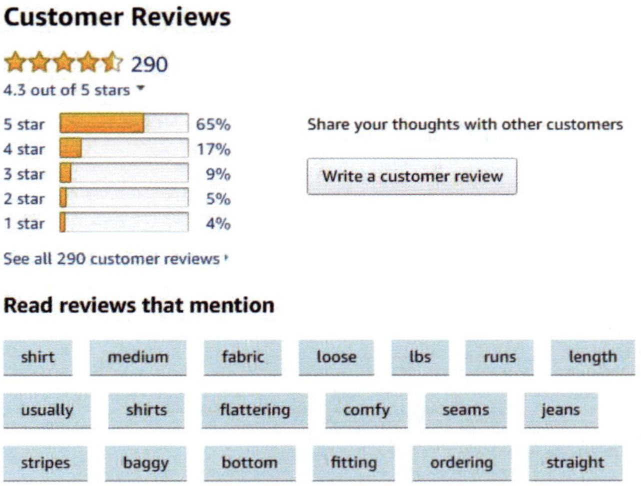

Customer Reviews
290
4.3 out of 5 stars
5 star 65%
4 star 17%
3 star 9%
2 star 5%
1 star 4%
Share your thoughts with other customers
Write a customer review
See all 290 customer reviews
Read reviews that mention
shirt
medium
fabric
loose
lbs
runs
length
usually
shirts
flattering
comfy
seams
jeans
stripes
baggy
bottom
fitting
ordering
straight

图7-47　review及其关键字汇总（“Customer Reviews”指的是顾客评价）

3．经验化选品方法——多平台比较法

经验化选品的方法多种多样，本小节讲述其中最经典常用的一种方法——多平台比较法。

多平台比较法是一种最常见也是比较实用的选品方式，运营者可以实时关注Wish、速卖通、eBay、国外独立站等平台上的爆款和热卖款，然后根据自身的供应链资源把具有市场潜力的款式直接转移到亚马逊平台上进行出售。

以亚马逊平台的服装类目为例，假设要在亚马逊平台进行选款（即站内选款），选品逻辑一共分为两大类：

1 上架别人已经热卖的热卖款；

2 上架别人还处于成长的潜力款。

关于第一类，又可以分为两小类：

① 上架别人现在正在热卖的款式；

② 上架别人曾经热卖的款式（较多review）。

第一类的第一点，即“上架别人已经热卖的款式”，评判标准是listing排名的稳定性。如果一个listing的商品排名趋于稳定，且排名次序较高，说明其listing每日销量能够稳定在高位。这就说明该listing已经占据了类目的高流量搜索栏位，那么即使运营者这时销售与其一模一样的产品，也是几乎不可能成功的。这时，如果运营者想要将自身上架的产品listing反超竞争对手，只有在发生如下两种情况时才可以成功：

a. 竞争对手产品质量差、listing操作失误、review评分低、FBA断货；

b. 竞争对手listing在关键字、标题、广告中严重遗漏部分市场。

关于a情况，因为在亚马逊上无论卖家的listing多么华丽，刷单多么疯狂，一旦review评分过低，销量立刻暴减，所以产品质量即供应链资源强弱决定了一个listing的生命周期长短。

关于b情况，假设竞争对手listing所有的关键字，标题都不包含A关键字，那么在A关键字的搜索结果下是肯定不会出现竞争对手的listing的。这时候，如果运营者专攻A关键字的搜索范围，就可以抢到一定市场份额。

关于第一类的第二点，即“上架别人曾经热卖的款式（较多review）”，以如下两个产品为例进行讲解，如图7-48、图7-49所示。

图7-48　产品类目排名信息（一）

```
Shipping Information: View shipping rates and policies
ASIN: B07516GLL8
Date first listed on Amazon: August 21, 2017
Amazon Best Sellers Rank: #70,013 in Clothing, Shoes & Jewelry (See Top 100 in Clothing, Shoes & Jewelry)
  #371 in Clothing, Shoes & Jewelry > Women > Clothing > Sweaters > Cardigans
  #2635 in Clothing, Shoes & Jewelry > Women > Clothing > Active
  #39308 in Clothing, Shoes & Jewelry > Women > Shops
Average Customer Review: ★★★★☆ ▾      141 customer reviews
If you are a seller for this product, would you like to suggest updates through seller support?
```

图7-49　产品类目排名信息（二）

图7-48和图7-49所示的两个排名信息，所对应的产品图片如图7-50所示。

图7-50　产品图片示意图

从产品排名信息可以看到两个listing都是于2017年上架，且都曾经大卖过（通过观察该产品listing的review分布规律，可以发现在2017年年末，该产品几乎连续2个月日销100件以上）；同时，运营者可以从排名信息了解到现在这两个listing都不再热卖。为了形成对比，又挑选了另外两个产品排名信息（**如下两个产品的产品主图与图7-50所示的产品主图一致，因此可以判断为同一产品**），如图7-51、图7-52所示。

```
Shipping Weight: 1.23 pounds (View shipping rates and policies)
ASIN: B07F7X2CTR
Date first listed on Amazon: July 4, 2018
Amazon Best Sellers Rank: #1,422 in Clothing, Shoes & Jewelry (See Top 100 in Clothing, Shoes & Jewelry)
  #13 in Clothing, Shoes & Jewelry > Women > Clothing > Sweaters > Cardigans
  #904 in Clothing, Shoes & Jewelry > Women > Shops
Average Customer Review: ★★★★★ ▾      1 customer review
If you are a seller for this product, would you like to suggest updates through seller support?
```

图7-51　产品类目排名信息（三）

```
Shipping Information: View shipping rates and policies
ASIN: B07DR3XSL3
Item model number: LY0001
Date first listed on Amazon: June 14, 2018
Amazon Best Sellers Rank: #51,018 in Clothing, Shoes & Jewelry (See Top 100 in Clothing, Shoes & Jewelry)
  #60 in Clothing, Shoes & Jewelry > Women > Clothing > Sweaters > Pullovers
  #301 in Clothing, Shoes & Jewelry > Women > Clothing > Sweaters > Cardigans
  #28895 in Clothing, Shoes & Jewelry > Women > Shops
Average Customer Review: ★★★★☆ ▾      4 customer reviews
If you are a seller for this product, would you like to suggest updates through seller support?
```

图7-52　产品类目排名信息（四）

如图7-51、图7-52所示，这两个产品listing排名较为出色，而且售卖的产品和原产品一模一样，如此表明图7-51、图7-52所示的两个listing已经反超了先前的竞争对手。从概率上讲，从各种各样的款式中出现一个爆款的概率低于5%，但是从案例中可以看到，同时有两家店铺上架且销售1年前热卖的产品还能获得成功，表明通过合理的运营手段能够将“曾经热卖的款式”再次推广到市场上获得成功。因此，如果运营者在产品价格、质量上有一定优势，可以做出如下选品判断：

1 选择近1年曾经热卖的产品（review数量较多且有好几个listing销售同类产品）；

2 现在该产品已经不再热卖；

3 再次上架该产品，并确保供应链资源可以使自身产品获得质量与价格的优势。

如果上述三点同时符合，运营者就可以将该产品作为销售对象进行推广与销售。

多平台比较方法利弊

利：

- 方法简单，选品方便，可以实时操作。
- 平台数据直观显示，销量变化一目了然。

弊：

- 无法冲击市场空白，选品思路仍属跟卖性质。
- 销量可能无法超过第一个开发款式的卖家（图7-53）。
- 数据具有滞后性。

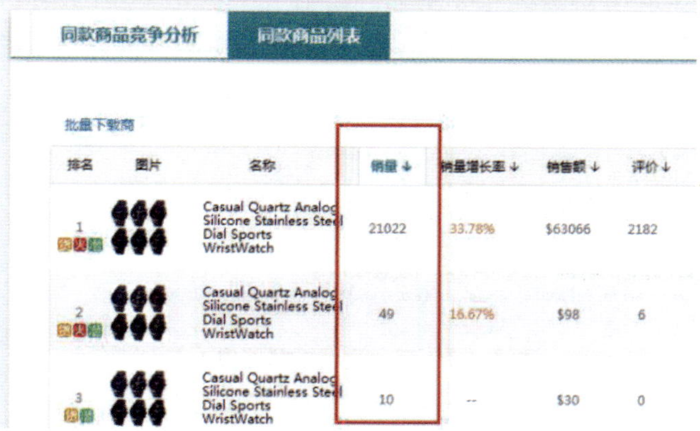

图7-53　第三方运营插件显示的同类产品销量数据对比图

7.7　数据化选品的数据抓取方法

注意：7.7节所讲解的图表示例对应Excel文件“rank”，排名爬虫程序对应EXE文件“rank”，请根据自身学习需要自行下载查看。

7.7.1 利用爬虫程序抓取排名数据

本书第3章已经讲述了数据采集的三种方法，即人工采集、报表采集、自动化抓取采集，本小节将针对自动化抓取采集结合爬虫程序进行讲述。（**注意，本小节所使用的爬虫程序只能针对以服装为代表的非标品类目，因为标品类目与非标品类目数据抓取技术有所不同，所以不能适用**）

因为本书的读者为非技术从业人员，所以本文不会对IT编程类相关的内容做过多讲述，感兴趣的读者可以自行查阅相关的资料。

首先下载爬虫程序“rank”，这是一个可执行文件即“EXE File”，在合适的运行条件下只需双击就可以开启爬虫程序，其程序图标如图7-54所示（**注意，在桌面运行该EXE文件时，需要确保在桌面上已经存在有命名为“rank”的Excel**，其表格的具体使用方法：创建一个名为rank的Excel，其文件可以为xls或xlsx格式，并保证表格与exe文件在同一路径下，运营者可以将Excel表格与EXE文件一起存放于计算机桌面上。表格的第一列输入需要提取排名的商品页面网址，然后关闭Excel（表格打开时将无法存取数据，此时将会弹出一个关闭提示），打开EXE程序，处理每个数据大概需要5～8s，所有数据完成以后会弹出提示，因此打开文件后等待提示弹出即可，等待期间不要打开Excel。完成后的数据将会以rank.xls文件存在，如果原始文件格式为rank.xlsx，则会新建一个rank.xls文件。）

其文件图标来源于笔者个人自媒体头像logo，感兴趣的读者可以到“喜马拉雅FM”“知乎”“蜻蜓FM”等平台搜索“旭鹏”，如图7-55所示。

图7-54　爬虫程序图标

图7-55　平台搜索“旭鹏”

如果读者想要使用名为“rank”的EXE文件，首先要下载名为“rank”的Excel文件，并将其存放在桌面上。

完成所有文件的下载后，就可以尝试使用爬虫程序了。因为在原本表格中已经存放有部分链接，所以读者可以直接双击“rank”的EXE文件开启爬虫程序。需要注意的是，爬虫程序开始后，名为“rank”的Excel文件必须处于关闭状态，否则就会弹出如图7-56所示的警告页面。

因为初始Excel中已经记录了100个亚马逊链接，所以当爬虫程序启动后，需要等待10~20分钟，当数据抓取全部完成后，会弹出如图7-57所示的提示页面。

图7-56　关闭Excel页面

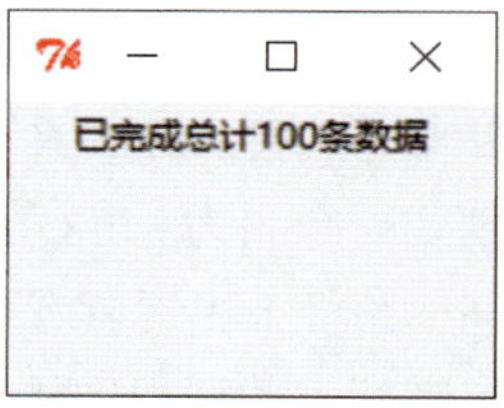

图7-57　抓取数据完成页面

当数据抓取任务全部完成后，打开名为“rank”的Excel文件，可以看到如图7-58所示的Excel页面。

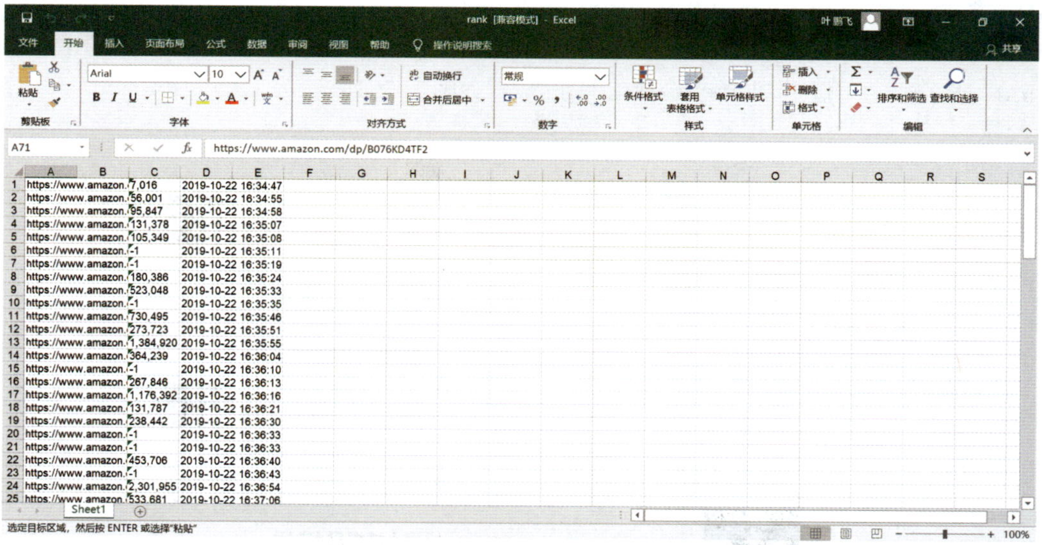

图7-58　打开“rank”的Excel页面

名为“rank”的Excel中主要存放了三种数据：第一种为亚马逊商品链接；第二种为该链接对应的大类目排名；第三种为数据抓取时间。其三种数据如图7-59所示。

在名为"rank"的Excel中，第一列为亚马逊商品链接，如图7-60所示。

https://www.amazon.	7,016	2019-10-22 16:34:47
https://www.amazon.	56,001	2019-10-22 16:34:55
https://www.amazon.	95,847	2019-10-22 16:34:58
https://www.amazon.	131,378	2019-10-22 16:35:07
https://www.amazon.	105,349	2019-10-22 16:35:08
https://www.amazon.	-1	2019-10-22 16:35:11

图7-59　三种数据示例

https://www.amazon	7,016	2019-10-22 16:34:47
https://www.amazon	56,001	2019-10-22 16:34:55
https://www.amazon	95,847	2019-10-22 16:34:58
https://www.amazon	131,378	2019-10-22 16:35:07
https://www.amazon	105,349	2019-10-22 16:35:08
https://www.amazon	-1	2019-10-22 16:35:11
https://www.amazon	-1	2019-10-22 16:35:19

图7-60　亚马逊商品链接示意图

在名为"rank"的Excel中，第二列为不同商品链接对应的大类目排名，如图7-61所示。

https://www.amazon.	7,016	2019-10-22 16:34:47
https://www.amazon.	56,001	2019-10-22 16:34:55
https://www.amazon.	95,847	2019-10-22 16:34:58
https://www.amazon.	131,378	2019-10-22 16:35:07
https://www.amazon.	105,349	2019-10-22 16:35:08
https://www.amazon.	-1	2019-10-22 16:35:11
https://www.amazon.	-1	2019-10-22 16:35:19

图7-61　商品链接大类目排名示意图

因为本小节的爬虫程序针对的是服装类目，所以抓取的排名为大类目"Clothing, Shoes & Jewelry"的数据，如图7-62所示。

Shipping Information: View shipping rates and policies
ASIN: B07DQJSFDY
Date first listed on Amazon: May 1, 2019
Amazon Best Sellers Rank: #7,016 in Clothing, Shoes & Jewelry (See Top 100 in Clothing, Shoes & Jewelry)
#3173 in Women's Shops
#76 in Women's Pullover Sweaters
Average Customer Review: ★★★☆☆ ∨　136 customer reviews
If you are a seller for this product, would you like to **suggest updates through seller support**?

图7-62　大类目"Clothing, Shoes & Jewelry"的数据（其对应了Excel中第一行的数据）

在大类目排名数据中，有些数据会显示"-1"，如图7-63所示。

图7-63中"-1"的数据抓取错误可能是由以下几方面原因造成的：

1 爬虫程序使用过于频繁，网络IP暂时被封禁；

2 该商品链接还未出单，没有对应的大类目排名；

3 该商品不是非标品，其数据抓取逻辑与爬虫程序不一致；

4 程序运行错误，这可能是由于操作系统不匹配（例如IOS系统、XP系统），网络故障造成。

在名为"rank"的Excel中，第三列为此次数据抓取的时间，如图7-64所示。

https://www.amazon.	7,016	2019-10-22 16:34:47
https://www.amazon.	56,001	2019-10-22 16:34:55
https://www.amazon.	95,847	2019-10-22 16:34:58
https://www.amazon.	131,378	2019-10-22 16:35:07
https://www.amazon.	105,349	2019-10-22 16:35:08
https://www.amazon.	-1	2019-10-22 16:35:11
https://www.amazon.	-1	2019-10-22 16:35:19

图7-63　数据显示“-1”示例

https://www.amazon.	7,016	2019-10-22 16:34:47
https://www.amazon.	56,001	2019-10-22 16:34:55
https://www.amazon.	95,847	2019-10-22 16:34:58
https://www.amazon.	131,378	2019-10-22 16:35:07
https://www.amazon.	105,349	2019-10-22 16:35:08
https://www.amazon.	-1	2019-10-22 16:35:11
https://www.amazon.	-1	2019-10-22 16:35:19

图7-64　数据抓取时间示例

如果运营者需要记录其他商品链接的排名，可以将Excel文件中第一列的链接信息进行修改，然后再次启动爬虫程序等待抓取工作完成即可。

需要注意的是，爬虫程序如果在短时间内频繁使用会被亚马逊暂时封禁网络IP，这时爬取下来的排名数据会出现大量的“-1”，所以在使用过一次爬虫程序后，需要等待一段时间，再开始下一次数据抓取。

本小节案例针对的是非标品服装类目的大类排名抓取，使用的只是一个非常基本的python爬虫。而在数据化运营的过程中，需要抓取的数据会远比排名复杂，如关键字排名变动、review文本语义、listing标题中心词等。**本小节旨在帮助读者理解IT程序在数据抓取中的作用，如果读者想要开发更为精确的数据抓取程序，请自行查阅IT编程类的相关知识，或者聘请专业的IT技术团队予以业务支持。如果读者想抓取以相机、计算机、电子配件为代表的3C标准品类目排名，可以下载并使用名为“标准品rank”的EXE执行文件。**

7.7.2　简易代码

以下为一个python语言简易爬虫程序的代码（其爬虫抓取逻辑与7.7.1中的EXE执行文件相同）。

```
#-*-coding:gbk -*-
import urllib2
import lxml.html
import requests
import re
import time
import xlrd
xlsname=xlrd.open_workbook("C:\Users\ypf\Desktop\\01.xlsx")
#excel文件位置
table = xlsname.sheets()[0]#excel文件的第几个sheet
a = table.col_values(0)

def amazon_price(url, user_agent):
```

```
kv = {'user-agent': user_agent}
r = requests.get(url, headers = kv)
text = r.text
reg = '<span class="zg_hrsr_rank">#(.*?)</span>'#?转换为非贪婪模式
ranklist = re.findall(reg,text)
if ranklist == []:
return 0
else:
return int(ranklist[-1])

if __name__== "__main__":
url = "https://www.amazon.com/fbR8wawOKPHoYL9-Triangle-Bralette-
Unpadded-Underwear/dp/B07FFLRSKZ/ref=sr_1_352?s=apparel&ie=UTF8&qid=15
35462457&sr=1-352&nodeID=7147440011&psd=1&keywords=sex+lingerie"
user_agent = 'Mozilla/5.0'
for i in range(400):
if a[i] !=""and a[i][0] =="h":
print amazon_price(a[i], user_agent) # str(i+1)+':',
time.sleep(0.1)
```

注意，以上代码属于IT技术中入门级别的爬虫代码，读者可以根据自身能力需求判断是否需要参考这些代码语言。

7.8 数据化选品的数据分析方法

数据化选品的数据分析方法，是指通过竞争对手listing排名数据的抓取和分析，来判断竞争对手的产品动向，以此来帮助运营者自身进行选品决策。

在分析竞争对手的listing排名数据时，运营者需要关注listing的两个阶段：**listing成长期与listing衰退期。**在亚马逊平台，每个listing从上架到成为爆款listing都会经历四个阶段：引入期、成长期、成熟期、衰退期。

当一个listing属于引入期时，其排名数值特点是排名低、波动大、排名不属于上升趋势，如图7-65所示。

如图7-65所示为一个listing在1个月内的大类排名波动折线图，图中虚线为趋势线。折线图趋势线的制作方法，请查阅本书2.3节相关内容。从图中可以看到，该listing排名波动巨大，其数值在50 000~300 000之间剧烈波动，且整体排名较低，排名趋势线不属于上升趋势，上述这些现象说明该listing还处于引入期。对于这样的产品，运营者并不能确定其日后是否能成为爆款，因此需要继续记录数据进行观察。

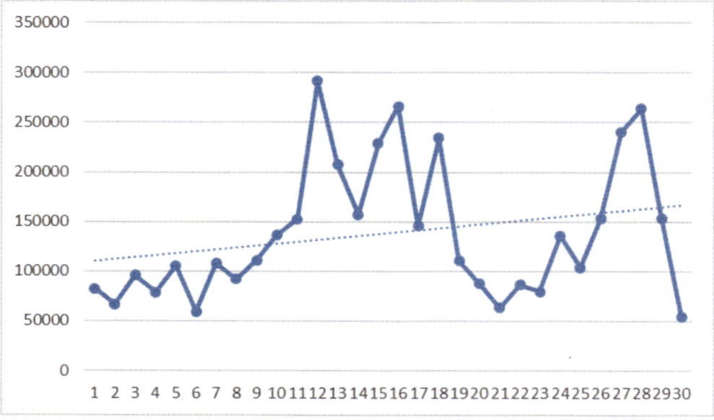

图7-65　引入期listing的排名波动折线图

当一个listing属于成长期的时候，其排名数值特点是排名由低到高、波动适中、排名属于上升趋势，如图7-66所示。

图7-66所示为一个listing1个月内的大类排名波动折线图，图中虚线为趋势线。从图中可以看到，该listing排名波动适中，其波动范围相较于图7-65所示的引入期listing要小很多，排名数值整体由300 000上升到50 000以内，整体排名表现为由低到高，排名趋势线属于上升趋势，上述这些现象说明该listing属于成长期。对于这样的产品，运营者已经可以开始重点观察该listing的数据表现，在时机成熟的时候可以动用供应链资源开始生产销售该产品。

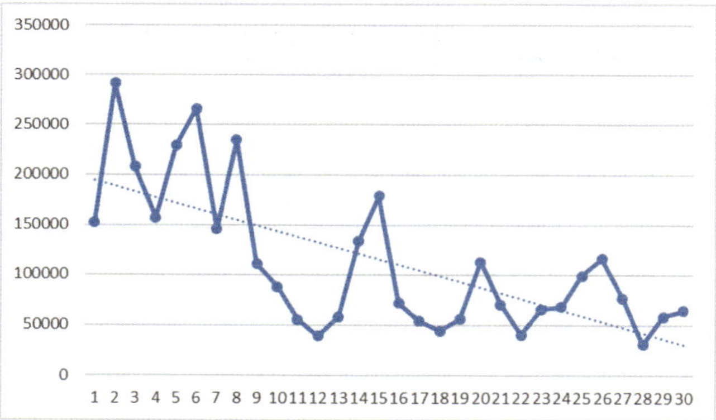

图7-66　成长期listing的排名波动折线图

当一个listing属于成熟期的时候，其排名数值特点是排名保持高位、波动较低、排名趋势稳定，如图7-67所示。

图7-67所示为一个listing1个月内的大类排名波动折线图，图中虚线为趋势线。从图中可以看到，该listing排名波动较小，其数值在3 000~7 000之间小幅度变化，整体排名表现优秀，排名趋势线基本保持水平，上述这些现象说明该listing属于成熟期。对

于这样的竞争产品，运营者暂时不用做太大的关注，只需要静静等待该listing进入衰退期即可。

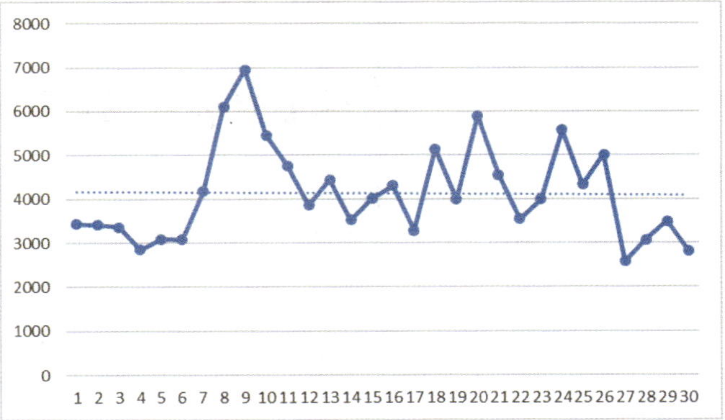

图7-67　成熟期listing的排名波动折线图

当一个listing属于衰退期的时候，其排名数值特点是排名由高到低、波动适中、排名属于下降趋势，如图7-68所示。

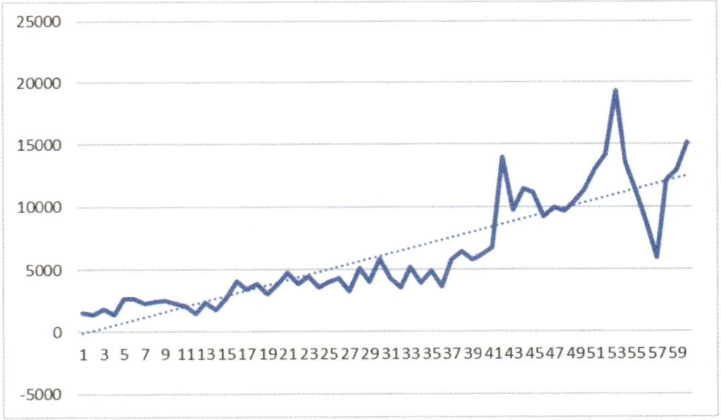

图7-68　衰退期listing的排名波动折线图

图7-68所示为一个listing两个月内的大类排名波动折线图，图中虚线为趋势线。从图中可以看到，该listing排名波动适中，其数值在3 000~20 000之间小幅度变化，整体排名表现由高到低，排名趋势线属于下降趋势，上述这些现象说明该listing属于衰退期。对于这样的竞争产品，运营者首先要根据该listing的具体信息判断排名下降原因，如果是因为竞争对手供应链薄弱，产品质量不足，运营者可以立即着手优化自身的listing准备赶超竞争对手；如果是因为产品旺季已经结束，运营者可以等之后旺季来临时再做准备。

综上所述，只有在一个listing的排名数据符合成长期与衰退期listing的数据规律后，运营者才可以针对不同情况进行数据分析与业务判断。

第 8 章 营销体系数据化

线下营销和线上营销孰轻孰重？不同营销渠道的效率到底该如何对比？

8.1　站内营销思路及营销策略选择

1967年，菲利普·科特勒在其畅销书《营销管理：分析、规划与控制》（第一版）中进一步确认了以4Ps为核心的营销组合方法。

- **产品（Product）：**注重开发的功能，要求产品有独特的卖点，把产品的功能诉求放在第一位。
- **价格　(Price)：**根据不同的市场定位，制定不同的价格策略，产品的定价依据是企业的品牌战略，注重品牌的含金量。
- **渠道　(Place)：**企业并不直接面对消费者，而是注重经销商的培育和销售网络的建立，企业与消费者的联系是通过分销商来进行的。
- **促销（Promotion）：**企业注重销售行为的改变来刺激消费者，以短期的行为（如让利、买一送一、营销现场气氛等）促成消费的增长，吸引其他品牌的消费者或导致提前消费来促进销售的增长。

但是对于普通的亚马逊中小卖家，如果没有工厂对接，是无法调动全要素参与营销活动的。在此提供一个缩略版的4Ps模型，供大家参考：

- **产品：通过多渠道对比及数据化分析进行热点预判，提前两个月开发新品。**
- **价格：采取市场化定价，根据产品生命周期和市场竞争状况，实时调整价格。**
- **渠道：优化关键词排名，优化产品细分类目，适当进行Facebook等站外营销。**
- **促销：不定期使用优惠券，提供优惠码，报秒杀提升排名。**

本小节将详细讲解如何从宏观上把握亚马逊店铺的发展方向，以及在不同的市场竞争条件下，如何有体系地进行定价与促销管理。

8.1.1 站内营销思路简析

之前的章节中，更多讲述的是如何对自己的链接与广告逐步进行优化。但是在实际的运营操作中，运营优化的同时与其他卖家的竞争也是不可避免的。近年来，随着新卖家不断进入亚马逊，不论是跟卖或自建listing出售相同产品，都是在竞争亚马逊平台的站内流量。如果运营者对竞争对手没有足够的了解，就很有可能会被竞争对手赶超。为了避免上述情况，就要进行较为详细的竞争者分析，并针对亚马逊平台的规则制定适合自身的市场竞争策略。

本小节引入了迈克尔·波特的“五力”模型和市场竞争战略，并将其应用于亚马逊平台的日常运营之中。波特认为企业在拟定竞争战略时，必须深入了解决定产业吸引力的竞争法则。竞争法则可以用五种竞争力来具体分析：行业现有的竞争状况、供应商的议价能力、客户的议价能力、替代产品或服务的威胁、新进入者的威胁。“五力”模型的示意图如图8-1所示。

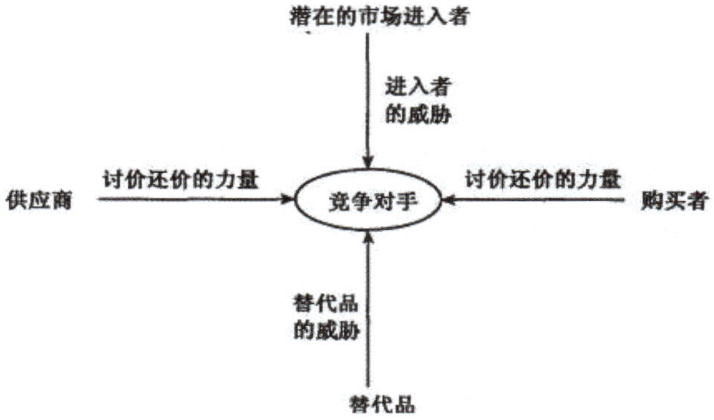

图8-1 “五力”模型示意图

由于涉及线下供应商的问题较为复杂，笔者会在后续第9章节中予以讲述，在此运营者只需要考虑亚马逊平台线上可以获取的竞争信息即可。综合条件下的竞争对手可以理解为**市场竞争现状**；潜在的市场进入者和替代品的威胁对应了**竞争者威胁**；购买者的议价能力对应了买家对价格的敏感程度和可供选择市场的广阔程度，可以理解为**买家偏好。**

在选品上架前期，首先需要关注**市场竞争现状**，判断是否是有潜力的蓝海市场，避免进入竞争过大的垄断市场和没有流量的类目。有关具体判断市场容量的方法，请参考本书6.4节与7.1节相关内容，在此不做赘述。

在上架和推广期，就要更加关注**竞争者威胁。**如果在运营过程中发现同款同图片的链接，就可以将其定义为直接竞争者。对于亚马逊平台而言，每个流量入口都存在竞争，一般来说75%以上的流量来源于前台搜索（包括广告推广和自然搜索），排名流量和站外流量约占20%。因此，最终链接之间竞争的重点就落在了关键词排名上。举例而言，链接A、B主图相同，在同一时间点部分常用关键词下的排名如表8-1所示。

表8-1 同一时间点常用关键词排名

关键词 / 链接	关键词1	关键词2	关键词3	关键词4
链接A	第2页第3个	第2页第28个	前3页未找到	第1页第2个
链接B	第1页第10个	第1页第32个	第1页第22个	第1页第25个

可以看出，在关键词1、关键词2下链接B更有优势，关键词3下A链接完全没有曝光，关键词4下链接A占据更佳的位置。如果链接A想要赶超链接B，就需要增加在关键词1、关键词2下的曝光和销量，补充关键词3，并保持与链接B价格和评分的相对一致。根据亚马逊平台A9算法排名的原理，通过促销、广告、引流等手段在关键词1~3下保持一段时间的高流量和高转化，就有逐步赶超链接B的可能。同理，当链接B发现链接A的竞争行为时也可以做相似的操作，通过卡位等方法避免链接A的赶超（具体的广告引流关键字筛选方法，请查阅本书5.5节相关内容）。

而对于款式相似的间接竞争者，则需要更多考量**买家偏好**，而这就涉及了本书第2章所述的用户画像体系，包含用户价格敏感度、用户地区分布、用户购物习惯等信息（具体的用户画像分析思路和运营技巧，请查阅本书第2章节相关内容）。

8.1.2 促销策略选择

促销是传统市场营销管理中最复杂、最富技巧、最具风险的一个环节，对亚马逊运营也是如此。在各论坛，经常会看到运营新人因为不熟悉促销设置，产品低价脱销造成公司损失的案例。事实上，促销常常会伴随一定的副作用，对于电商这种看重流量和转化的交易方式更是如此。因此，合格的数据化运营者更需要对促销进行缜密设计，以解决特定的问题。

亚马逊站内促销主要有以下几种：

1 站内活动：如报名**BD、LD（秒杀）**等。BD需要联系对应的招商经理，或者在邮箱查看是否被亚马逊邀请，没有费用要求；LD可以在后台查询，只有对满足条件的链接才可以申请，每次150美元。

2 站内付费促销：**Coupon**，每个0.6美元。创建coupon的产品可以在亚马逊today's deals的coupons页面下获取额外曝光。

3 站内免费促销：**社交媒体优惠码**，可以勾选其附带的亚马逊影响者和联盟，获取亚马逊联盟计划的个人站长推广的机会；**购买折扣**，可以设置多种折扣方式，也可以在商品前台显示。

表8-2所示为一些设定促销目标，可根据下列目标选定运营者需要的营销手段。

表8-2 设定促销目标表格

	BD	LD	Coupon	社交媒体优惠码	购买折扣
提高营业额	★	★	★	☆	☆
提高毛利额	☆	☆			★
提高流量	★	★	☆	★	☆
提高转化率	★	★	★	★	☆
提高客单价				☆	★
提高客品数*					★

表8-2中，*表示的是“每位顾客平均购买的品种数”，“★”表示效果良好，“☆”表示效果普通。

依据前期的营销计划，运营者可以确认具体的促销方法、促销时间、折扣比例等，从而能将促销方案落实执行。值得注意的是，在结束后，运营者要及时对促销方案进行评估分析，从而可以对链接进行下一阶段的操作。

8.2 站外营销技巧及数据分析方法

随着站内流量竞争日益加剧，站外流量成为更多卖家的选择；同时，亚马逊关于品牌店铺的一系列新增功能，似乎也在鼓励卖家建立自己的品牌流量池，从而能为平台带来更多流量。然而，大多数运营者对站外营销并不了解或是抱有偏见，一谈到站外，就认为是找服务商，做deals，发邮件，找网红。其实这些观点都过于片面。对亚马逊营销而言，产品、价格、渠道和推广都是需要关注的。对于不同产品，没有一成不变的渠道，也没有一成不变的推广方式。本节将从**如何从站内走向站外、如何辨别网红类型和如何获取免费流量**三个方面，对站外营销做相关介绍。

8.2.1 如何从站内走向站外

之前的章节，更多是站在平台和算法的角度进行分析，但做站外引流需要在不同平台之间跳转，所以运营者要学会把握一般化的规律。第一步就是要从买家角度重新考虑用户的购买行为逻辑。运营者可以参考消费者购买行为模式理论之一——黑箱理论，其理论示意图如图8-2所示。

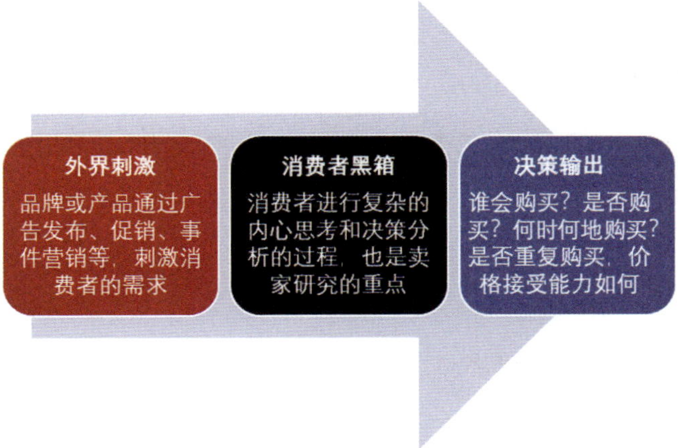

外界刺激
品牌或产品通过广告发布、促销、事件营销等，刺激消费者的需求
消费者黑箱
消费者进行复杂的内心思考和决策分析的过程，也是卖家研究的重点
决策输出
谁会购买？是否购买？何时何地购买？是否重复购买，价格接受能力如何

图8-2 消费者黑箱模型

从流量和转化率两个角度来看，影响购买的因素可以分为以下两类：

1 流量优先：通过更大的流量和曝光，使得更多买家看到产品，从而促成他们转变购买意向，最终完成交易。电商大多数产品都属于该类型。

2 转化率优先：通过更精准的流量和曝光，使得更多有购买意向的买家发现产品，进而完成交易，多见于关键意见领袖（Key Opinion Leader，KOL）推广。

在完成用户画像之后（详见本书第4章相关内容），运营者就可以有针对性地发现目标客户，并促成订单。此时，运营者可以利用竞争对手的链接，发现有价值的早期评论人和推广者。

举例而言，假设某店铺的产品是一款上衣，同时在亚马逊平台上可以找到多款类似产品，如图8-3所示。

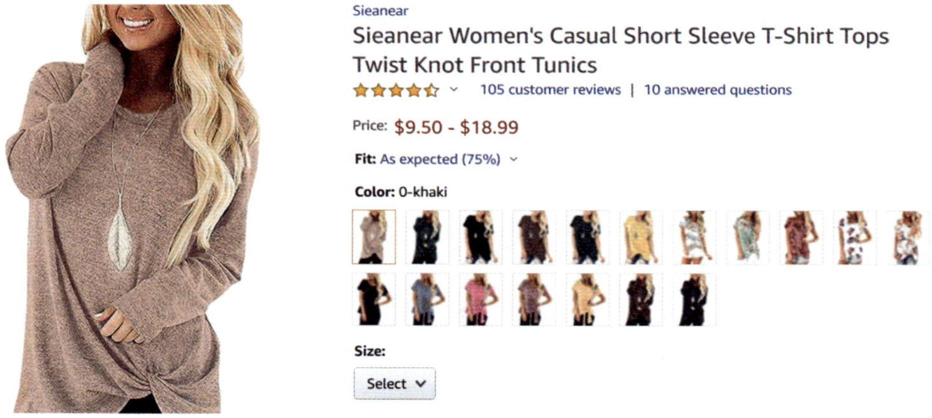

图8-3 亚马逊平台上的多款类似产品

通过点击该listing下方的review，可以看到买家对这款产品的评价，如图8-4所示。

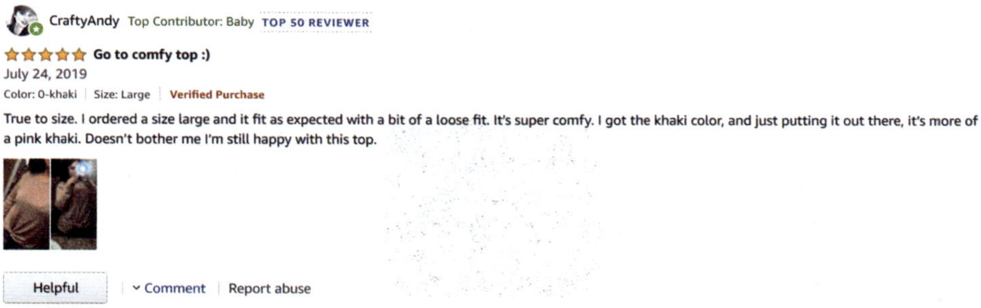

CraftyAndy Top Contributor: Baby TOP 50 REVIEWER
Go to comfy top :)
July 24, 2019
Color: 0-khaki | Size: Large | Verified Purchase
True to size. I ordered a size large and it fit as expected with a bit of a loose fit. It's super comfy. I got the khaki color, and just putting it out there, it's more of a pink khaki. Doesn't bother me I'm still happy with this top.
Helpful
Comment | Report abuse

图8-4 购买者对产品的评价

点击进入部分买家的首页，可以发现隐藏的站外入口，如图8-5所示。

图8-5　进入购买者页面

在图8-5中，图片左下角是买家的FB和IG账号。可以看到该买家在自我介绍中已经表明了喜欢的物品类型，其账号Top50的排名和真实头像可以证明买家身份，那么这时就可以通过自己的FB及IG账号联系这位买家，从而进行精准的站内外营销。为了提升营销效率，运营者还可以通过爬虫等工具批量获取潜在的网红资源。但需要注意的是，运营者在抓取到网红数据后，仍然需要仔细查看其社交账号信息，从而最终判断抓取的网红资源是否适合产品投放与营销。

8.2.2　如何辨别网红类型

在查看网红的社交账号时，运营者首先需要优先关注卖家的粉丝人数与关注人数比例。许多网红内容产出的频率比较低，也不会购买“僵尸粉”，他们主要是通过互相关注的方式来吸引“粉丝”。通过加权可以简单计算网红的影响力，即“影响力系数”，其计算方式如下：

影响力系数=（粉丝人数÷100取整数商）×（粉丝人数÷关注人数）

举例，现有一账号的粉丝人数为1 651人，关注人数为832人（图8-6），那么该账号的影响力系数为：17×（1 651÷832）=33.7，因此可以判定该账号影响力有限。

其次，运营者还需要关注网红的账户内容。如图8-6所示，通过账户自我介绍和发布内容可以发现该用户是一位烘焙蛋糕师，很少发布其他产品类目的评测，因此不适合做非糕点类产品的站外推广。

通过站内采集方式收集到的用户账号网红“影响力系数”一般都比较小，但运营者在前期可以通过这种方法了解站外引流的合作模式，待操作渐渐熟悉后再进行付费营销。根据《经济学人》报道，美国网红分析机构Captive公开了平均报价，如图8-7所示：

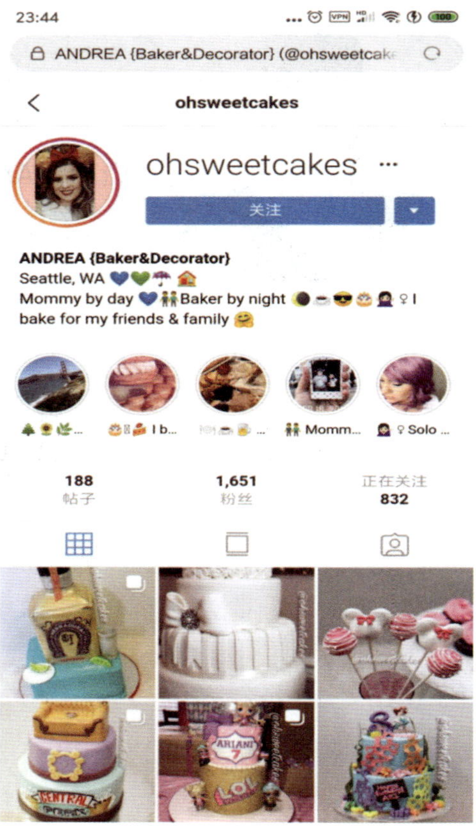

图8-6　影响力系数计算示意图

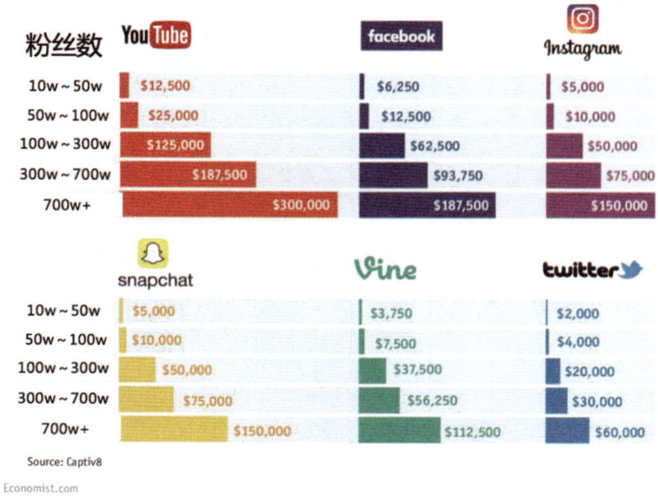

图8-7　美国各平台一篇“软文广告”均价图表

从图8-7中可以看到10万~50万粉丝的网红推广费用，最低也在2000美元一条，这对于大部分的中小卖家而言仍然太贵。因此在多数情况下，选择粉丝数量小于10万，“影响力系数”在500以内的小网红，或者根据实际销售情况计算营销支出才是运营者更加有利的选择。

8.2.3 如何获取免费流量

很多运营者应该经历过产品短期爆单的情况，排除FBA到货等站内因素，listing突然爆单更多还是因为产品链接在其他网站上进行了推广。这些网站中很多属Amazon affiliate联盟成员，其通过给亚马逊商品进行广告或推广进行盈利，当人们通过这些网站跳转到亚马逊并在24小时内完成任意一笔交易时，网站就可以得到佣金，如图8-8所示。

Table 1 - Fixed Standard Program Fee Rates for Specific Product Categories

Product Category	Fixed Standard Program Fee Rates
Luxury Beauty, Amazon Coins	10.00%
Furniture, Home, Home Improvement, Lawn & Garden, Pets Products, Pantry	8.00%
Headphones, Beauty, Musical Instruments, Business & Industrial Supplies	6.00%
Outdoors, Tools	5.50%
Digital Music, Grocery, Physical Music, Handmade, Digital Videos	5.00%
Physical Books, Health & Personal Care, Sports, Kitchen, Automotive, Baby Products	4.50%
Amazon Fire Tablet Devices, Amazon Kindle Devices, Amazon Fashion Women's, Men's & Kids Private Label, Apparel, Amazon Cloud Cam Devices, Fire TV Edition Smart TVs, Amazon Fire TV Devices, Amazon Echo Devices, Ring Devices, Watches, Jewelry, Luggage, Shoes, and Handbags & Accessories	4.00%
Amazon Fresh, Toys	3.00%
PC, PC Components, DVD & Blu-Ray	2.50%
Televisions, Digital Video Games	2.00%
Physical Video Games & Video Game Consoles	1.00%
Gift Cards; Wireless Service Plans; Alcoholic Beverages; Digital Kindle Products purchased as a subscription; Food prepared and delivered from a restaurant; Amazon Appstore, Prime Now, Amazon Pay Places, or Prime Wardrobe Purchases	0.00%
All Other Categories	4.00%

图8-8 亚马逊网站联盟计划服务费明细表

更重要的是在整个过程中卖家不需要花一分钱，所有的推广费用是由亚马逊支付的。这就是本文强调的“免费流量”。

那么，如何才能获取这些免费流量呢？首先运营者需要了解整个广告投放的过程。与精准营销类似，亚马逊联盟成员更多属于精准类目下的独立网站和个人博主，他们可以使用亚马逊工具将自己的网站与亚马逊网站连接起来。一般而言，亚马逊提供两种连接形式：一是主动在文中插入亚马逊的产品链接；二是在文章末尾插入“Native

Shopping Ads”的广告。

对于第一种推广而言，亚马逊联盟成员在选取推荐产品时也是有筛选环节的。一般来说，联盟成员会挑选客单价高，站内销量好，并符合自己网站受众的链接，从而将联盟会员自身的利益最大化。仍以上衣为例，通过搜索运营者可以找到该产品的推广站点，如图8-9所示。

通过点击网页就可以跳转到亚马逊页面。亚马逊在站外链接中设置了明显的埋点，运营者可以清楚地看到买家是通过redsclothing这个网站进行的跳转。通过这种链接跳转，在买家购物后的24小时内，redsclothing网站的所有者就可以获取一笔佣金。

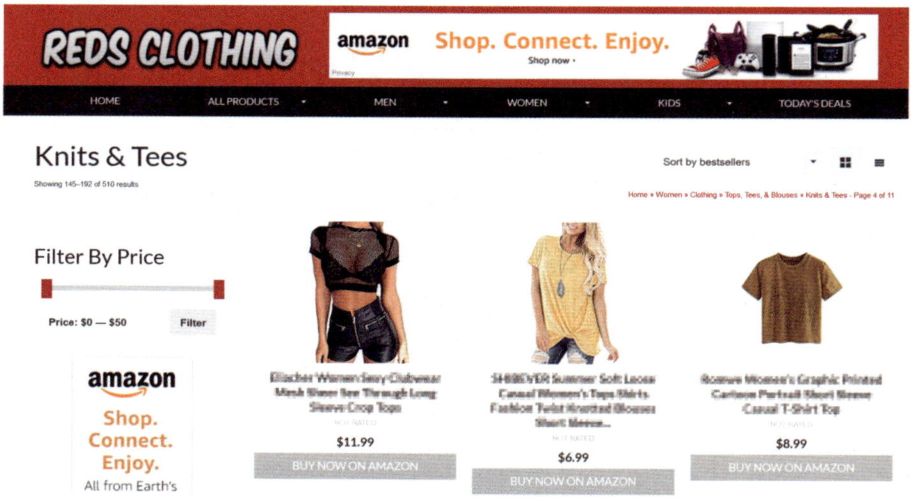

图8-9　通过搜索运营者找到产品的推广站点

对初次涉及站外营销的普通卖家而言，很难反向找到完全适合自己产品的站点并进行合作，因此获取免费流量的重心，就落在了第二个渠道：**Native Shopping Ads广告。**

图8-10　原生购物广告示例

如图8-10所示，Native Shopping Ads（原生购物广告）是指内容风格和页面一致、镶嵌在页面之中，同时符合用户使用原页面的行为习惯的广告，属于亚马逊的相关推荐广告。对普通网站而言，其放置灵活，并且可以根据搜索的相关性推送对应的商品，这种广告类型和如今互联网界热门的“信息流广告”有很多相似之处。这些广告页面是通过权威链接进行跳转的。举例而言，在Techradar网站发布的“2019年最好的充电宝”这篇文章中，就植入了亚马逊的原生购物广告，如图8-11~图8-14所示。

The best power banks of 2019: portable chargers to keep your gadgets going
By James Peckham , Matt Swider 18 days ago Mobile Phones
Power banks to recharge your phone on the go

图8-11　植入亚马逊原生购物广告示例（一）
（2019年最佳移动电源：便携式充电器可助您一臂之力）

图8-12　植入亚马逊原生购物广告示例（二）

用户通过点击广告跳转，可以找到产品链接及其权威链接。通过对比运营者可以明显看出：推广链接除了后部的SubscriptionId（订阅标识符）和tag（联盟代码）等埋点外，前部和权威链接完全一致：

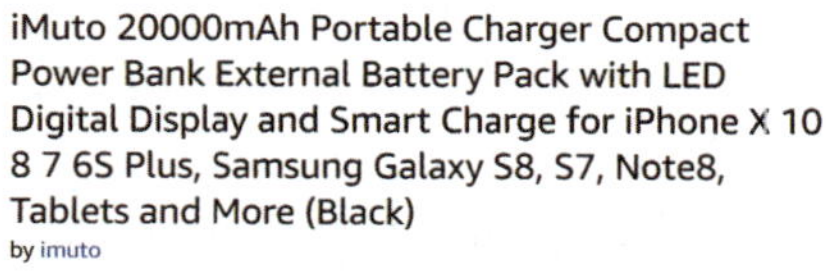

iMuto 20000mAh Portable Charger Compact Power Bank External Battery Pack with LED Digital Display and Smart Charge for iPhone X 10 8 7 6S Plus, Samsung Galaxy S8, S7, Note8, Tablets and More (Black)
by imuto

图8-13　植入亚马逊原生购物广告示例（三）　图8-14　植入亚马逊原生购物广告示例（四）

权威链接是亚马逊进行站外推广的主体

通过进一步观察，可以发现权威链接通常会包含标题内的5个词。这时运营者可以在上架初期寻找被推广过的同类产品链接，模仿其listing标题及权威链接内部文字的写法，从而帮助自己的产品生成类似的权威链接，最终提高链接被推广的概率。（listing关键字的标题的优化，详见本书5.11节相关内容）

8.3　实体营销册效率分析

除了站外引流、网红营销这类“数字化营销”外，传统的实体营销册推广也是亚马逊线下引流的一种方式。

在国内电商行业，实体营销册已经成为线下引流的通用手段，其不仅可以帮助运营者带来额外的好评与订单，还可以通过营销册上的信息反馈了解产品的不足与顾客的需求。淘宝实体营销册如图8-15所示。

图8-15　淘宝实体营销册示例

与国内营销册的设计相似，亚马逊的实体营销册可以包含如下信息：

1 品牌Logo+标语；

2 优惠券信息；

3 新品导购图文；

4 好评索要文本；

5 粉丝社群二维码；

6 产品退货表单；

7 其他宣传信息。

在正式设计时，亚马逊运营者可以从上述信息中选择自己最需要的信息加入实体营销册中。一份标准的亚马逊实体营销册设计如图8-16所示。

图8-16　亚马逊实体营销册设计示例

从图8-16中可以看到，除了基本的封页、封底、品牌Logo、新品图文外，营销册还单独划分了一个区域用来粘贴优惠券编码，如图8-17所示。

通过单独的线下优惠券发放，运营者就可以从后台的订单报表中，获知有多少用户通过线下实体营销册下单购买，然后就可以计算出实体营销册的投资回报率即ROI数值。

一般而言，一本8面4页的彩色实体营销册的印刷成本约为0.5元人民币，因为营销册是混在FBA与FBM订单中一起邮寄给用户，所以其物流成本几乎可以忽略不计，而0.5元人民币换算成美元甚至连0.1美元都不到，如此低成本的营销让实体营销册逐渐变成了中小卖家的引流首选渠道。

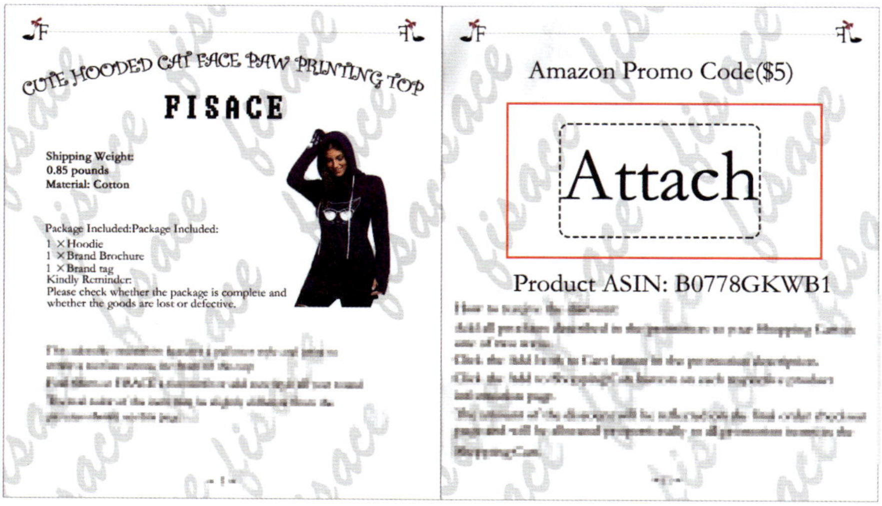

图8-17　营销册优惠券编码示意图

实体营销册的投资回报率计算非常简单，只需要通过后台订单报表，统计有多少订单来自营销册中宣传推广的新品即可。假设每发放100本营销册会带来50美元的订单，而每本营销册的成本设为0.1美元，那么实体营销册的投资回报率为50÷(100×0.1)=500%，即每投资1美元可以获得5美元的回报。

通过将实体营销册的投资回报率与站内广告的投资回报率进行对比，运营者就可以更加高效地选择自己的营销方式，同时也能进一步降低运营成本。

第 9 章

库存体系数据化

面对海量的 SKU 库存到底该如何对库存信息进行数据分析？针对不同的商品未来应该如何进行备货和生产？

9.1 仓储备货的经验化思路

仓储计划的设定是亚马逊电商运营不可逃避的问题，跨境电商运营与国内电商运营不同，仓储计划的设定必须非常科学严谨，这一方面是因为商品本身从中国运往美国所需的时间更长，另一方面更是因为 FBA 备货需要实时更新库存。本章节主要介绍几种常用的仓储数量规划模型。

在介绍不同的模型前，先预设计算时需要使用的参数变量（这些参数变量都可以在亚马逊的后台报表，即“Business Report”中查询，不做赘述）：

FBA7 天销售量 ——S_7；

FBA14 天销售量——S_{14}；

FBA30 天销售量——S_{30}；

FBA30 天备货量——I_{30}。

9.1.1 销售量叠加法

适合商品类目：

- 非季节性产品；
- 销售额稳定商品；
- 标准化产品，例如 3C 产品；
- 非爆款。

计算方法：

$$I_{30} = S_7 \times 4$$

使用方法

直接将产品7天销售量乘以4即可，没有特别需要留意的地方。

该方法评价

- 适用范围小；
- 计算误差大；
- 计算方便简单；
- 无法预测爆款与热销款销售量，容易出现断货。

9.1.2 多阶段销售量加权法

适合商品类目：

- 销售额有一定波动；
- 非标准化产品；
- 销售额随行业整体趋势浮动；
- 非个性类产品；
- 非爆款。

计算方法：

权重分别为100%、50%、50%的计算公式（产品listing已经进入稳定期，销售量处于小幅度波动阶段时可以使用该计算公式）：

$$I_{30} = S_7 + S_{14} \div 2 + S_{30} \div 2$$

权重分别为0%、100%、50%的计算公式（近期一周因为意外情况，例如突然的关店/跟卖等，导致短时间销售量下滑时可以用该计算公式）：

$$I_{30} = S_{14} + S_{30} \div 2$$

权重分别为100%、0%、75%的计算公式（过去一个月至过去半个月期间销售量处于波动，直到近期一周销售量才稳定时可以用该计算公式）：

$$I_{30} = S_7 + S_{30} \times 0.75$$

…………

使用方法：

如果产品突然快速增长，近7天销售量因为FBA库存售罄造成销售量下滑，那么在下次备货时就需要将14天或者30天的销售量权重增加，而将近7天销售量的权重降低。相对的，如果产品销售量突增且FBA货源充足，那么就需要将近7天的权重增加。

该方法评价：

- 适用范围广；

- 计算误差适中；
- 计算方式灵活多样；
- 权重推导比较麻烦；
- 无法预测爆款与热销款销售量，容易出现断货。

9.1.3 销售量一般计量法

注意：9.2.3小节所讲解的图表示例对应Excel文件“销售量一般计量法”，请根据自身学习需要自行下载查看。

适合商品类目：

- 销售额有大幅度波动；
- 非标准化产品；
- 即将上季/脱季类产品；
- 个性类产品；
- 爆款（一般适用于销售量快速增长且日销售量大于每天30件的产品）。

计算方法：（其中的k_1，k_2，k_3为计算中间变量，无实际意义）

$$k_1=\left(\frac{S_7}{7}-\frac{S_{14}}{14}\right)\Big/7$$

$$k_2=\left(\frac{S_{14}}{14}-\frac{S_{30}}{30}\right)\Big/16$$

$$k_3=\frac{k_1+k_2}{2}$$

$$I_{30}=30\times(S_7/7+k_3\times 14)$$

使用方法：

该方法重点针对销售量高速增长的爆款类产品，其计算原则以日均销售量的增长幅度为斜率，参考30天、14天及7天日均销售量的变化，来计算产品未来一个月的波动趋势进行备货。

在Excel中使用一般计量法和销售额叠加法进行备货计算的数值对比如表9-1所示。

表9-1 销售量一般计量法表格

最近7天销售量	最近14天销售量	最近30天销售量	销量趋势	k_1	k_2	k_3	计量法备货量	叠加法备货量
20	30	50	销量上升	0.10	0.03	0.07	113	86
20	50	120	销量下降	-0.10	-0.03	-0.06	59	86
20	30	120	销量下降	0.10	-0.12	-0.01	83	86

销售额叠加法的备货量不会随过去销售量的波动而改变，但是一般计量法的备货量是会随过去数据的变化而变化，因此也更加精确。

该方法评价：

- 适用所有商品；
- 计算误差小；

- 计算方式统一；
- 可以预测爆款和热销产品，出现脱销概率小；
- 如果短期出现严重review波动，实际销售量与预估值之间的误差会增大。

9.2 仓储备货的数据化思路

对于亚马逊运营而言，很多卖家都有这样的困境：一个是缺货，另一个是库存冗余。与有货卖不出去相比，缺货固然是一个“幸福的烦恼”，但是二者都会直接造成利润的流失和店铺绩效的下降。只有通过精细化的库存管理，才能够有效提升资金流转的效率，从而避免库存风险。

9.2.1 稳定款自配送库存管理策略

对于自配送而言，由于物流和仓储费用低于FBA库存，且配送的时效也更长，因此可以允许一定量的库存，也能承受1~2周的缺货。同时，对于一些成本较低的产品，过于频繁的备货反而会造成物流成本的上升。综上所述，自配送对于库存管理的要求不是很高，其主要方向是**避免冗余库存**。因此，当运营者在备货时，可以使用过去30天的销售量与现有库存，完成**最低限度**的采购计划。一般来说，通过**定期采购**，就可以有效完成这一目标。

从时间上控制采购周期，从而控制库存量的采购方法，称为**定期采购**。通过确定固定的订货间隔期（一般为一周或一个月），就可以对不同种类的货物进行统一采购，如此不但可以降低采购的物流费用，还可以减少库存盘点的难度。一般来说，对于多产品运营的卖家，更适合使用定期采购。

设存在固定采购周期Y，则可以计算：

采购数量=(Y+入库天数)×30天日均销售量−采购未入库−库存数量

举例来说，A链接30天自发货日均6单，采购周期为15天，入库天数为5天，上一期的采购未入库数量为6件，库存还剩23件，则最终的采购数量应为：

$$(15+5)\times 6-6-23=137\text{（件）}$$

该方法利弊分析：

利：降低物流成本和管理难度，提高资金流转效率，减轻库存盘点压力。

弊：成本议价能力弱，缺货风险高。

9.2.2 稳定款FBA库存管理策略

对于稳定款而言，FBA库存属于主要销售量来源，一旦断货对销售量和排名的影响都非常大。其次，FBA补货在头程和入库所耗费的时间较长，更容易出现缺货和冗余问题。整体来看，维持库存不断货所带来的利润，要比维持低库存所节省的仓储费用高。因此，亚马逊FBA库存备货的首要考虑的因素是**保证不出现断货**，其次才是降低仓储费用，避免产生冗余库存。考虑到这些因素，运营者可以制定一个有**安全库存**的**定量采购**策略，完成对FBA链接的库存管理。

当实际的库存量低于满足**安全库存**的**订货点**时，根据产品固定的起订量或经济订货批量进行库存管理的方法，称之为**定量采购**。只要库存降低至订货点，就可以进行下一期的备货。通过订购固定数量的产品，可以降低存货的总费用。需要注意的是，针对不同的产品需要计算不同的最佳采购数量，因此这种采购方式更适用于店铺特有的产品和爆款备货。

1 设存在固定采购数量X，则可以计算：

安全库存 =（预计最大消耗量 − 30天日均销售量）× 采购提前期

订货点 = 30天日均销售量 ×（采购提前期 + 头程天数）+ 安全库存

仍然以A链接为例，设固定采购数量为500，过去30天日均FBA销售量为25，最大值为40，采购提前期为5天，FBA头程天数为12天，现有库存268件，则有

安全库存 =（40 − 25）× 5 = 75件

订货点 = 25 ×（5 + 12）+ 75 = 500件

可以看到，此时A产品的库存已经远低于订货点。在这种情况下，需要及时按固定采购数量的2倍去备货，等下一次库存降低至订货点时，再参考该公式进行补货。

2 设不存在固定采购数量，就可以计算经济订货批量，完成更加细致的备货。

经济订货批量（Economic Order Quantity，EOQ）是一种固定订货批量模型，可以用来确定企业一次订货（外购或自制）的数量。当企业按照经济订货批量来订货时，可实现订货成本和储存成本之和最小化。需要注意的是，经济订货批量只能应用于销售量较为稳定的款式，即日均销售量波动较小的listing。

在使用该模型时，运营者首先需要预设计算时需要使用的主要参数变量：

Q^* —— 经济订货批量；

C —— 单次订货成本；

D —— 货物总需求即年/月平均销售量；

P —— 货物单价（元/件）；

F —— 每件存货的年保管费用占其价值的百分比；

TC —— Total Cost即总成本；

$H=P\times F$ —— 单位产品的库存成本，即每件存货的年平均库存保管费用[元/(件·年)]。

基于以上参数，总成本TC的计算公式为

$$TC(Q)=P\times D+\frac{C\times D}{Q}+\frac{P\times F\times Q}{2}$$

为了使总成本最小，可以得到关于经济订货批量Q^*的计算公式为

$$Q^*=\sqrt{\frac{2\times C\times D}{P\times F}}+\sqrt{\frac{2\times C\times D}{H}}$$

经济订货批量 = [(2× 单次订货成本 × 货物总需求即每年月平均销售量) ÷ 单位产品的库存成本]$^{1/2}$

同时，运营者可以根据实际情况，自由选择其统计周期，以达到更加灵活的备货。

假设A链接单次订货成本是1 000元（物流费用+人员费用+税收费用+其他由订购产生的附带费用），货物在亚马逊平台的年平均销售量为300件，货物单价为30元，单件商品的月度仓储费为该商品价值的6.67%，即30×6.67%≈2元，该案例的经济订货批量计算为：经济订货批量 =[(2 × 300 × 1 000) ÷ 2]$^{1/2}$ ≈548件

利： 节约管理费用和库存成本，便于标准化备货，最大程度降低缺货。

弊： 采购周期会根据实际销售情况改变，如果没有相应的软件辅助工作量大。

9.3　仿真型仓储备货分析

注意： 9.3节所讲解的图表示例对应Excel文件“仿真型仓储备货分析”，请根据自身学习需要自行下载查看。

本章9.2节讲述了仓储备货的两种数据化思路，主要针对的是较为简单的市场状态；但是当运营者遇到更为复杂且难以预测的销售量波动时，就需要依赖仿真型的仓储备货分析方法。

所谓仿真，是指利用计算机技术将不同数值代入到数学模型中，同时记录系统中各个状态量的变化，最终以图表的形式将数据分析结果进行可视化。

在亚马逊平台，一个产品的每日销售量虽然会有所波动，但是其波动的范围仍然是可以预测的。比如当一个产品每日销售量稳 定在100单左右时，除非出现封店、跟卖、侵权等极端情况，否则该产品的日销售量大概率会在60~140单范围内波动。因此，为了能够更加精确地衡量一个产品销售量的波动范围，运营者可以使用数学中的标准差来计算。

标准差SD的计算公式为：$SD=\sqrt{\frac{1}{N}\sum_{i=1}^{N}(x_i-\bar{x})^2}$

其中表示的是日均销售量，表示的是某一天即第一天的销售量，表示记录的总天数。例如，A、B两个产品各有6天的销售数据，A产品6天的销售量分别为95、85、75、65、55、45，B产品6天的销售量分别为73、72、71、69、68、67。这两组的平均数都是70，但A组的标准差约为17.08分，B组的标准差约为2.16分，说明A产品销售数据的波动比B产品大得多。

在了解了标准差的计算方式后，运营者就可以利用该数值对未来产品的销售量进行预测，同时结合预测的结果计算不同备货数量造成的利润差异。本节将阐述如何利用Excel对拥有不同销售量波动的产品进行备货利润预测。

首先，打开名为“仿真型仓储备货分析”的Excel，其页面如图9-1所示。

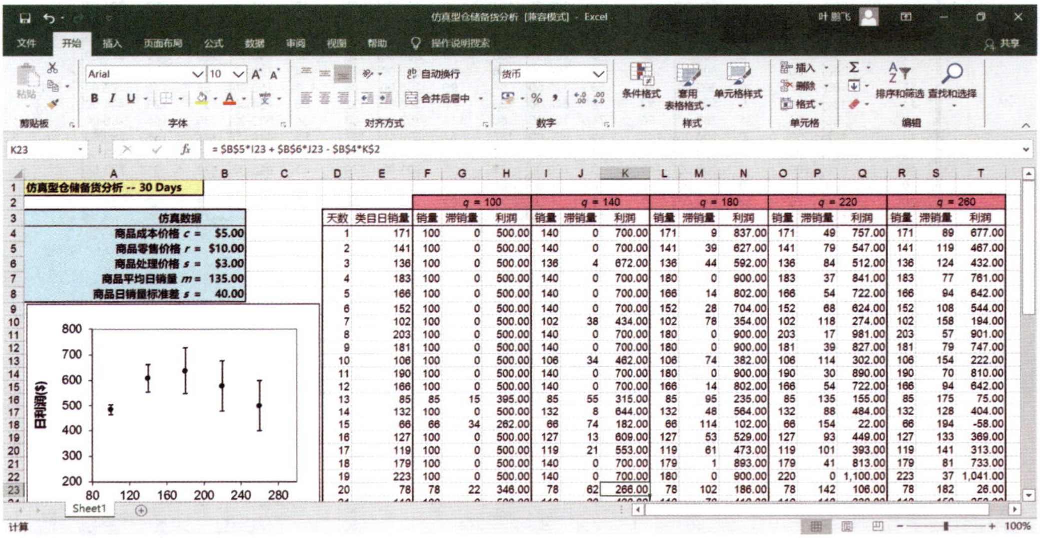

图9-1 “仿真型仓储备货分析”Excel页面

该表格共由三个部分组成，第一部分为“仿真数据”，如图9-2所示。

第二部分为“仿真图表”，如图9-3所示。第三部分为“模拟数据”，如图9-4所示。

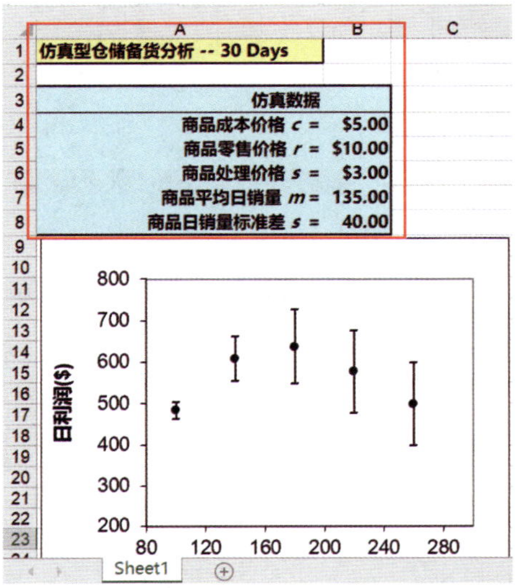

图9-2 “仿真数据”部分

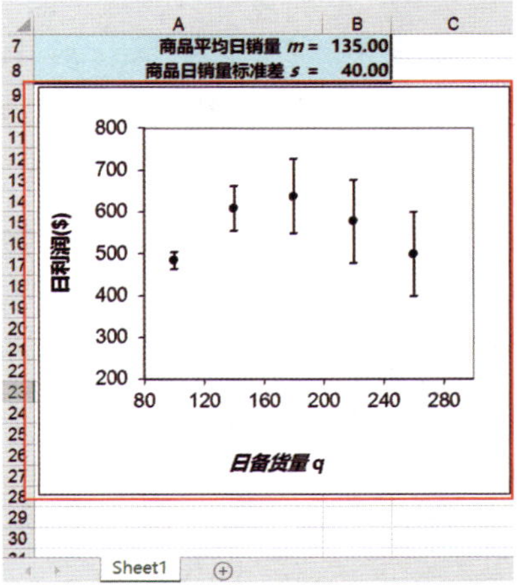

图9-3 “仿真图表”部分

		q = 100			q = 140			q = 180			q = 220			q = 260		
天数	类目日销量	销量	滞销量	利润	销量	滞销量	利润	销量	滞销量	利润	销量	滞销量	利润	销量	滞销量	利润
1	171	100	0	500.00	140	0	700.00	171	9	837.00	171	49	757.00	171	89	677.00
2	141	100	0	500.00	140	0	700.00	141	39	627.00	141	79	547.00	141	119	467.00
3	136	100	0	500.00	136	4	672.00	136	44	592.00	136	84	512.00	136	124	432.00
4	183	100	0	500.00	140	0	700.00	180	0	900.00	183	37	841.00	183	77	761.00
5	166	100	0	500.00	140	0	700.00	166	14	802.00	166	54	722.00	166	94	642.00
6	152	100	0	500.00	140	0	700.00	152	28	704.00	152	68	624.00	152	108	544.00
7	102	100	0	500.00	102	38	434.00	102	78	354.00	102	118	274.00	102	158	194.00
8	203	100	0	500.00	140	0	700.00	180	0	900.00	203	17	981.00	203	57	901.00
9	181	100	0	500.00	140	0	700.00	180	0	900.00	181	39	827.00	181	79	747.00
10	106	100	0	500.00	106	34	462.00	106	74	382.00	106	114	302.00	106	154	222.00
11	190	100	0	500.00	140	0	700.00	180	0	900.00	190	30	890.00	190	70	810.00
12	166	100	0	500.00	140	0	700.00	166	14	802.00	166	54	722.00	166	94	642.00
13	85	85	15	395.00	85	55	315.00	85	95	235.00	85	135	155.00	85	175	75.00
14	132	100	0	500.00	132	8	644.00	132	48	564.00	132	88	484.00	132	128	404.00
15	66	66	34	262.00	66	74	182.00	66	114	102.00	66	154	22.00	66	194	-58.00
16	127	100	0	500.00	127	13	609.00	127	53	529.00	127	93	449.00	127	133	369.00
17	119	100	0	500.00	119	21	553.00	119	61	473.00	119	101	393.00	119	141	313.00
18	179	100	0	500.00	140	0	700.00	179	1	893.00	179	41	813.00	179	81	733.00
19	223	100	0	500.00	140	0	700.00	180	0	900.00	220	0	1,100.00	223	37	1,041.00
20	78	78	22	346.00	78	62	266.00	78	102	186.00	78	142	106.00	78	182	26.00

图9-4 “模拟数据”部分

在使用该表格时，运营者首先需要在“仿真数据”部分输入自身产品的相关销售数据，其中包含了单个产品成本（以美元为单位计算，包含产品生产成本、物流成本、人工成本、仓储成本等）、零售价格（以美元为单位计算，是指在亚马逊平台上销售的价格）、处理价格（以美元为单位计算，指在产品滞销时采用的促销价格）、日均销量、日销量标准差。在本例中，产品单个成本为5美元，在亚马逊平台上的零售价格为10美元，黑色星期五、网络星期一等节日的促销价格为3美元，最近1个月产品的日均销售量为135件，销售量标准差为40，如图9-5所示。

仿真数据	
商品成本价格 c =	\$5.00
商品零售价格 r =	\$10.00
商品处理价格 s =	\$3.00
商品平均日销量 m =	135.00
商品日销量标准差 s =	40.00

图9-5 输入自身产品相关销售数据

虽然产品的日均销售量为135件，但是其标准差为40，说明销售量存在较大的波动，因此在本例中，对于日均备货量进行了多数值模拟，其数值分别为100、140、180、220、260，如图9-6所示。

q = 100	q = 140	q = 180	q = 220	q = 260

图9-6 日均备货量多数值模拟

当完成以上数值的输入后，基于“仿真型仓储备货分析”Excel中已经设置好的计算函数，表格会自动预测未来1个月的销售量；同时，该表格可以针对不同的日均备货量分别计算单日利润与滞销售量，如图9-7所示。

在各项数据中，运营者需要着重关注“模拟数据”部分下方的总计性数据，即绿色的结论阐述部分，如图9-8所示。

通过观察总结性数据，运营者可以得到如下结论：

1 如果日均备货量在100，那么平均日利润在（469.67±31.25）美元之间浮动，即平均日利润最小为438.42美元，最大为500.92美元，该备货方案的亏损概率为0%。

		q = 100			*q* = 140			*q* = 180			*q* = 220			*q* = 260		
天数	类目日销量	销量	滞销量	利润	销量	滞销量	利润	销量	滞销量	利润	销量	滞销量	利润	销量	滞销量	利润
1	171	100	0	500.00	140	0	700.00	171	9	837.00	171	49	757.00	171	89	677.00
2	141	100	0	500.00	140	0	700.00	141	39	627.00	141	79	547.00	141	119	467.00
3	136	100	0	500.00	136	4	672.00	136	44	592.00	136	84	512.00	136	124	432.00
4	183	100	0	500.00	140	0	700.00	180	0	900.00	183	37	841.00	183	77	761.00
5	166	100	0	500.00	140	0	700.00	166	14	802.00	166	54	722.00	166	94	642.00
6	152	100	0	500.00	140	0	700.00	152	28	704.00	152	68	624.00	152	108	544.00
7	102	100	0	500.00	102	38	434.00	102	78	354.00	102	118	274.00	102	158	194.00
8	203	100	0	500.00	140	0	700.00	180	0	900.00	203	17	981.00	203	57	901.00
9	181	100	0	500.00	140	0	700.00	180	0	900.00	181	39	827.00	181	79	747.00
10	106	100	0	500.00	106	34	462.00	106	74	382.00	106	114	302.00	106	154	222.00
11	190	100	0	500.00	140	0	700.00	180	0	900.00	190	30	890.00	190	70	810.00
12	166	100	0	500.00	140	0	700.00	166	14	802.00	166	54	722.00	166	94	642.00
13	85	85	15	395.00	85	55	315.00	85	95	235.00	85	135	155.00	85	175	75.00
14	132	100	0	500.00	132	8	644.00	132	48	564.00	132	88	484.00	132	128	404.00
15	66	66	34	262.00	66	74	182.00	66	114	102.00	66	154	22.00	66	194	-58.00
16	127	100	0	500.00	127	13	609.00	127	53	529.00	127	93	449.00	127	133	369.00
17	119	100	0	500.00	119	21	553.00	119	61	473.00	119	101	393.00	119	141	313.00
18	179	100	0	500.00	140	0	700.00	179	1	893.00	179	41	813.00	179	81	733.00
19	223	100	0	500.00	140	0	700.00	180	0	900.00	220	0	1,100.00	223	37	1,041.00
20	78	78	22	346.00	78	62	266.00	78	102	186.00	78	142	106.00	78	182	26.00
21	110	100	0	500.00	110	30	490.00	110	70	410.00	110	110	330.00	110	150	250.00
22	127	100	0	500.00	127	13	609.00	127	53	529.00	127	93	449.00	127	133	369.00
23	147	100	0	500.00	140	0	700.00	147	33	669.00	147	73	589.00	147	113	509.00
24	143	100	0	500.00	140	0	700.00	143	37	641.00	143	77	561.00	143	117	481.00
25	173	100	0	500.00	140	0	700.00	173	7	851.00	173	47	771.00	173	87	691.00
26	172	100	0	500.00	140	0	700.00	172	8	844.00	172	48	764.00	172	88	684.00
27	124	100	0	500.00	124	16	588.00	124	56	508.00	124	96	428.00	124	136	348.00
28	156	100	0	500.00	140	0	700.00	156	24	732.00	156	64	652.00	156	104	572.00
29	116	100	0	500.00	116	24	532.00	116	64	452.00	116	104	372.00	116	144	292.00
30	190	100	0	500.00	140	0	700.00	180	0	900.00	190	30	890.00	190	70	810.00
			平均利润	483.43		平均利润	608.53		平均利润	637.27		平均利润	577.57		平均利润	498.27
			±	19.99		±	54.07		±	88.64		±	99.43		±	99.97
			亏损概率	0.00		亏损概率	0.00		亏损概率	0.00		亏损概率	0.00		亏损概率	0.03

图9-7　表格自动预测销售量、日利润、滞销量（因为Excel中设置的函数包含随机数生成，所以每次保存时各个数据都会刷新）

平均利润	469.67	平均利润	576.33	平均利润	561.20	平均利润	499.17	平均利润	419.17
±	31.25	±	66.14	±	89.76	±	101.25	±	101.25
亏损概率	0.00	亏损概率	0.00	亏损概率	0.03	亏损概率	0.03	亏损概率	0.07

图9-8　“模拟数据”部分下方的总计性数据

2 如果日均备货量在140，那么平均日利润在（576.33±66.14）美元之间浮动，即平均日利润最小为510.19美元，最大为642.47美元，该备货方案的亏损概率为0%。

3 如果日均备货量在180，那么平均日利润在（561.20±89.76）美元之间浮动，即平均日利润最小为471.44美元，最大为650.96美元，该备货方案的亏损概率为3%。

4 如果日均备货量在220，那么平均日利润在（499.17±101.25）美元之间浮动，即平均日利润最小为397.92美元，最大为600.42美元，该备货方案的亏损概率为3%。

5 如果日均备货量在260，那么平均日利润在（419.17±101.25）美元之间浮动，即平均日利润最小为317.92美元，最大为520.42美元，该备货方案的亏损概率为7%。

综上所述，运营者可以发现不同的日均备货量对应了不同的日利润范围与日亏损概率。为了能够让数据更直观，Excel会自动生成数据仿真图，如图9-9所示。

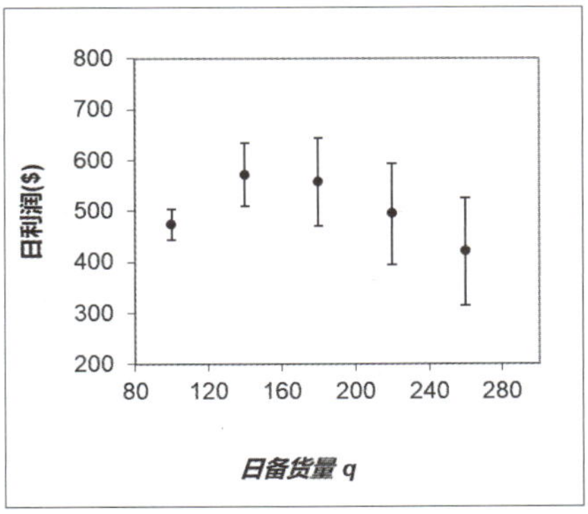

图9-9　数据仿真图

通过观察数据仿真图，运营者可以发现日均利润随着日均备货量的增加，其数值先增大后减少；同时，日均利润的波动范围随着日均备货量的增加而增加。

仓储备货的核心思想是**在承担最小风险的前提下获得最大利润**，因此在100、140、180、220、260这几个备货量中首先根据日均利润进行筛选，那么还剩下140与180这两个日均备货方案。完成利润筛选后，运营者就需要根据风险再进行筛选，虽然180的日均备货方案拥有更高的最大利润值，即650.96>642.47，但是该方案有3%的可能会产生日亏损，考虑到642.37×103%=661.6411>650.96，所以3%的日亏损并没有带来3%的日均利润的提高，因此综合来看140的日均备货方案更适合。

了解了以上分析思路和操作方法后，运营者可以结合自身产品的数据自由使用“仿真型仓储备货分析”的Excel。需要注意的是，在修改数据后，数据仿真图的坐标轴维度需要进行修改才可以出现相应的仿真图片，其修改方法如图9-10、图9-11所示。

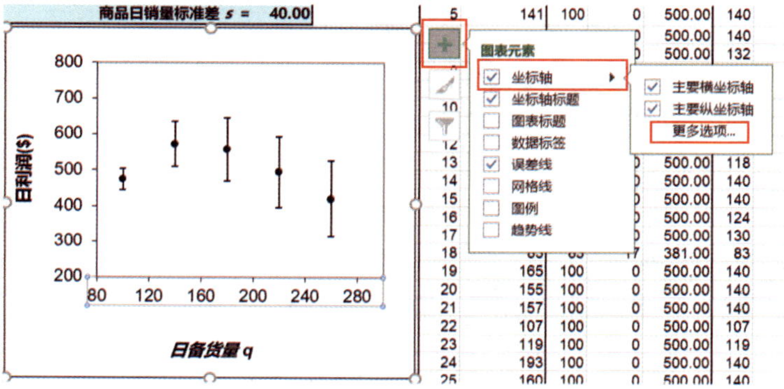

图9-10　修改仿真图坐标轴示例

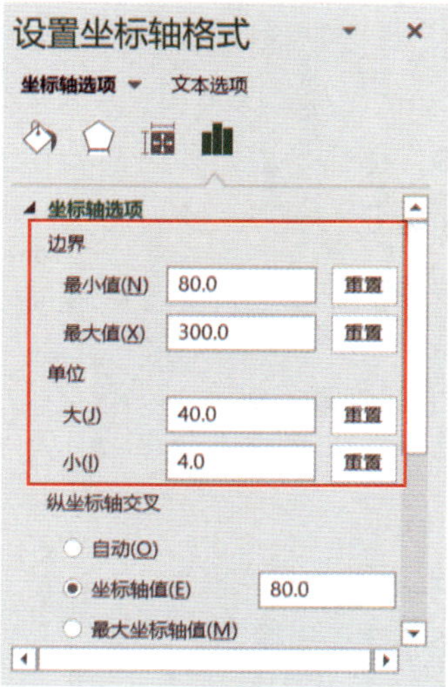

图9-11　修改坐标轴选项示例

第 10 章 管理体系数据化

当面对大量管理维度上的宏观数据时如何做出有效的判断？亚马逊运营管理者该如何形成高效的数据化管理思路？

10.1 店铺群数据化管理

注意：10.1节所讲解的图表示例对应Excel文件“店铺群数据化管理”，请根据自身学习需要自行下载查看。

10.1.1 店铺群管理的象限分析法

本书5.4节介绍了从宏观角度量化广告效果的方法，即“多广告组的象限分析法”，而运营者可以将这种方法举一反三使用在运营团队的管理与数据分析上。当一位运营者从事亚马逊跨境电商运营2~3年，其管理的团队一般而言会同时运营多个店铺，这时如何将这些店铺的数据进行统一直观地分析成了很多中高层管理者的难题之一。本小节将把“象限分析法”运用于运营团队管理中去。

一般而言，亚马逊店铺的指标有以下三点：

1 利润率；

2 销售额；

3 单个订单成本。

前两点很好理解，第3点则不能直观计算出来，这是因为单个订单成本涉及了产品成本、物流成本、人工成本等，所以需要将总成本计算出来，然后再将总成本除以订单量，就可以计算出单个订单成本。

在计算出上述3个数值后，运营者可以将利润率设为横轴，单个订单成本设为纵轴，销售额则是气泡图中气泡的面积大小（销售额越大，面积就越大），代入各个店铺的具体销售数据后，就可以得到如图10-1所示的图表（气泡图的绘制方法，详见本书2.2节相关内容）。

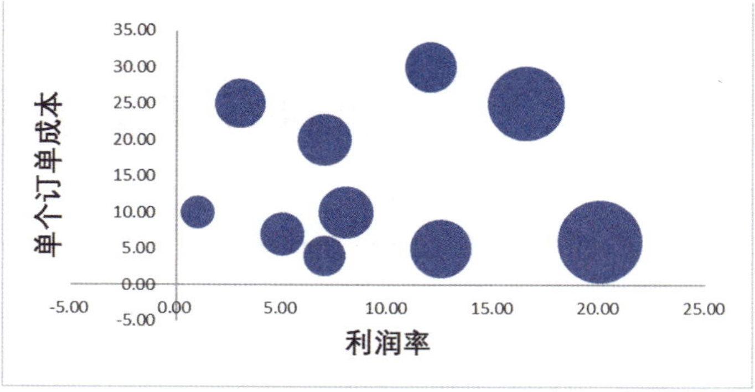

图10-1　店铺群管理气泡图

既然要使用“象限分析法”，运营者就需要将图表分为四个象限，如图10-2、图10-3所示。

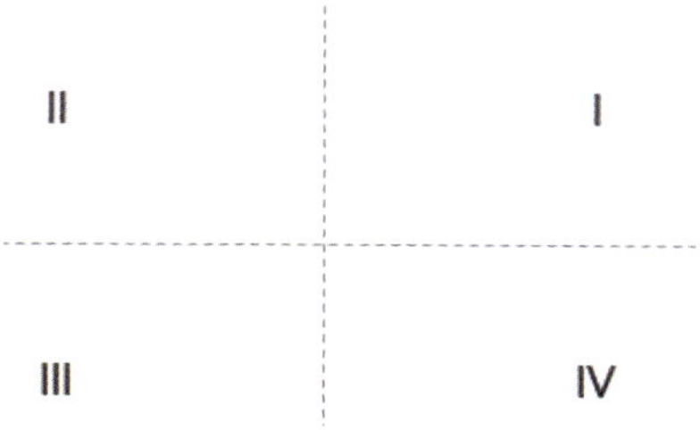

图10-2　四象限示意图

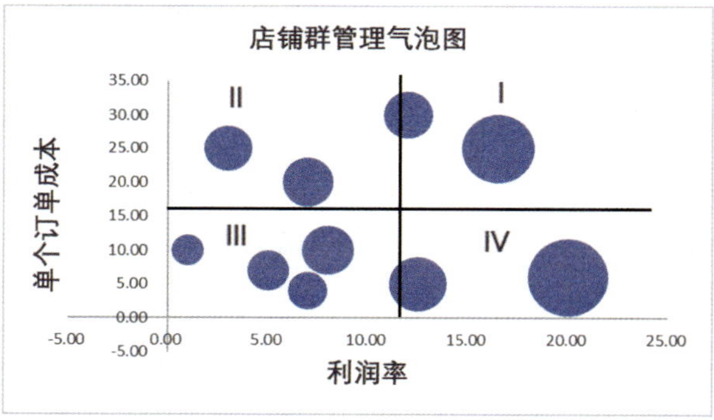

图10-3　四象限气泡图

结合象限各自的属性，运营团队管理者可以知道Ⅱ象限价值最低，即处于Ⅱ象限的店铺运营状况最差，而处于Ⅳ象限的店铺运营状态是较好的（**注意，**运营状态较好不代表不需要进行优化，还需要结合销售额进一步考虑），然后团队管理者就可以选择两种管理手段：**优化手段**或者**调整手段**。

1 优化手段。优化手段和本书5.4节中的广告优化方向是一致的，其优化逻辑如图10-4所示。

简言之就是运营团队管理者要通过一些运营对策，将处于Ⅱ、Ⅰ、Ⅲ象限的店铺尽量优化到Ⅳ象限，从而提升团队运营效率。

2 调整手段。调整手段与优化手段最大的区别就是将重点放在销售额上，即采取“开源节流”的店铺调整方式，在上例中就是针对处于Ⅱ象限与Ⅳ象限的店铺，分别对其销售额进行调整，如图10-5所示。

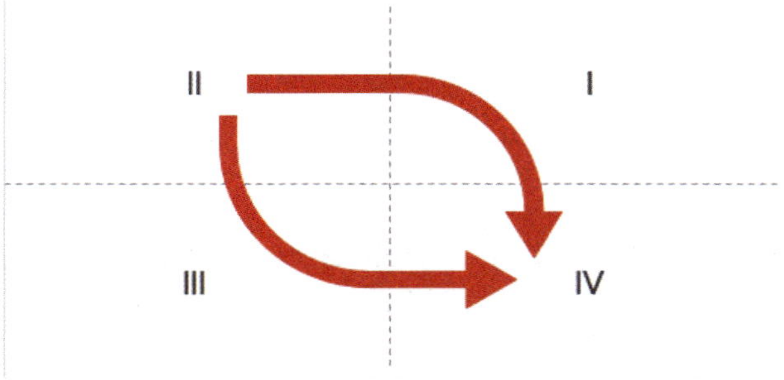

图 10-4　优化逻辑示意图

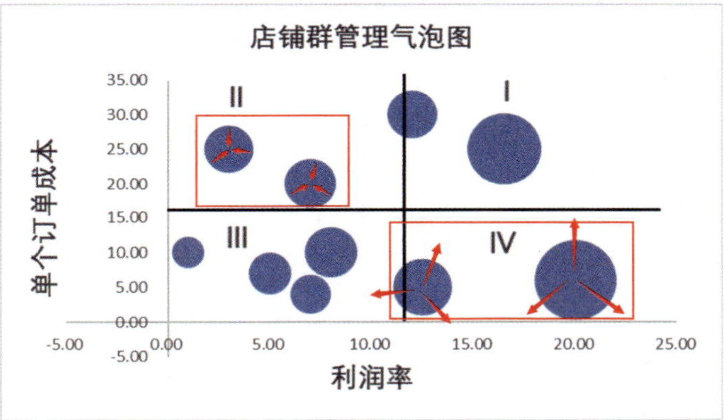

图 10-5　象限调整示意图（图中的红色箭头表示了销售额调整方向，处于Ⅱ象限的店铺需要将销售额缩小以降低业务风险，处于Ⅳ象限的店铺需要将销售额扩大以增加利润）

假设处于Ⅱ象限的店铺都是老店，虽然店铺拥有一定的销售额，但是因为店铺本身拥有大量差评，而且销售的产品质量也一般，那么对于这样的店铺，运营管理者也可以直接选择不优化，即“放弃”该店铺。

同时，处于Ⅳ象限的店铺，运营管理者可以不用过于优化其现有的运营模式，而是将重点放在销售额的扩增上。比如，增加现有爆款商品的变体（添加一种颜色或者增加尺码），尝试站内营销或者站外引流等。

对于处于其他象限的店铺，则仍以优化手段为主、调整手段为辅，直到所有店铺都能达到一个发展均衡的状态。

10.1.2　店铺群管理的类目关联性分析

通过10.1.1小节关于店铺群象限分析法的讲解，运营团队管理者已经可以把控店铺群的管理方向了。本小节将在此基础上，进一步讲解店铺群管理中的类目关联性分析。

类目关联性分析，是指通过各个店铺主营类目的可视化信息，来判断不同类目与店铺利润率、单个订单成本和销售额这些运营维度的关系。

首先，打开“店铺群数据化管理”的Excel，可以发现有一列数据名称为“主营产品类目”，如图10-6所示。

店铺名	主营产品类目	利润率	单个订单成本	销售额
1	A	20.00	6.00	50000.00
2	C	12.00	30.00	18400.00
3	B	5.00	7.00	13500.00
4	B	8.00	10.00	20000.00
5	B	16.50	25.00	40000.00
6	A	12.50	5.00	25000.00
7	C	3.00	25.00	18000.00
8	C	7.00	20.00	20000.00
9	A	1.00	10.00	8000.00
10	B	7.00	4.00	12000.00

图10-6　主营产品类目（是指一家店铺主要销售的产品细分类目，如服装行业的鞋子、T恤、裙子、帽子、裤子等细分类目）

在10.1.1小节中，通过“利润率”“单个订单成本”“销售额”，可以得到店铺群销售数据的气泡图，如图10-1所示。

因为本例图表中的10个店铺一共涉及了3种产品类目，即A、B、C类目，那么团队管理者可以将这三个产品类目以三种不同的颜色标注在原来的气泡图中。气泡图中气泡的颜色填充操作为：右键点击想要改变颜色的气泡，然后点击“填充”选项，再选择想要填充的颜色即可，如图10-7、图10-8所示。

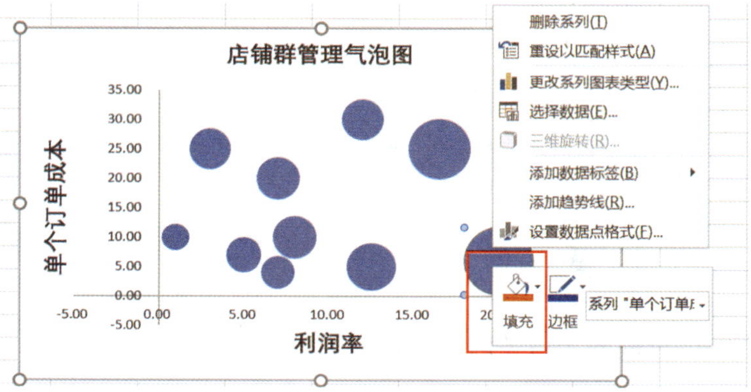

图10-7　气泡图颜色填充示意图

在本例中，A类目用绿色标注，B类目用红色标注，C类目用蓝色标注，新的信息可视化气泡图如图10-9所示。

图 10-8　选择想要填充的颜色

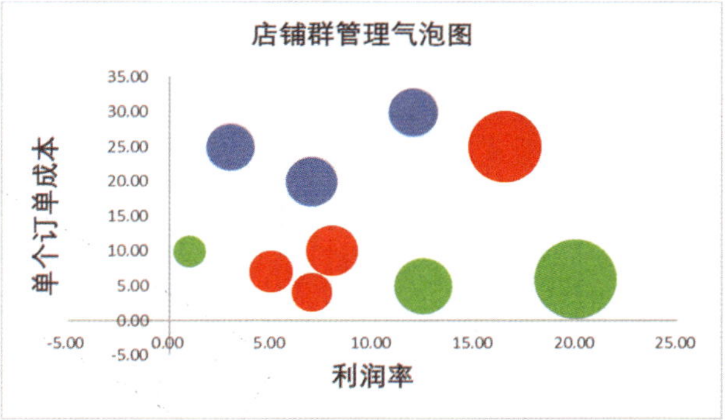

图 10-9　形成新的气泡图

关于图 10-10 中的 A 类目，可以发现其运营店铺位于图表下半部分，即位于Ⅲ象限与Ⅳ象限，其区域如图 10-10 所示。

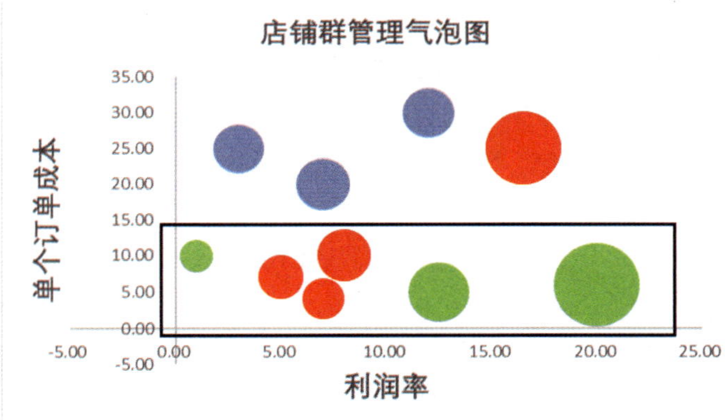

图 10-10　黑色框标注区域为 A 类目运营店铺所在区域

从图 10-10 中可知，运营 A 类目的店铺订单各订单成本都比较低，这可能由多个原因造成：

1. A 类目产品制作成本较低；
2. A 类目店铺的运营者经验丰富，人工成本与运营成本较低；
3. A 类目不依赖站外引流与推广，营销成本较低。

同时，运营者可以观察到运营 A 类目的店铺利润率有高有低，且高利润率的店铺销售额也很高，这表明 **A 类目产品可以在维持低订单成本的前提下获得高额利润，那么该类目产品就属于团队核心产品，**需要团队管理者给予适当的资源倾斜（如营销资源、供应链资源等），从而进一步提升利润。

关于图10-9中的B类目，可以发现其运营店铺位于图表的斜线部分，即位于Ⅰ象限与Ⅲ象限，其区域如图10-11所示。

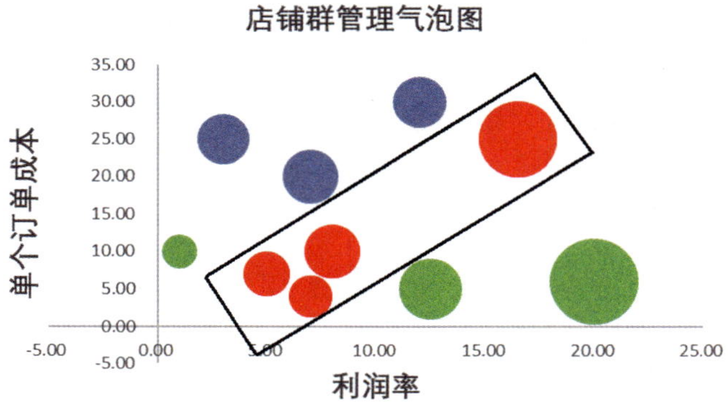

图10-11　B类目店铺区域图

从图10-11中可知，运营B类目的店铺订单个订单成本与利润率成正比，即单个订单成本越高，利润率越高。这种现象一般是由如下原因造成：**B类目市场为蓝海市场，随着对B类目产品的营销推广与供应链优化的费用增加，B类目的销量与利润也会增加，此种类目产品属于团队潜力产品。**因此，团队管理者需要进一步优化B类目产品的运营策略和供应链，在逐步降低单个订单成本的前提下，稳步提升B类目产品的销售额和利润率。

关于图10-9中的C类目，可以发现其运营店铺位于图表的上半部分，即位于Ⅰ象限与Ⅱ象限，其区域如图10-12所示。

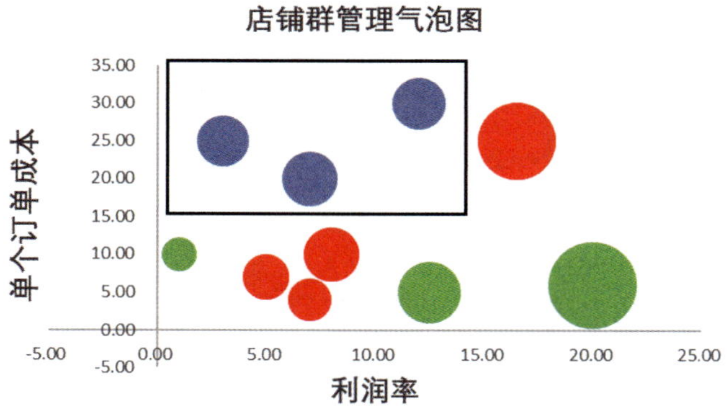

图10-12　C类目店铺区域图

从图10-12中可知，运营C类目的店铺订单个订单成本都比较高，这可能由多个原因造成：

1 C类目产品制作成本较高；

2 C类目店铺的运营者经验不足，人工成本与运营成本较高；

3 C类目非常依赖站外引流与推广，营销成本较高。

同时，运营者可以观察到运营C类目的店铺利润率偏低，且店铺销售额也不高，这表明**C类目产品本身既无市场潜力，也无利润空间。**团队管理者可以考虑放弃C类目，将运营重心转向A类目的核心产品或者B类目的潜力产品。

10.1.3 店铺群资金回报率分析

运营的最终目的是要获取利润，但是很多运营者在日常销售过程中往往以薄利多销为由单纯追求单量或者销售额的最大化。这种经营方式不能说是错误的，但在一定程度上损失了工作效率，对中小卖家而言更是如此。本小节将结合案例讲解店铺资金回报率的分析，案例数据见图10-13。

如图10-13所示，以亚马逊美国站内的某款鞋子为例，在售价26.99美元时，店铺群第1周该鞋子的总销售量为200件，利润率15%。当第2周售价提高到32.99美元时，成本由于分摊数量减少提升到24美元，店铺群的总销售量下降到100件，但最终的利润额却有了101美元的提升。需要注意的是，单纯追求利润额的思路也不是最优的。首先，大部分卖家和链接处于短期经营状态，并没有将某个款式做到长期稳定出单，自然也无法在长期经营条件下逐步获取最优定价；其次，站内链接库存、评价、定价等信息趋于透明，如果坚持高利润定价，很容易引起竞争对手的注意，导致跟卖、同款链接等大量出现，迫使价格急剧下降；最后，在品牌化没有建立之前，价格高于价值会加剧买家评论的不可控性，容易催生差评和退货，导致链接提前夭折。

	单价	单量	成本	利润率	利润额
第一周	26.99	200	23	15%	798
第二周	32.99	100	24	27%	899

图10-13 店铺案例数据示例

通过上述分析，正确的操作方法应该是在销售额与利润率之间取得平衡，这时运营者可以通过资金回报率来加以计算，其计算公式为

资金回报率=固定周期内利润÷投资总额×100%

假设A产品利润率30%，回款周期14天，FBA库存30天，海运30天，工厂备货15天，货款与工厂月结，那么占用资金的时间为2个月。如果初期投入100万人民币，2个月收回资金，扣除亚马逊的各项费用及汇损约30%，最终得到的销售额是204万，利润计算公式为：204×0.3=61.2，即能够获得61.2万元利润额。在这个基础上通过调整利润率，就可以明显看到资金回报率的变动。

10.2 业务渠道数据化管理

10.2.1 产品供应链的管理与优化

对于大多数亚马逊跨境电商的运营团队和企业而言，产品供应链优化的最终目的，是为很大限度提升产品供应链的ROI（投资回报率）。提升ROI的具体目标，通常是利润及其衍生物——成本和收入。其中成本包括运营成本、仓储运输成本、库存成本、管理成本等因素；收入受企业可提供服务质量的影响，包括生产准时性、产品定位、产品到货率等因素。

因为供应链的管理与优化本身涉及的环节非常多，因此在本小节对本书涉及的相关内容与环节做一个总结与补充。

企业成本部分，本书主要涉及了运营成本优化、仓储运输成本优化、库存成本优化、管理成本优化四个方面。

1 运营成本优化：包含站内广告投放成本优化、站外引流优化、站内SEO（listing自然排名）优化等内容，详见本书第5章及第8章相关内容。

2 仓储运输成本优化：包含物流供应链优化、FBA/FBM物流渠道优化、仓储备货优化等内容，详见本书10.2.2小节与第9章相关内容。

3 库存成本优化：包含安全库存数量设置、库存天数估计、仓储备货优化等内容，详见本书第9章相关内容。

4 管理成本优化：包含营销渠道管理、人员管理优化、店铺群管理优化等内容，详见本书第5章、第8章及第10章相关内容。

关于**企业收入部分**，本书主要涉及了产品定位优化、店铺群利润优化这两个方面。

1 产品定位优化：包含市场容量分析、数据化选品方法、产品价格分析等内容，详见本书第6章、第7章相关内容。

2 店铺群利润优化：包含店铺群四象限分析法、店铺群资金回报率分析等内容，详见本书10.1节相关内容。

10.2.2 物流供应链的管理与优化

在物流供应链领域，基于对各种物流模式优劣势的分析，以及自配送和亚马逊配送模式下的各项数据对比，运营者可以将平台的物流模式分为以下六个方面：**产品质量、运送时效、产品利润、库存消耗能力、发货时机**以及**物流成本。**

图10-14是根据平台数据分析得出的各影响因素依赖程度分布图，从图中可知，**亚马逊配送（FBA）对于产品质量、运送时效和库存消耗能力依赖程度很高。**这是因为如果FBA产品质量不佳，很容易产生滞销或大量退货的情况。除此之外，FBA产品因

为其到货速度快的原因，其listing的review更新率也就更高，一旦同时出现几个消极review，产品就很容易变成滞销产品。在时效方面，美国当地配送基本为三日内送达，部分地区还有隔日达服务，但是一旦库存长时间停留在海外仓，就会产生巨额长期仓储费用及折旧损失。同时，与亚马逊配送（FBA）相比，自配送（FBM）对于质量较差的产品可以随时停售，风险可控性较强。

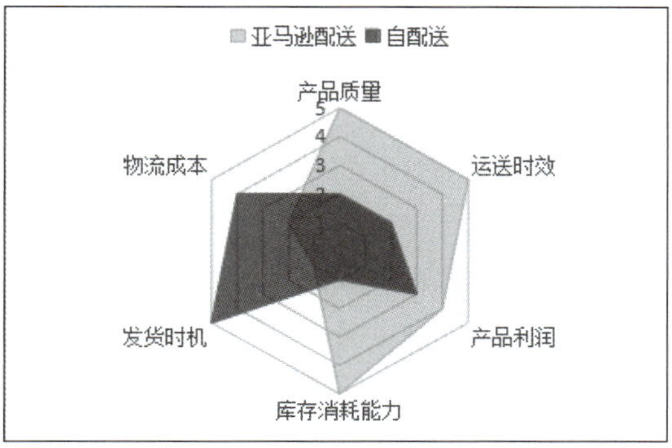

图10-15 物流影响因素依赖程度分布图（该雷达图中数值越大表明依赖程度越强）

虽然自配送抗风险能力强，但是其对于发货时机和物流成本依赖程度较高。当处于淡季的时候，可以选择中国邮政小包（China Post）以减少物流的成本；当处于旺季或者“黑色星期五”“网购星期一”这种促销节日的时候，选择中国香港邮政（HongKong Post）、新加坡邮政（Singapore Post）或比利时邮政（Bpost）可以更好地满足时效要求。与自配送（FBM）相比，亚马逊配送（FBA）的物流成本波动较小，对于淡旺季发货差别也只在备货数量和备货频次多少。

综上可得出以下几种物流模式选择方案：

1 从产品本身特点出发

① 产品质量高，利润大：选择FBA+自配送模式。

② 产品质量一般，利润可观：选择FBA+自配送模式（发FBA按少量多次原则，保证海外仓不断货即可）。

③ 产品质量一般，利润一般或低：选择自配送模式。

④ 产品质量差，无须考虑利润高低，选择自配送模式。

2 从产品款式类别出发

① 当季热卖产品：选择FBA+自配送模式（FBA按少量多次原则，保证海外仓库存不售罄即可）。

② 常青产品或者爆款：选择FBA+自配送模式（每次发FBA的数量可多一些，分摊头程费）。

③ 过季产品：果断选择自配送模式。

3 从产品销售表现出发

① 销量高，退款率低：选择FBA+自配送模式（每次发FBA的数量可多一些，分摊头程费）。

② 销量高，退款率较高：选择自配送模式。

③ 销量中等，退款率也不高：选择FBA+自配送模式（FBA按少量多次原则，保证海外仓库存不售罄即可）。

④ 销量低，无须考虑退款率高低：选择自配送模式。

4 从数据分析预测出发

① 流量大，转化率高，且为潜力款：选择FBA+自配送模式（第一次发少量FBA，产品成长后可调整）。

② 流量大，转化率低：需要优化产品详情。

③ 流量低，转化率高：需要进行营销推广，暂时选择自配送模式，后可根据优化情况发FBA。

④ 流量小，转化率小：果断选择自配送模式。

以上是从四个角度出发，构建亚马逊平台上相对合理的物流模式选择方案。对于跨境电商的卖家来说，首先应该分析所售产品的特点，同时观察产品销售表现，最后结合数据预测风险来选择合适的物流模式。此外，在淡旺季交替时运营者需要灵活使用不同物流方式来降低物流成本，从而确保产品的时效性。

10.2.3 营销渠道引流效率优化

在亚马逊平台的运营过程中，运营者可能需要通过站外的营销渠道进行引流，如通过tiktok（海外版抖音）短视频平台进行宣传，或是利用Google Ads投放CPC广告，又或是通过Facebook投放社区广告等，无论运营者采取哪种方式，都是为了能够给自己的产品带来可观的站外流量。虽然各个渠道营销宣传的载体不同，但是仍然可以利用数据分析的方式来加以筛选。在付费投放广告进行营销的过程中，运营者主要关注的要素如下：ROI（投资回报率）、CPC（单次点击成本）、CPM（每千人成本）、流量总数值、总营销费用。因为ROI、CPC、CPM等具体数值会因为营销渠道的不同而有不同的微观优化方法，所以本小节主要就“流量总数值”与“总营销费用”两点做相关说明。

在理想环境下，“流量总数值”与“总营销费用”如图10-16所示。

由图10-16可所，纵轴表示的是流量总数值，即流量总数值=自然流量+站外流量；横轴表示的是总营销费用。当总营销费用为0的时候，流量总数值=自然流量；当总营销费用增加的时候，流量总数值=自 然流量+对应该营销费用的站外流量。例如，如果每花费100美元的营销推广费用就能带来200站外流量，那么营销费用与流量的比值为1：2，这时流量总数值=自然流量+2×总营销费用。

在实际的运营过程中，流量总数值与总营销费用之间的关系并不是简单的线性关系，而需要用更为复杂的曲线来表示，如图10-16所示。

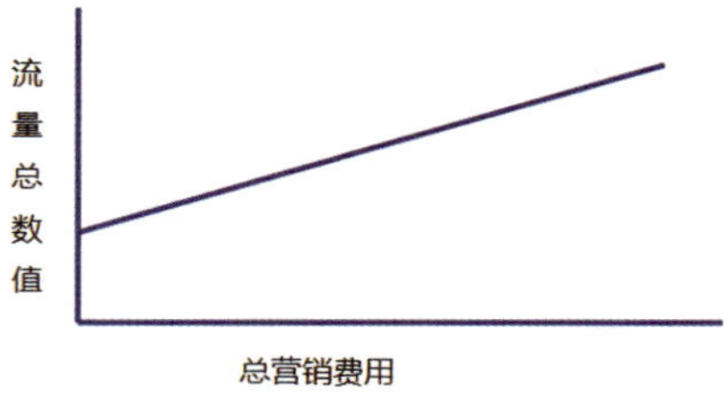

图10-15 “流量总数值”与“总营销费用”的简易线性模型

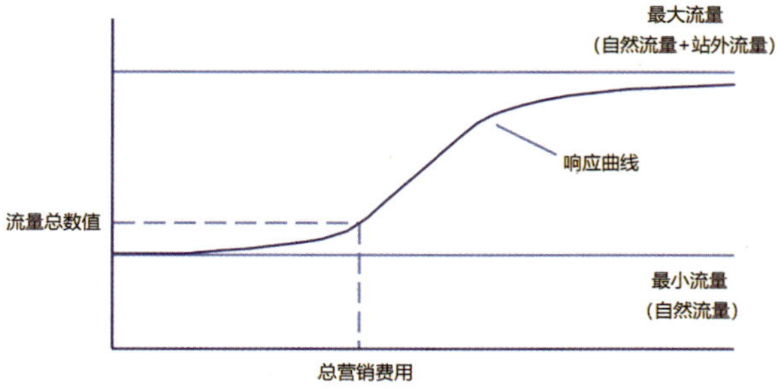

图10-16 “流量总数值”与“总营销费用”的常见响应模型

图10-16，不同于图10-15所示的线性关系，图10-16表示了一种最为常见的营销相应模型，即流量总数值随着总营销费用的增加，其流量增加速度先加快后放缓，最后流量总数值会逐渐趋近于一个固定数值。一开始流量增速加快是因为一个广告刚刚进入曝光阶段时，有大量的用户会因为好奇点击广告，因而提升了广告的点击率，流量总数值也就得到了大幅度提升；之后流量增速放缓，一方面是因为竞争者的加入，另一方面是因为用户经过多次曝光已经对于广告内容不再有兴趣，从而导致了流量总数值增速放缓；最后流量总数值趋近于固定值，是因为一个产品的广告受众是有限的，通过不断地营销推广该产品最终会被曝光到它所有的受众用户，从而触碰到流量的天花板。

结合图10-16中的相应模型曲线，运营者可以将一个渠道的营销推广投资范围划分成两个区间：高效营销区间与低效营销区间。高效营销区间是指在该区间范围内，其营销渠道能够通过适当的营销费用带来可观的站外流量。低效营销区间是指在该区间范围内，其营销渠道需要较高的营销费用才能带来少量的站外流量。如图10-17所示。

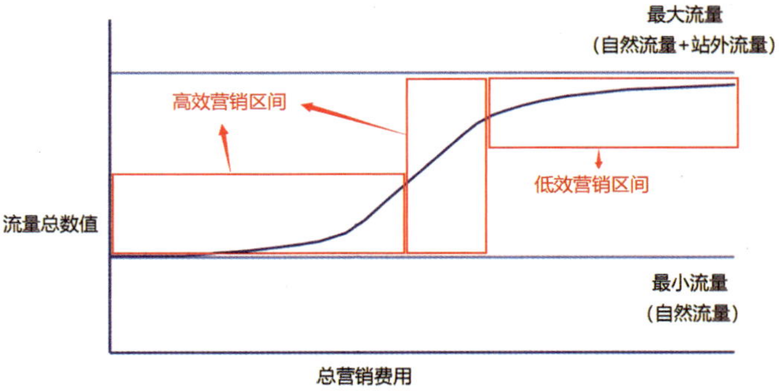

图10-17 一个渠道“高效营销区间”与“低效营销区间”的划分

了解了相关理论模型后，将结合案例帮助大家进行理解。

注意：本次案例所讲解的图表示例对应Excel文件“营销渠道效率分析”，请根据自身学习需要自行下载查看。

假设现有一营销渠道，其流量总数值与总营销费用的关系如图10-18所示。

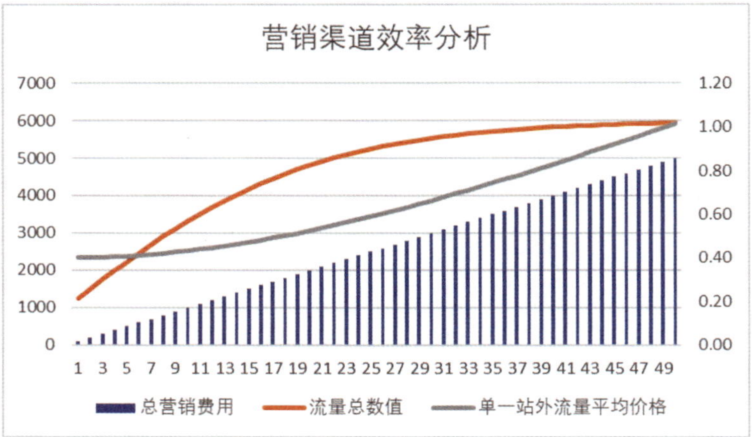

图10-18 某一营销渠道的总流量与总营销费用的相应曲线

由图10-18可知，左边的纵轴表示的是“总营销费用”与“流量总数值”，单位分别为美元与流量数，右边的纵轴表示的是“单一站外流量平均价格”，单位为美元。其中，单一站外流量平均价格=总营销费用 ÷ 流量总数值。从图中可以看到“单一站外流量平均价格”增长速度由慢到快，起初其价格在0.4美元左右，当总营销费用超过3300美元时，“单一站外流量平均价格”迅速升值0.7美元以上。因此，运营者可以根据“单一站外流量平均价格”的变化规律，对该营销渠道“高效营销区间”与“低效营销区间”进行划分，如图10-19所示。

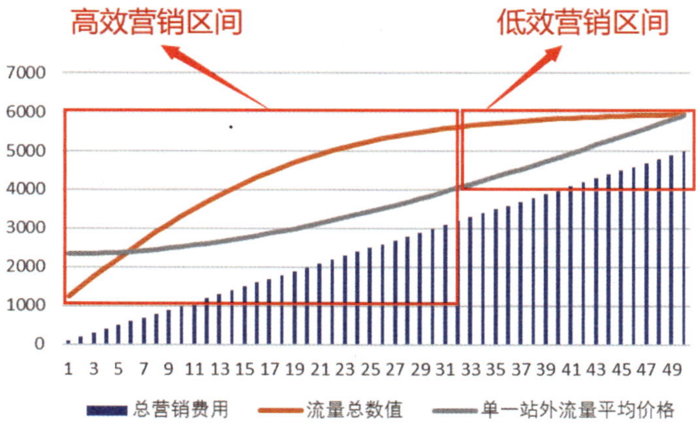

图10-19 案例中该营销渠道“高效营销区间”与“低效营销区间”的划分

其中“高效营销区间”是指“单一站外流量平均价格”增长仍较为平缓的营销费用范围，“低效营销区间”是指“单一站外流量平均价格”增长较为迅速的营销费用范围。

以上仅仅只是对单渠道进行了分析和判断。在实际业务中，运营者需要分析的站外引流渠道往往不止一个，比如 YouTube + Google Ads + Facebook 立体营销体系。因此，当运营者面对多营销渠道的时候，需要通过Excel中的求解器solver来进行数据处理。

Excel（2016版）通常不会默认添加求解器solver，运营者要进行简单的操作来实现。

第一步 选择“文件”，点击“选项”，其操作分别如图10-20、图10-21所示。

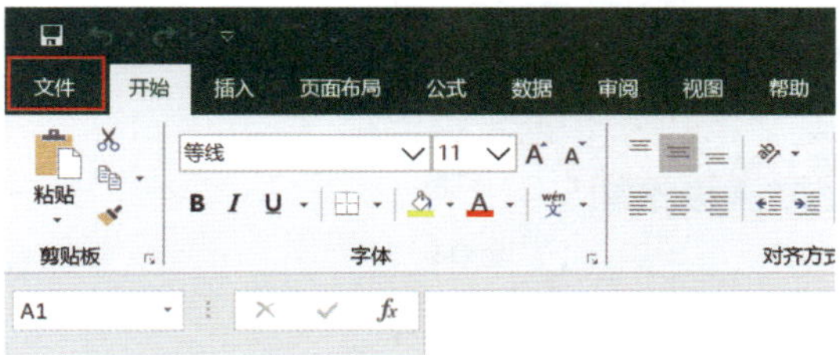

图10-20　选择“文件”

图10-21　点击“选项”

第二步 在弹出的Excel选项框中选择“加载项”，点击“转到（G）”，如图10-23所示。

第三步 在弹出的选项框中，选择“规划求解加载项”，然后点击“确定”，如图10-24所示。

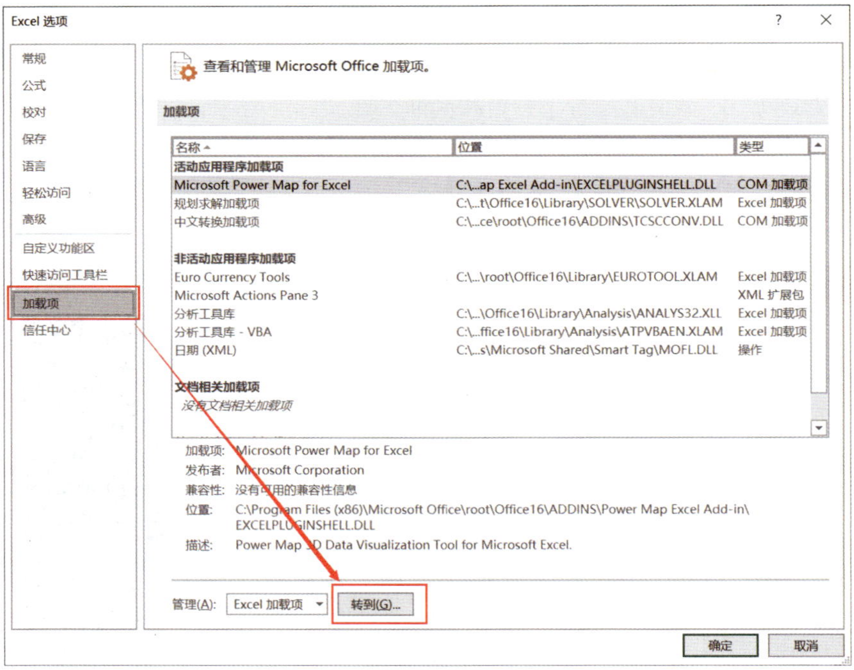

图10-22　点击“转至（G）”

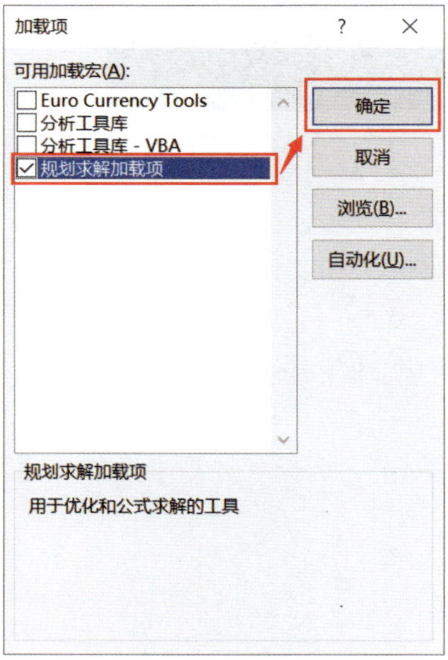

图10-23　选择“规划求解加载项”

第四步 完成这些操作后，就可以在Excel（2016版）中添加“规划求解加载项”了，其加载项在“数据”栏中显示，如图10-24、图10-25所示。

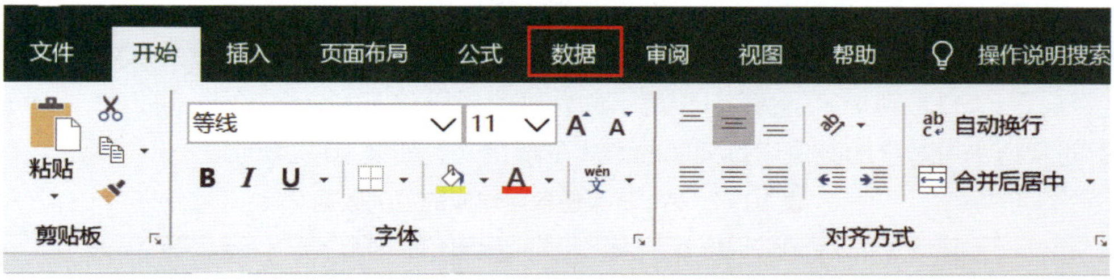

图10-24　选择Excel上方的“数据”栏

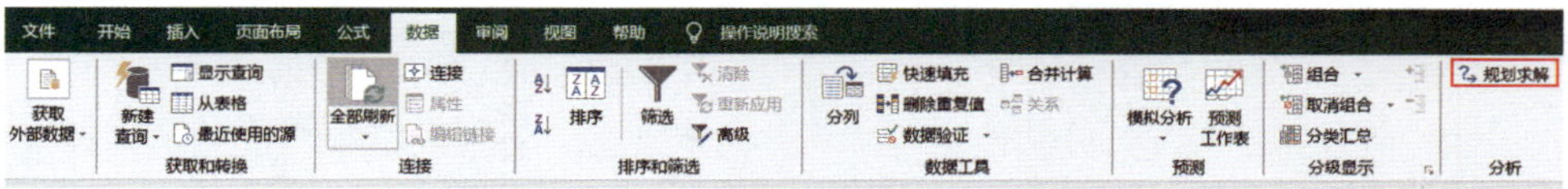

图10-25　在“数据”栏最右端，会显示“规划求解”的加载项

当添加完“规划求解”加载项后，就可以针对多渠道数据进行最优化分析，以下将结合案例进行理解。

注意： 本次案例所讲解的图表示例对应Excel文件“营销渠道费用分配”，请根据自身学习需要自行下载查看。

假设现在有两个营销渠道，两者的响应模型分别为

$$Y=\frac{e^{\frac{x}{1000}}}{(1+e^{\frac{x}{1000}})}\times 5000,$$

$$Y=\begin{cases}\dfrac{X}{0.003+0.0005\times X}, & X\leqslant 400\\[2ex] \dfrac{X}{0.06+0.0003\times X}, & X>400\end{cases}$$

其中Y是指单渠道流量总数，X是指单渠道营销费用，这两个相应模型在Excel中函数的编辑则分别如图10-26、图10-27所示。

图10-26　A渠道响应模型的Excel函数，其中B2单元格指的是A渠道的单渠道营销费用

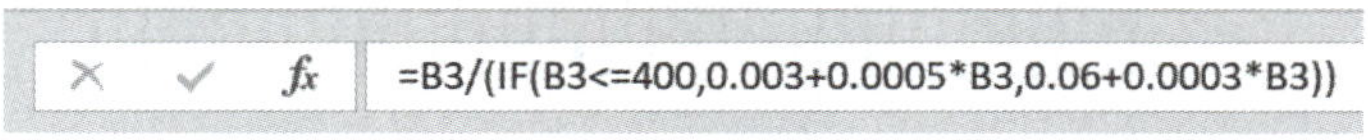

图10-27　B渠道响应模型的Excel函数，其中B3单元格指的是B渠道的单渠道营销费用

假设在这个案例中，运营者的总营销预算是5 000美元，即A渠道与B渠道的营销费用总和不能大于5 000美元，至于如何分配这5 000美元则无任何限制，运营者既可以选择将5 000美元全部分配给某一渠道，也可以选择2 500+2 500的平均分配策略。

为了能够更直观地了解A、B渠道不同营销费用所对应的流量数值，可以在Excel中将不同营销费用对应的数值通过列表的方式呈现出来，如表10-1所示。

表10-1　A、B渠道各自对应的营销数据

A渠道营销费用	A渠道流量	A渠道单一流量价格	B渠道营销费用	B渠道流量	B渠道单一流量价格
100	2625	0.04	100	1887	0.05
200	2749	0.07	200	1942	0.10
300	2872	0.10	300	1961	0.15
400	2993	0.13	400	1970	0.20
500	3112	0.16	500	2381	0.21
600	3228	0.19	600	2500	0.24
700	3341	0.21	700	2593	0.27
800	3450	0.23	800	2667	0.30
900	3555	0.25	900	2727	0.33
1000	3655	0.27	1000	2778	0.36
1100	3751	0.29	1100	2821	0.39
1200	3843	0.31	1200	2857	0.42
1300	3929	0.33	1300	2889	0.45
1400	4011	0.35	1400	2917	0.48
1500	4088	0.37	1500	2941	0.51
1600	4160	0.38	1600	2963	0.54
1700	4228	0.40	1700	2982	0.57
1800	4291	0.42	1800	3000	0.60
1900	4349	0.44	1900	3016	0.63
2000	4404	0.45	2000	3030	0.66
2100	4455	0.47	2100	3043	0.69
2200	4501	0.49	2200	3056	0.72
2300	4544	0.51	2300	3067	0.75
2400	4584	0.52	2400	3077	0.78
2500	4621	0.54	2500	3086	0.81

由表10-1可知，A、B渠道的流量价格都随着营销费用的增加而增加，只是增加速度的快慢不同，因此运营者可以通过可视化图表将两渠道的差异直观地体现出来，如图10-28、图10-29所示。

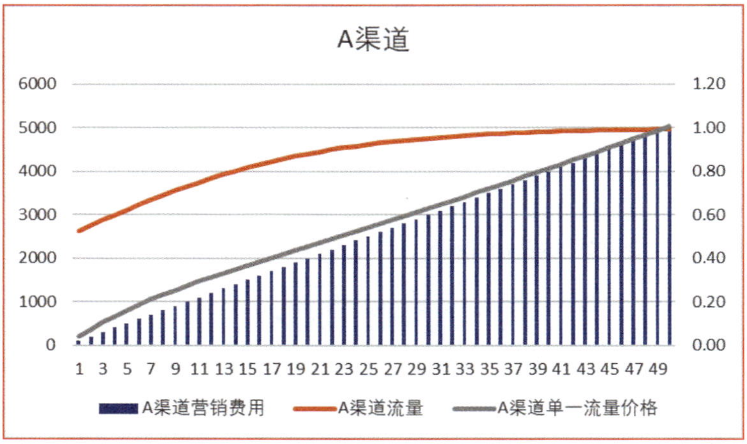

图10-28　A渠道营销数据可视化图表

由图10-28可知，A渠道的流量价格呈现稳步增长的趋势，那么就可以通过上文中提到的判断方法判断该渠道的“高效营销区间”与“低效营销区间”。

图 10-29　B渠道营销数据可视化图表

由图10-29可知，虽然B渠道的流量价格呈现整体增长的趋势，但是其增长的速度由快变慢。

当对A、B营销渠道的数据有了清晰的认知后，运营者就可以根据预算开始尝试分配各个渠道的营销费用，这个过程能够通过Excel进行模拟，如图10-30所示（读者可以打开“营销渠道费用分配”的Excel进行操作）。

单渠道营销费用		总营销费用
A渠道营销费用	2500	5000
B渠道营销费用	2500	
A/B渠道单一流量价格		平均单一流量价格
A渠道单一流量价格	0.54	0.65
B渠道单一流量价格	0.81	
单渠道流量总数		总渠道流量
A渠道流量总数	4621	7707
B渠道流量总数	3086	

图10-30　Excel“营销渠道费用分配”示例（红色标注区域为营销费用分配区域，图例中A、B渠道分配方案为2 500、2 500）

除了如图10-30所示的分配方式外，读者还可以自行尝试其他方式，如A渠道3 000美元、B渠道2 000美元，或者A渠道4 000美元、B渠道1 000美元，每种方式都会产生不同的“总渠道流量”。如图10-30所示，A渠道2 500美元、B渠道2 500美元的分配方式可以产生7 707的总渠道流量。

那么如何才能在5 000美元的营销配额下，使总渠道流量最大呢？这时就需要用到上文中提及的“规划求解”加载项。

打开“营销渠道费用分配”的Excel，选择“数据”栏最右端的“规划求解”加载项，可以得到如图10-31所示的页面。

图10-31 “规划求解”操作页面

因为运营者的目标是求出“总渠道流量”的最大值，所以在“设置目标”栏中需要填写“总渠道流量”对应的单元格即“$C$10”单元格，同时选择“最大值（M）”的选项，如图10-32所示。

图10-32 设置目标并且选择求出最大值

完成目标的设置后，就需要对自变量即A、B渠道各自的营销费用分配进行设置，在表格中为“$B$2:$B$3”单元格，如图10-33所示。

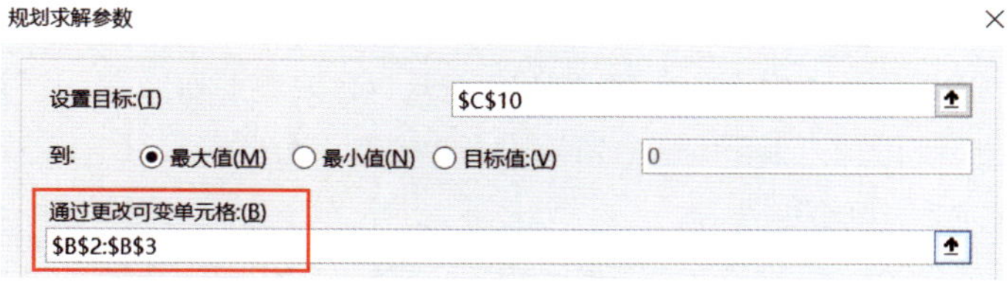

图10-33 设置自变量单元格

然后是设置约束条件在本例中，唯一的约束条件是营销渠道总配额要不超过5 000美元，这就意味着无论是A渠道还是B渠道，其营销费用各自都不能超过5 000美元，同时A渠道与B渠道的营销费总和也不能超过5 000美元。在该列表中，其约束条件就可以表示为“$B$2”单元格、“$B$3”单元格、“$C$2”单元格的数值都不能高于5 000，如图10-34所示。

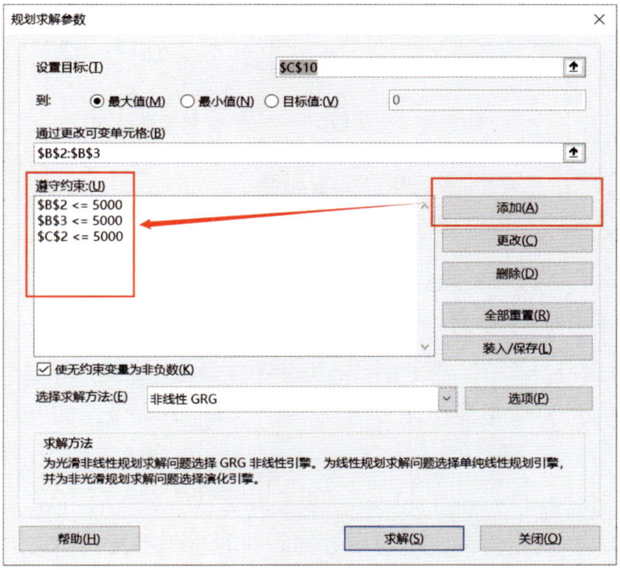

图 10-34　点击“添加（A）”按钮，然后依次添加约束条件

完成以上设置后，点击页面下方的“求解”按钮，就可以得到如图10-35所示的页面。

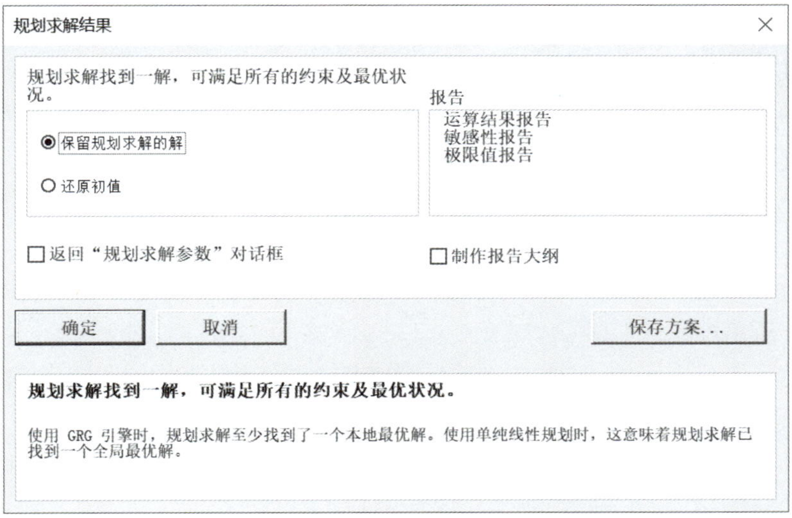

图10-35　点击“求解”按钮后的页面

选择“保留规划求解的解”，然后点击“确定”按钮，就会发现此时Excel中的数据已经完成了最优化求解，如图10-36所示。

单渠道营销费用		总营销费用
A渠道营销费用	3263	5000
B渠道营销费用	1737	
A/B渠道单一流量价格		平均单一流量价格
A渠道单一流量价格	0.68	0.64
B渠道单一流量价格	0.58	
单渠道流量总数		总渠道流量
A渠道流量总数	4816	7805
B渠道流量总数	2989	

图10-36　最优化求解结果

由图10-36可知，求解器solver求出的的分配方案是：A渠道的营销费用为3 263美元，B渠道的营销费用为1 737美元，此时总渠道流量为7 805，为最大渠道流量分配方案。

运营者可以根据自身想法改变两个渠道的营销费用，但是多次尝试后就会发现求解器solver求出的的分配方案是最佳流量增长方案，其他方案无论如何都不会超过7 805的流量增长值。

通过灵活使用Excel的求解器solver，亚马逊运营管理者就可以精确地对各个营销渠道进行分析和规划，在提高营销渠道使用效率的同时避免了营销费用的浪费。

10.3　业务饱和度数据分析

注意：10.3节所讲解的图表示例对应Excel文件“业务饱和度分析表”，请根据自身学习需要自行下载查看。

在亚马逊运营的职业生涯中，当运营者的运营水平达到一定水准，也完成过较高业绩的时候，就会开始以组长、主管、经理或者更高的职位身份去带领团队。因此，为了能够对团队成员的工作内容及成果有一个清晰的认知，管理者需要对团队成员的业务饱和度进行分析。

在进行业务饱和度分析前，团队管理者要对亚马逊运营一天的工作日程有所了解，如图10-38所示。

在了解了亚马逊运营一天的工作后，管理者就需要通过工作饱和度分析团队中每一名运营成员每天的工作内容，其可视化表格。

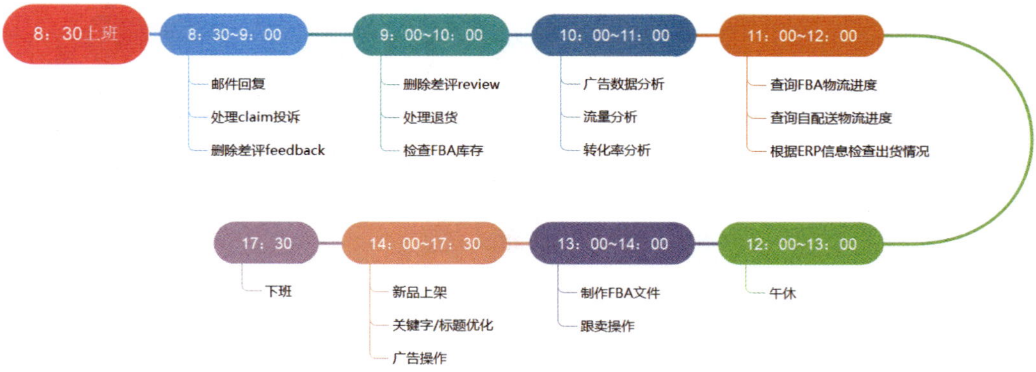

图10-37　亚马逊运营一天的常规工作日程

表10-2　业务饱和度分析表

<table>
<tr><th>小时数</th><th>周一</th><th>周二</th><th>周三</th><th>周四</th><th>周五</th></tr>
<tr><td>1</td><td colspan="5">数据分析（流量，转化率，广告费用），回邮件</td></tr>
<tr><td>2</td><td colspan="3">商品上架</td><td rowspan="4">选品</td><td>商品上架</td></tr>
<tr><td>3</td><td rowspan="2">listing优化</td><td rowspan="3">广告优化</td><td rowspan="4">listing优化</td><td rowspan="2">listing优化</td></tr>
<tr><td>4</td></tr>
<tr><td>5</td><td>周会</td><td></td></tr>
<tr><td>6</td><td>FBA分析</td><td></td><td></td><td></td></tr>
<tr><td>7</td><td>入库信息更新</td><td></td><td></td><td></td><td></td></tr>
<tr><td>8</td><td colspan="5" rowspan="2">休息</td></tr>
<tr><td>9</td></tr>
</table>

如表10-2所示，左栏是一天工作的小时数，表中显示的是9小时工作制，其中2小时为休息时间，每一个单元格代表的都是一个工作内容+工作时长，如果是某些每天都要完成的工作（如回复邮件、数据分析等），该单元格就会横跨几个工作日，以此类推。空白的单元格代表的是自由时间，可以根据运营者个人情况自由安排。

一般而言，每周会有5~15个小时的自由单元，平摊到每天就是1~3小时的自由工作时间安排，剩下的5~7个小时都是可以通过如表10-2所示的工作表格进行可视化分析。

如果一个运营的工作表格自由时间过多或者工作内容无法陈述，那么就代表其工作饱和度不足，需要对其运营日程详细考虑再做安排；如果一个运营的工作表格没有任何自由时间，则意味着其运营效率过低无法有效安排自己的工作。

在从事管理岗位时，运营管理者要熟练运用这一工作表格帮助自己了解团队成员每日的运营日程，从而能够通过分析成员的工作饱和度来判断其运营效率高低与否。

第 11 章 亚马逊数据化运营总述

除了前十章中提到的内容，还有其他数据化运营的技巧吗？数据化运营是万能的吗？有什么环节不能只依赖数据呢？

11.1　数据化运营技巧总结

本书已经相继对亚马逊跨境电商运营的各个方面做了数据化运营的阐述，其中包含了用户、运营、市场、产品、营销、库存、管理七个体系。同时，还结合不同体系对数据化运营的实践方法进行了说明。例如，在用户体系，通过订单报表筛选得出的用户画像就是关键所在；而在运营体系，则既需要分析后台店铺数据，也需要对前台搜索数据进行抓取和分析。

在数据化运营的实操技巧方面，主要根据Excel软件进行了讲解，如在本书第2章中将图表分为柱状图、散点图、折线图、雷达图、漏斗图五类，依次进行讲解。同时，本书第7章还结合Python语言介绍了基本的爬虫抓取程序。

在宏观管理维度上，本书介绍了多个数据分析思维模型及方法，如漏斗分析模型、四象限分析法、工作饱和度分析等，这些思维工具可以帮助运营者在广告优化、ROI分析、人员管理等方面提高效率，从而能取得更好的业绩。

11.2　数据化运营不是万能的

数据化运营的方式可以灵活运用在listing优化、市场分析、产品选择等各个方面，但是这并不意味着数据化运营可以解决一切运营问题，即数据化运营本身不是万能的。

本书第1章通过运营过程“标准化”，结果“可视化”的内容，帮助运营者了解数据化运营的基本理念：用数据来驱动运营决策。然而，在亚马逊跨境电商运营领域，仍然有很多领域是无法通过数据驱动的，如非标品设计、流量营销、品牌推广、AZ处理等。

11.2.1 亚马逊站内的 review 营销

在一个listing页面上，顾客能够看到的东西无非如下几点：

- 标题；
- Listing 视频；
- 图片；
- 5点描述；
- 图文/文字介绍；
- Q/A；
- Related 视频；
- Review。

在以上元素中，顾客重点留意的会是主图、视频和review评分以及review内容，在针对review的策略上，一般有如下四种选择：

1 给新品、上升款刷直评；

2 给新品、上升款刷测评；

3 给竞争对手刷差评；

4 给不错的review评价点赞置顶。

除了以上review直评策略，运营者还可以利用产品的关联性对大牌、热卖产品刷好评、“蹭热度”，即给同类目的替代性、搭配性产品的中大型卖家刷好评并且点赞置顶。需要注意的是，这个策略是有一定的使用限制的：

1 不能给超级大卖刷好评，因为其listing下已经拥有大量高点赞的评价，所以置顶自身的review代价高昂。

2 不能给处于上升期的竞争对手刷好评，而是应该选择处于稳定期，拥有大流量和高排名的listing。

3 必须带有图片、视频，杜绝纯文字review。

在一个高排名、大流量的listing下，一个产品的单日流量甚至可能高达10 000以上，即使是排名不是特别靠前的中型卖家，其某一爆款listing的单日流量也可能有3 000~6 000，这么多流量哪怕只有10%的顾客浏览了review，那也有300~600的直接阅览量，如果这时置顶的review是经过运营者精心包装的营销类review（类似于自媒体行业中的软文），那么这将会给运营者自身的产品带来不错的推广流量和曝光率。

上述review的推广手法，一般分为捆绑营销和替代营销两种方式。

1 捆绑营销：即选择与自身产品相搭配的大牌listing，如鞋子配裙子、T恤配牛仔等。在review文本中除了要阐述原listing产品，更多的是描述某种搭配多么好看，或者某种产品多么配这个大牌产品（这里的某种产品就是运营者自身店铺上架销售的产品）。

图11-1为捆绑营销review示例，其文本含义为：“这双平底鞋与FISACE腰部刺绣连衣裙非常搭。它们两者颜色互补，彼此非常相配！虽然看起来款式很休闲，不过在某种程度上还是很优雅的。中性色的鞋子对于你的鞋柜来说是必不可少的，同时能与优雅的半身裙搭配在一起穿着。事实上，我更喜欢那件衣服，因为印花漂亮，质地柔软。裙子的款式不是什么花哨的风格，但那完全符合我的风格。我沉迷于这种可爱的风格和物美价廉的品质，我将和他们一起度过余生。”

ed
Perfect for any occasion.
February 2, 2018
此处为关联商品名称缩写，确保顾客能通过这几个词搜索到你的产品
This flats is definitely one of my best buy as well as The FISACE Empire Waisted Embroidery Dress. Like all these complementary colors, they fits AMAZING with each other! Looks casual indeed, however elegant in some way. Neutral colors are essential for your shoes closet, while together with this plain flare midi, it's more than a nude shoes. Actually I prefer the dress because of the pretty print and soft texture. Not a fancy style, but that's totally me. Obsessed with this adorable style and affordable price. I'll live with them for the rest of my life.
此处为用户点赞数，确保你的review可以置顶或者位于前列
Comment
21 people found this helpful. Was this review helpful to you?
Yes
No
Report abuse

图11-1　捆绑营销review示例

以图11-1所示的一个关联营销直评为例，该直评出现在某一大牌的鞋子listing下，且该直评更多的是在阐述与该鞋子搭配的裙子有多么好，这就是一次捆绑营销。

该review中的图片见图11-2。

如图11-2所示，运营者可以留意到该图片中包含两种商品，即平底缺口鞋子和刺绣裙子，而图片本身更加倾向于裙子。因此，运营者可以利用该图给某一平底缺口鞋子的大卖刷好评，重点阐述两者的搭配有多么好，这样可以利用大卖的大流量来给自己裙子的listing站内引流。

图11-2　营销review图片示例

若效果显著可以得到，如图11-3所示的listing页面。

如图11-3所示，运营者可以留意到该listing下方只有一个关联商品推荐，且推荐栏目为“Customers who viewed this item also viewed”，这说明浏览缺口鞋的一部分用户通过review来搜索了这条裙子，因此两者出现关联，同时裙子的listing获得了流量。如果不通过这种“蹭热度”review的方式进行关联营销，那么鞋子与裙子这两种类目无论如何是不可能关联的。

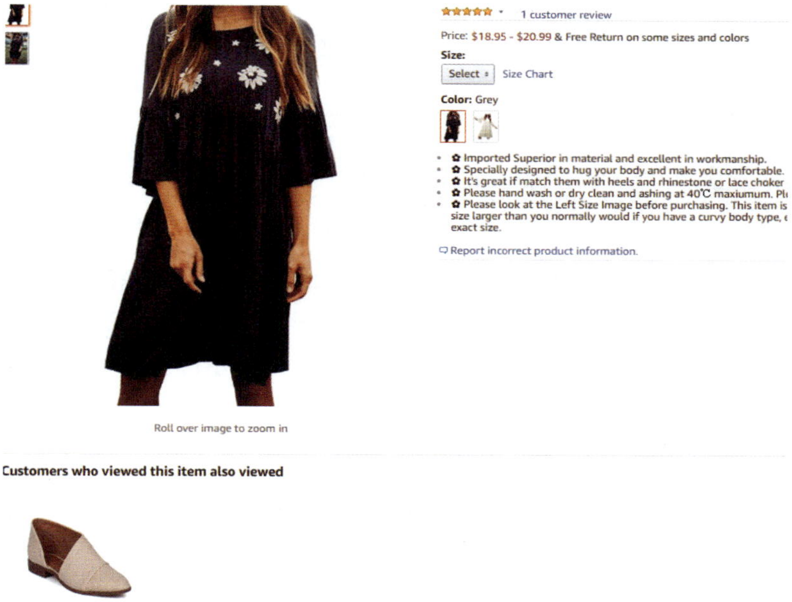

图 11-3　营销 review 产生效果后的 listing 示意图

2 替代营销：即选择大牌listing的替代品。例如，某两款裙子，然后review可以说自己同时买了2款产品，一款是大牌的，一款是 × × × 的。大牌更适合在 × × × 场景下使用，而不适合在 × × × × 场景下使用；相反另一款产品更适合在后者使用等。

综上所述，在做这类直评或者测评决策的时候，运营者除了需要做一份优秀的文本内容，拍摄精美的图片或者视频，还需要将该直评测评点赞到达该listing的review栏中第一位，达到置顶，这样效果才会明显。从成本上看，这一次操作可能需要20~50美元，但是其带来的流量与曝光率则是巨大的。

11.2.2　亚马逊店铺 AZ 投诉处理

在亚马逊运营过程中，运营者有时候会收到用户的AZ投诉，对比一般会遵循如下经验化运营步骤：**邮件回复→批准退货申请→等待邮件回复→针对顾客反映和回复写好素材提交亚马逊。**

首先发送邮件给AZ投诉的顾客，内容安排如下：

1 如果是质量问题，询问顾客是否可以拍摄照片给店铺运营者进行参考，从而帮助卖家对发送产品的质量进行确认。

2 如果是物流问题，告知顾客由于亚马逊的条款，自配送的产品应该于 × × 天到达，询问是否能撤销AZ投诉。

3 如果是其他，则具体问题具体分析。

4 如果顾客回复了邮件，但是不撤销AZ投诉，则根据其回复写新的邮件内容。

5 如果顾客拍照，且产品真实损坏，那么这种“石锤”AZ输的概率就很高了（数量很少，除非产品质量问题）。

6 如果顾客回复不拍照，且不给具体的原因，那么可以再次告知顾客如何发送照片（比如添加照片的按钮在邮件框的下方），告诉顾客没有照片无法帮助卖家对产品质量进行判断。

7 如果顾客嫌弃物流速度，则向其告知亚马逊的物流规则，并且提醒用户可以选择购买拥有FBA服务的产品，从而能够加快物流速度。

如果顾客不回复邮件，且AZ截止时间快到时，运营者可以通过使用一定的技巧来处理AZ，处理流程如下：

1 首先通过顾客的退货请求，但是在退货请求中选择让顾客自己支付邮费。

2 然后寻找产品listing，整理销售数据和好评率退货率等。

3 向亚马逊提交AZ的报告，其中阐述店铺自身的产品质量没有问题，产品销售×××件，好评×××个，好评率较高说明产品质量没有问题。而且作为卖家，已经向顾客发过邮件请求，但是顾客没有回复，也没有拍照证明产品有所损坏，所以责任不在卖家。

4 向亚马逊阐述如果亚马逊需要产品的包装、实体、仓储图片，我们会极力配合。

11.2.3 平台新功能利用——自动投放匹配度分析

2019年，亚马逊平台自动投放广告也出现了新功能，即根据匹配类型竞价，其分类有紧密匹配、宽泛匹配、关联商品、同类商品4种类型。虽然在广告报告里并没有给出明确的区分，但是运营者可以通过客户搜索词来进行区分，定义如下：

如图11-4所示，运营者可以通过ACoS低的客户搜索词进行反查，从而发现链接在哪类匹配下得到有效曝光最多。如果链接在同类商品下出单更多，说明市场趋于同质化竞争，价格和市场定位很难有所突破，那么链接必须在评价、描述和图片等要素体现独特之处才能取胜。因此，通过匹配度分析，运营者可以确定产品定位，持续优化广告结构。

	定义	报告
紧密匹配	买家使用与您的商品**紧密相关的搜索词**进行搜索时，我们会向其显示您的广告	关键词
宽泛匹配	买家使用与您的商品**并不密切相关的搜索词**进行搜索时，我们会向其显示您的广告	关键词
关联商品	买家查看与您的商品**互补的商品详情页**时，我们会向其显示您的广告	ASIN
同类商品	买家查看与您的商品**类似的商品详情页**时，我们会向其显示您的广告	ASIN

图11-4 搜索词区分示意图

11.3 数据化运营的进阶思维及技能讲解

数据化运营的本质是通过数据分析得到运营工作的重心，而数据本身可以根据自身信息密集度的差异分为一维数据、二维数据、三维数据、多维数据。同时，数据化运营的工具也多种多样，本书主要是结合Excel工具进行讲解，本章节将结合新兴的IT技术对进阶的数据分析技巧进行讲述。

11.3.1 一维数据的筛选和应用

如图11-5所示（产品客单价比较），一维数据是指只有单一属性的数据，比如客单价、销售量、销售额等。一维数据一般单纯用在数值比较和趋势分析上，优点是直观简洁；缺点是信息量有限。

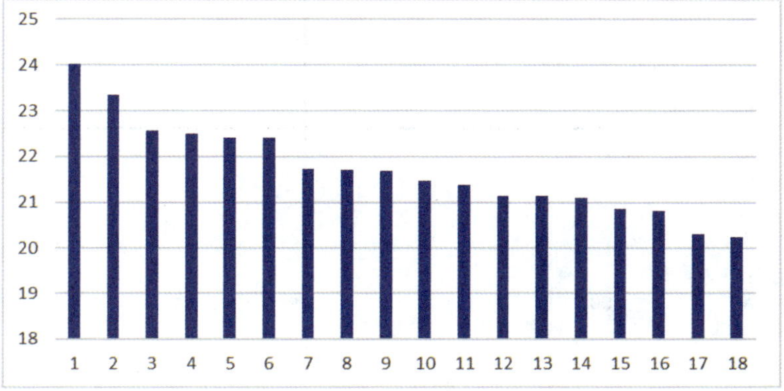

图11-5 一维数据示例（其数据维度为客单价）

11.3.2 二维数据的筛选和应用

如图11-6所示（不同地区订单及订单累积分布），二维数据是指拥有两个属性的数据，比如地区+订单量、时间+订单额等。二维数据很多被用在比较和分析两种不同属性的关联度上，优点是组合方式多、使用面广；缺点是无论怎么组合分析，都会产生信息遗漏。

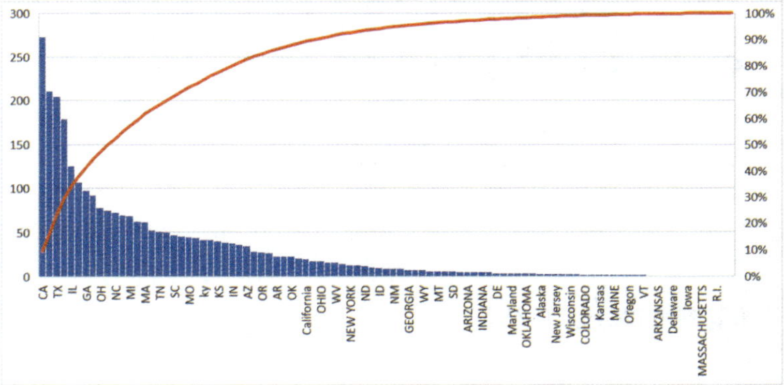

图11-6 二维数据示例（其数据维度为客单价+地区）

11.3.3　三维数据的筛选和应用

如图11-7（四象限分析法）、图11-8所示（订单量和评价客单价变化），三维数据是指拥有三个属性的数据，如四象限分析法。三维数据主要用于分析多属性对象，其优点是信息量大、结论清晰；缺点是对于细节仍无法面面俱到。

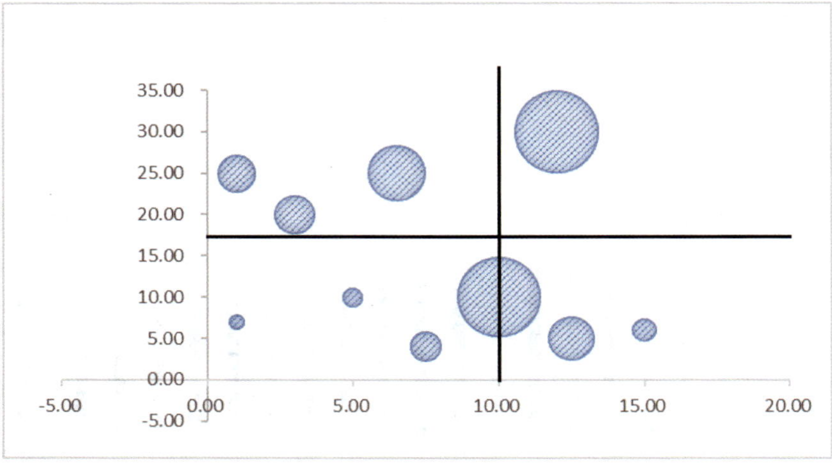

图11-7　三维数据示例（一）（其数据维度为ROI+订单平均成本+销售额）

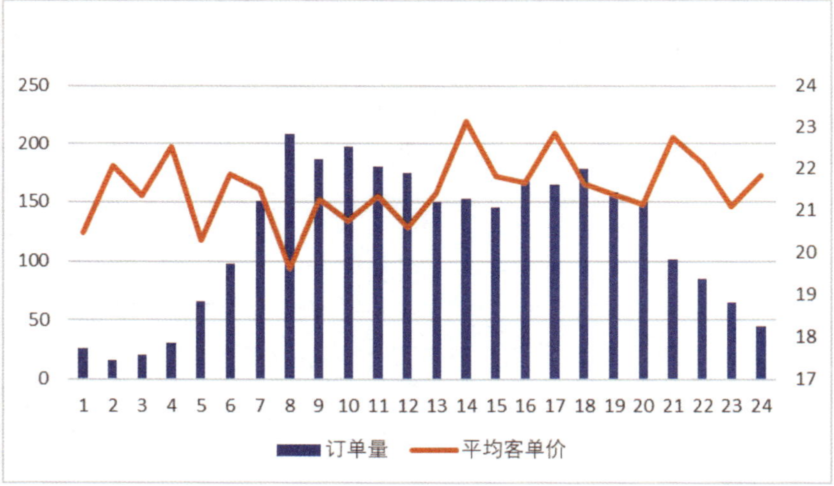

图11-8　三维数据示例（二）（其数据维度为订单量+时间+平均客单价）

11.3.4　多维数据的筛选和应用

如图11-9所示（四象限分析法），假设由A工厂生产的产品为蓝色图形表示，由B

工厂生产的产品为黄色图形表示，那么原来展现三维数据的“四象限分析法”，现在就变成了展现四维数据的“四象限分析法”。

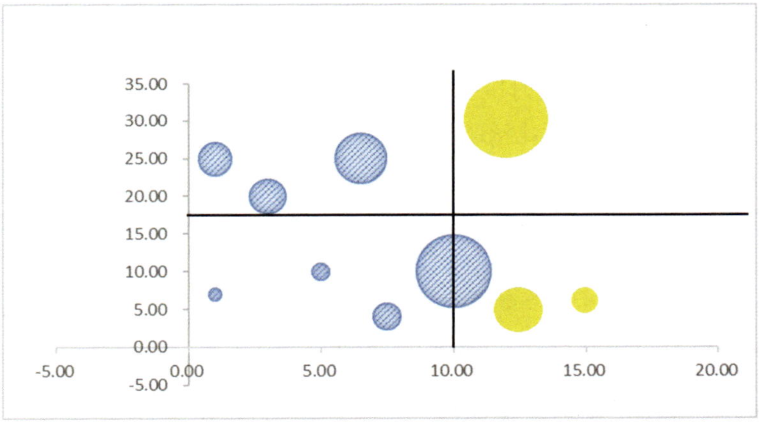

图 11-9　多维数据示例（其数据维度为ROI+订单平均成本+销售额+其他维度；由不同颜色表示，该维度可以结合不同的分析需要进行定义）

多维数据是指拥有多个属性的数据，比如添加颜色属性后的四象限分析法。多维数据可以用于分析任何复杂的运营问题，优点是信息完整面面俱到；缺点是数据分析手段复杂，需要较高的数据分析能力。

11.3.5　多维数据的获取

在运营者实际的运营过程中，一维与二维数据占到了运营决策信息的绝大多数，其中包括流量和转化率随时间的变化、关键词排名变动情况、订单数量、销售额和利润率的同比变动等。这些数据更多的是对链接本身情况的一种监控，可以作为指标性数据来观察，但当这些数据出现变化时，往往已经形成趋势，难以提前干预。因此，多维数据往往更适合指导长期的运营工作。但这里存在诸多数据分析难点：其一是多数中小卖家处于短期经营状态，前期无法获取足够多的有效数据，只能通过经验进行判断；其二是在实际应用中，各种数据往往交织在一起，很难看出其内在联系。但这并不意味着数据化运营不再适用，相反，运营者更应该从提升数据利用效率和积极获取外部数据两个方向来获取链接成长性数据，进而辅助运营。

单独的数据往往只能看出其时间变化，并不能从根本上指导运营活动。如果想要针对特定问题寻找解决方案，那么多维度分析无疑是一个比较好的思路和技巧。要想提高一组数据的利用效率，首先要从其内部去挖掘。通过对数据进行细分，可以有效拓展其维度，得到更加细致的信息。本书第5章强调了在广告数据分析过程中数据分层的重要性。通过为不同的变体设置不同的广告组，可以获取多SKU产品的流量详情，并进一步降低ACoS。除此之外，运营者还可以将这组数据与相关数据源联立，通过对比核心指标的变动情况，得到更多的运营思路。

以广告为例，在理想状态下，广告可以同时带动流量和转化率，通过广告的持续投放可以使产品稳定出单并获取更高利润。但在实际操作过程中，往往存在广告只花钱不出单的情况。有些运营认为此时广告带来的无效流量，拉低了链接的转化率和利润额，应该立即进行否定关键词等优化活动。另一些人则会认为广告带来的早期流量可以促进链接成长，应该继续进行高额投放吸引流量。这两种思路其实没有本质的区别，看似关注数据，但实际上都是经验化的泛泛之谈，并没有针对性的解决措施。要解决这个问题，必须将链接成长度的因素考虑在内，在不同的推广阶段使用不同的广告策略，才能实现更加灵活的操作。这时，运营者就可以将广告流量与自然流量进行联立。假设现有A产品链接两周内的每日流量转化及广告数据，如图11-10、图11-11所示。

	流量	广告流量	单量	广告订单
1日	77	12	3	3
2日	71	3	4	1
3日	66	19	3	0
4日	51	8	11	3
5日	53	8	11	1
6日	117	3	5	0
7日	56	9	5	2
8日	113	11	14	0
9日	70	32	14	1
10日	127	31	13	1
11日	139	32	8	2
12日	105	31	13	2
13日	85	3	12	1
14日	106	19	6	0
求和	1236	221	122	17

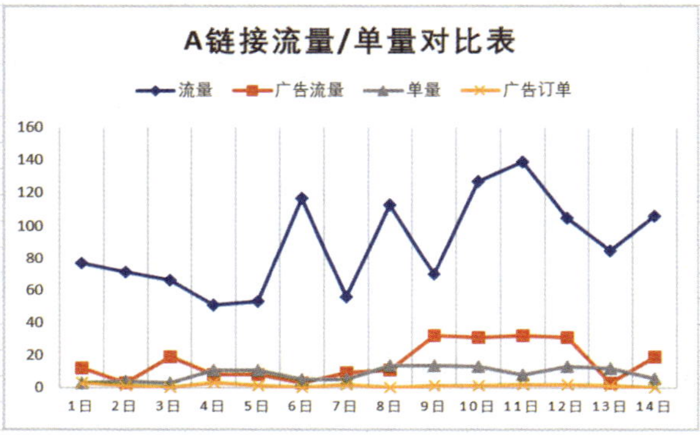

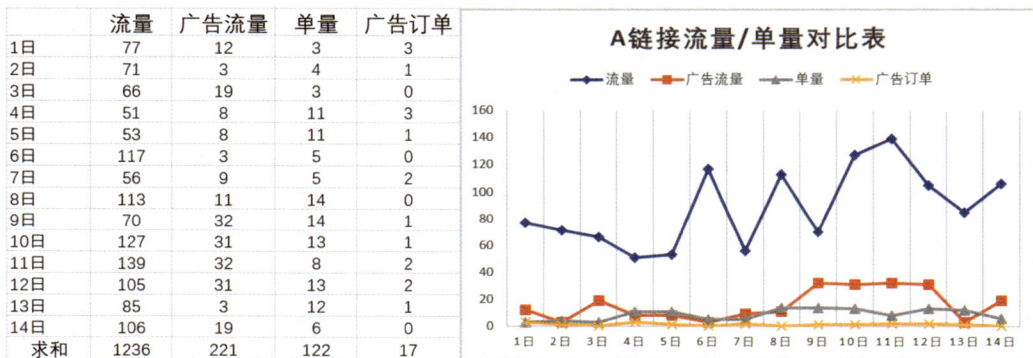

图11-10　A产品链接流量及广告数据示例（一）

运营者可以通过周流量表格看出链接增长趋势明显，即链接处于逐步上升阶段，流量和单量都有所上涨，但第二周的广告效果明显不如第一周。为了了解广告流量及转化率对链接真实的影响，可以进一步分析广告的流量和转化比，如图11-12所示。

这时就可以明确地看到，在第一周时广告转化率远高于链接转化，对链接的转化提升比较明显；而第二周广告流量占比提升了将近1倍，在整体转化率提升的同时，广告转化率却在下降。通过两周的数据，初步可以判定如果没有其余特殊因素影响，第二周销量增长与前一周的高广告转化率成正相关。为了在第三周持续保持销量增长趋势，此时便可做出决策：果断优化广告提升转化率，通过提升广告额度来解决潜在的流量下降问题。

	流量	广告流量	单量	广告订单
第一周	491	62	42	10
第二周	745	159	80	7

图11-11　A产品链接流量及广告数据示例（二）

	广告流量占比	广告订单占比	整体转化率	广告转化率
第一周	12.6%	23.8%	8.6%	16.1%
第二周	21.3%	8.8%	10.7%	4.4%

图11-12　流量占比及转化率示例

值得注意的是，本小节只考虑了广告、转化率和时间因素，并未对链接本身进行优化操作。在实际运营过程中，还可以将有无“A+页面”、FBA库存是否充足、竞争链接排名情况等因素纳入考虑范围。因为这些指标都拥有共同的时间轴，就可以方便地获取多维度的数据。

11.3.6 外部数据的分析

要想在B2C领域成长为成功的跨境电商运营，就必须要熟悉并满足顾客的需求，这就要涉及在本书第4章中提及的用户画像分析。对亚马逊而言，庞大的Prime会员数量是其强有力的护城河。通过会员续费等方式不仅提高了用户的购买意愿，也为网站带来持续的流量来源。从经验角度来看，不发FBA就卖不动的产品比比皆是，仅靠大量铺货就想爆单更是天方夜谭。既然大家都知道Prime会员是主要客户，那么如何将其与普通用户区别开呢？这时运营者就需要收集第三方公开数据，来为自己的运营思路提供借鉴。

第一，根据Millward Brown Digital的数据，亚马逊Prime会员转化率为74%，非会员转化率为13%。2018年，亚马逊Prime会员平均在亚马逊消费1 400美元，非会员则消费约600美元。同时，亚马逊Prime会员迄今为止已经突破1亿，仅美国站会员就有9 500万，约占美国总人口的29%。假设全体美国人都是亚马逊的使用者，通过简单换算，运营者可以得到如图11-13所示的数据。

	人数（万）	占比	转化率	年消费	消费能力（万美元）
会员	9500	29%	74%	1400	9842000
非会员	23216	71%	13%	600	1810848

图11-13　会员人数占比及转化率示例

不难看出，即使非会员的人数是会员人数的2倍以上，但从最终的亚马逊平台消费能力（或者说消费意愿）上来看，Prime会员的消费能力约为非会员的5.4倍，32 716万美国人中在亚马逊活跃购物的买家约为6 543万。从买家角度考虑，高频次购物的买家大部分应该属于Prime会员，自然也愿意购买Prime商品。因此为买家提供由FBA配送商品依然是提高销量的捷径之一。

第二，根据第三方机构Consumer Intelligence Research Partners（简称CIRP）的报道，在Prime美国会员中，有接近35%的人是月度会员（图11-14），大约有3 300万。Prime会员年费是119美元，而按月付费的话全年需要156美元。很明显这部分买家没有全年在亚马逊进行购物的习惯，而在有密集购物需求时再选择加入。这也就意味着亚马逊会员数量存在波动，而且很有可能存在季节性的变动。

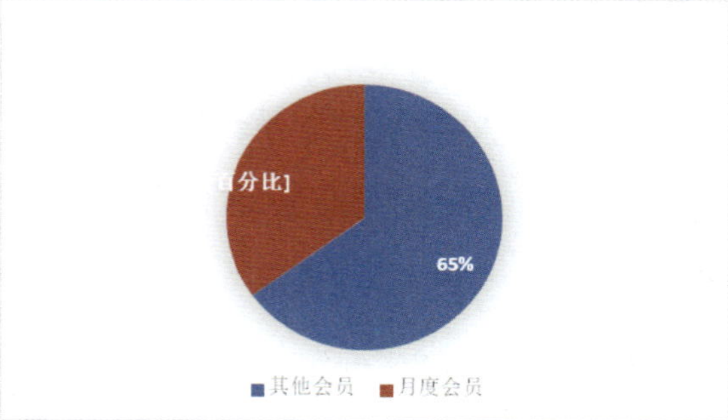

图11-14　亚马逊月度会员占比图

虽然运营者无法获取详细的会员变动数据，但可以根据销售季节和整体趋势来做预估。在Prime Day、黑色星期五等促销日或返校季、圣诞节等采购季，很可能是这3300万顾客加入Prime月度会员的时间。因此在销售旺季到来前，即使不参加秒杀等促销活动，至少也需要将备货数量提高至平日的1.3倍以上。

最后，获取了这些数据，运营者就可以直接有针对性地指导运营工作。虽然运营者无法直接得到买家的身份信息，但可以在每天的销售报告中实时看到亚马逊配送和卖家自配送的销售数据。假设A产品链接14天销售量对比如图11-15所示。

	自发货单量	FBA单量
1日	9	14
2日	6	9
3日	7	15
4日	5	11
5日	4	14
6日	6	14
7日	7	15
8日	7	15
9日	3	8
10日	10	7
11日	9	14
12日	8	12
13日	6	7
14日	9	7
求和	96	162

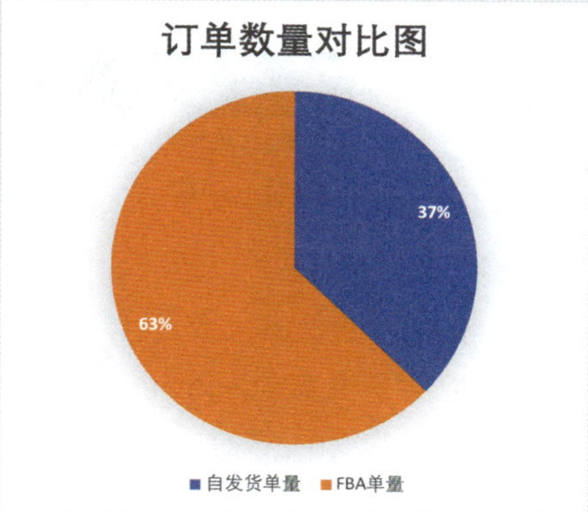

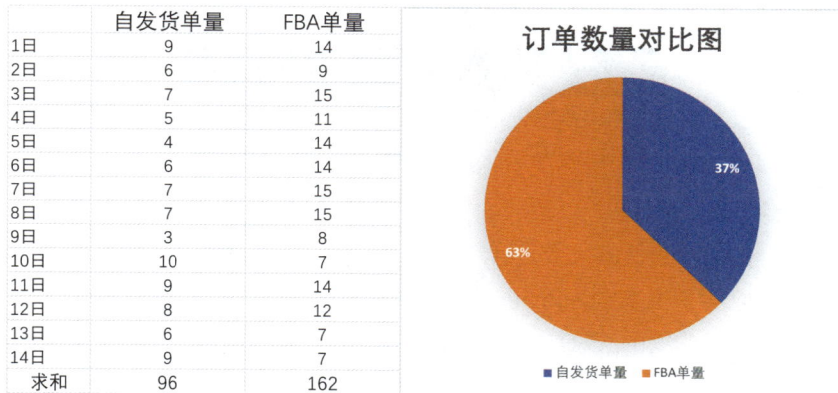

图11-15　A产品链接订单数量对比图

如图11-15所示，从14天的单量对比来看，虽然FBA销售数量整体上占到总单量的63%，但是仅为自发货订单的1.7倍。这与案例一中“Prime会员的消费能力约为非会员的5.4倍”的结论相差较远。说明有很大一部分买家虽然是Prime会员，但是没有选择购买FBA商品。造成这一现象的原因可能有定价、FBA断货、丢失购物车等，从这里切入，运营者就可以将链接的销量提升1倍以上，并提前考虑中长期运营以及换季备货，避免断货对链接造成负面影响。

11.3.7 IT技术在数据化运营中的应用

因为本书的受众为非技术从业者，所以本小节的内容读者只需了解即可。

考虑到数据的保密性、权威性与准确性，本小节将选择学术界公开数据进行讲解。笔者选取了UCI加州大学欧文分校机器学习库数据，该数据集为英国在线零售商在2010年12月1日至2011年12月9日间发生的所有网络交易订单信息，包括客户编号、订单编号、商品代码及数量、单价等字段。

完成基本的数据清洗和筛选后，通过python程序可以完成如图11-16、图11-17、图11-18所示的可视化页面（主要对订单维度进行分析）。

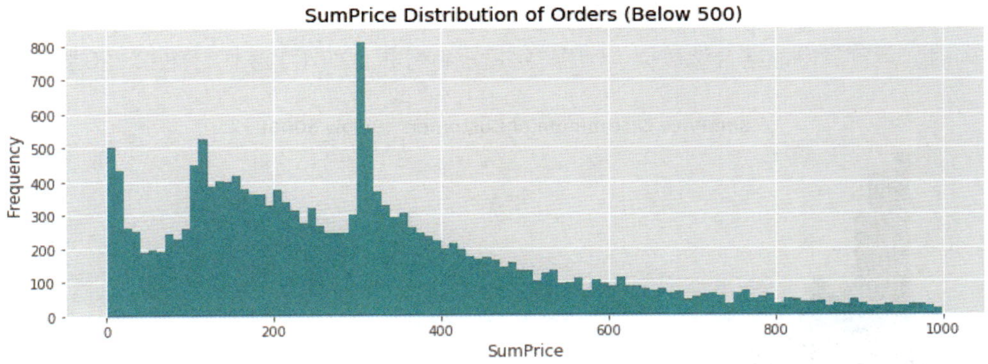

图11-16 订单金额集中在400英镑内，三个峰值分别为20英镑内、100~230英镑、300~320英镑，其中300~320英镑的订单数量较多。

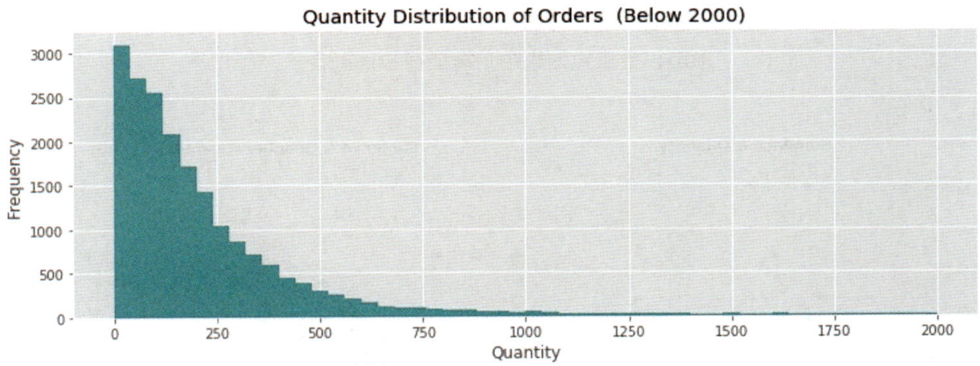

图11-17 订单内的商品数量符合长尾分布，大部分订单的商品数量在250件内，商品数量越多，订单数越少。

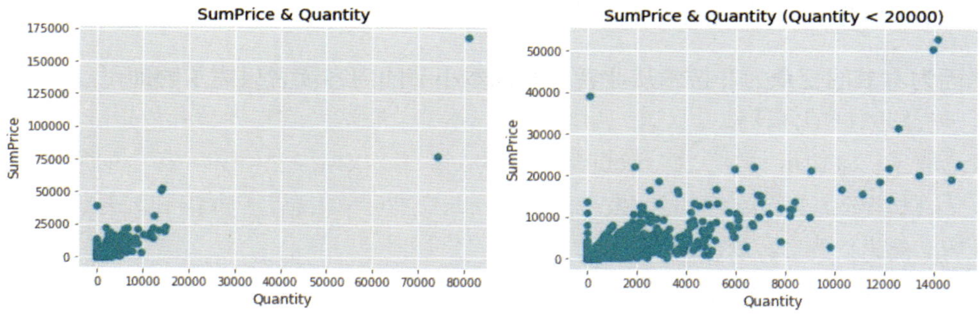

图11-18　总体来说订单交易金额与订单内商品件数是正相关的，订单内的商品数越多，订单金额也相对越高。

同时，运营者也能结合该数据，对用户维度进行分析，如图11-19、图11-20所示。

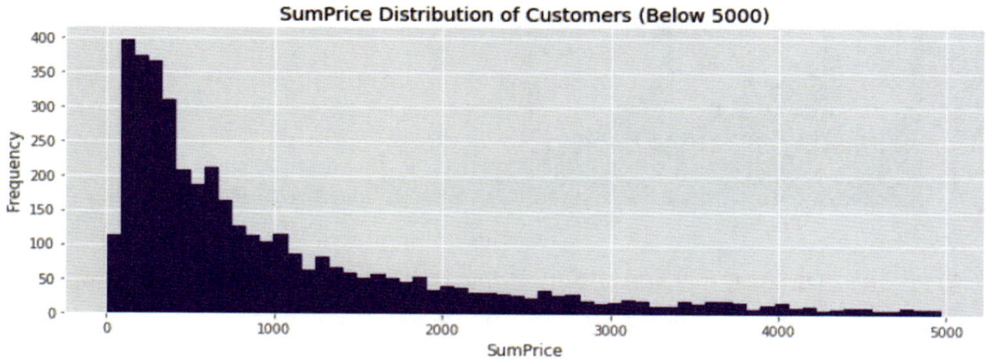

图11-19　与图11-16所示的订单金额多峰分布相比，客户消费金额的分布呈现单峰长尾形态，金额更为集中，峰值在85~335

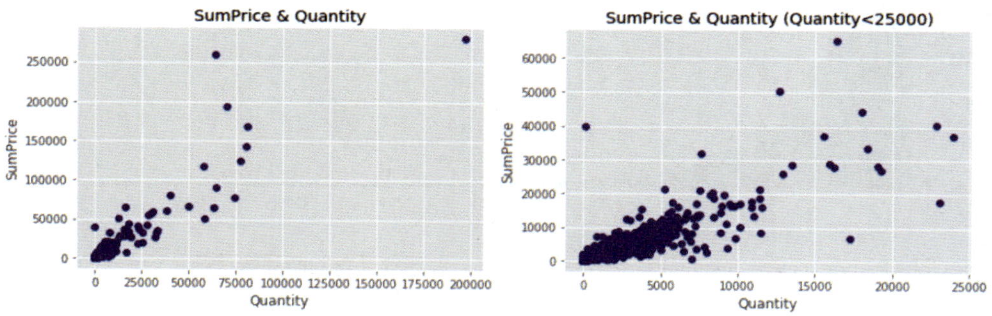

图11-20　客户群体比较健康，而且比订单数据更有规律，同时拥有一定数量消费能力强的用户。总体来说客户的消费金额与购买的商品数量呈现正相关，客户购买的东西越多，消费金额就相对越高。

除了订单维度和客户维度，运营者还可以利用Python语言结合数据对商品维度进行分析，如图11-21、图11-22所示。

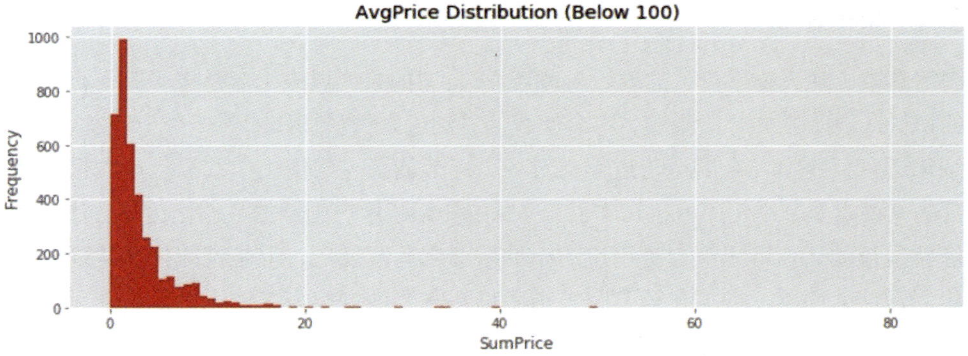

图11-21　从商品价格分布来看，其峰值是1~2英镑，单价10英镑以上的商品已经很少见，说明该电商公司的定位主要是价格低的小商品市场。

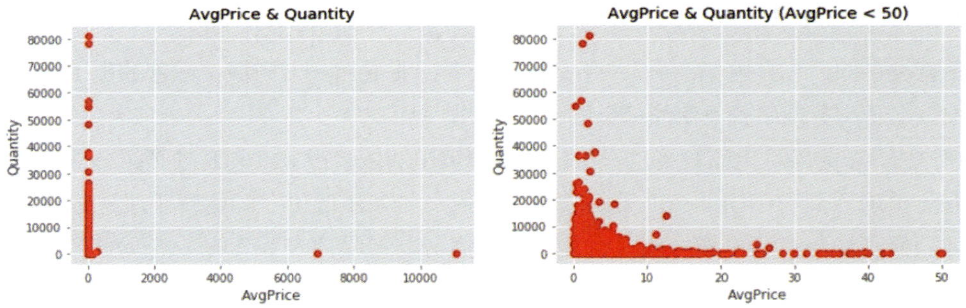

图11-22　从商品的销量上来看，低于5英镑的低价商品大获全胜，受到了客户们的喜爱。

除了以上三个维度的数据分析，运营者还可以对时间维度、用户习惯维度、空间位置维度等数据维度进行分析，在此不再依次赘述。

通过上文的讲解可以发现，虽然以Python为代表的新兴IT技术在数据分析的逻辑上与Excel分析数据的方法几乎一致（如都需要经过数据采集、数据清洗、数据分析、决策优化四大步骤，其都是针对产品、用户、营销等各个数据维度进行分析），但是其可视化图表与分析的精确程度是以Excel为代表的传统分析软件远远不能达到的。因此，如果亚马逊运营者想要在未来的市场竞争中获得自己的一席之地，IT技术一定是不可或缺的核心竞争力之一。

11.4　未来跨境电商领域的运营发展方向概述

11.4.1　精细化运营

淘宝商城（现天猫平台）的创始人黄若说过：“如果说过去十年是电子商务行业从无到有的初耕，现阶段的行业调整，将会使我们看到进入精耕细作的下一个十年发展。”所谓精细化运营，是指在电商运营过程中对各个环节的深挖与优化，数据化运营只是精细化运营的一种方法。举例而言，在本书第4章中介绍了用户画像的数据化运营方法，而用户画像就是帮助运营者了解自身用户的一种精细化运营技巧，但是精细化运营远远不止数据化运营这么简单。数据化运营归根结底仍然需要数据作为支撑，但是电商运营工作的很多方面并不能获得相应的数据，如用户的民族文化、时尚审美、爱好兴趣等，这些都需要电商运营者在平时的工作中去一点点地了解和积累，而这种运营的发展方向才是真正的精细化运营。

11.4.2　垂直类目运营

垂直类目即“垂直电子商务”，是指在某一个行业或细分市场深化运营的电子商务模式，垂直电子商务网站旗下商品都是同一类型的产品。

在过去5年的跨境电商发展过程中，很多跨境电商依赖行业红利赚到了第一桶金，但是随着竞争的激烈和中国的产业升级，单纯依赖“铺货+低价”的运营手段已经很难再稳定地获得利润与市场份额。因此，能够体现服务与产品“专业素养”的垂直类目一定是跨境电商未来的发展方向。

例如，在运动相机类目，原本都是海外品牌GoPro的天下，但是如今随着中国企业在运动相机这一垂直类目的深耕和发展，以“小蚁”为代表的新兴技术企业开始逐步抢占原本GoPro的市场，在亚马逊美国市场上更是如此，如图11-23所示。

如果想要在垂直类目站稳脚跟，就需要对该类目的技术、供应链、物流体系有过硬的积累，但同时也能获得超额的回报。传统的“铺货+低价”运营方法只适合市场仍不成熟的蓝海领域，一旦亚马逊平台各个类目进入真正的成熟期，泛类目运营在垂直类目运营的竞争下将不再有生存的空间与可能性。

11.4.3　品牌化运营

品牌化运营是建立在精细化运营与垂直类目运营之上的。所谓品牌，可以简单地理解为用户的认知占领。品牌化运营有两大组成部分：第一部分是品牌营销，第二部分是优质的“服务+产品”。对于品牌营销，大多数的营销者都赞同“视觉是锤子，语言是钉子”这一营销理念，而其具体执行方法已经脱离了运营的范畴，属于市场营销的专业领域，在此不做赘述。对于优质的“服务+产品”，则是品牌化运营的重心，服务的提升来源于“精细化运营”，产品的改良来源于“垂直类目运营”。还是以上文中提到的运动相机为例，“小蚁”这一品牌已经完成了“独立站+第三方平台入驻+自有营销渠道”的品牌化建设，而这就是“品牌营销+优质服务（产品）”的实践成果，如图11-24、图11-25、图11-26所示。

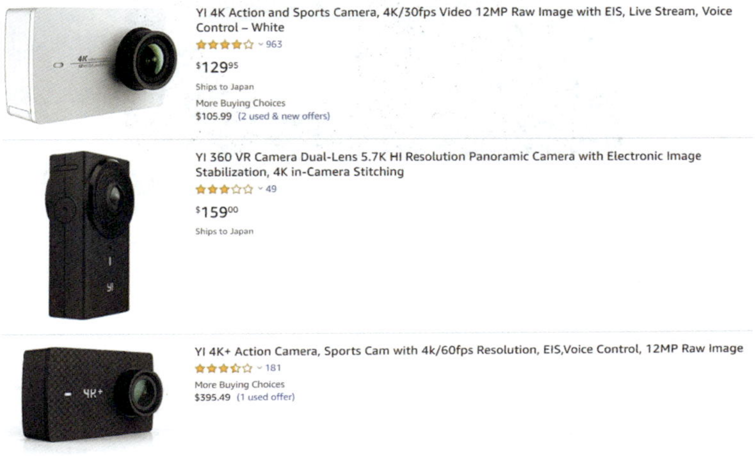

图11-23　运动相机垂直类目的“小蚁”(YI)品牌相关listing

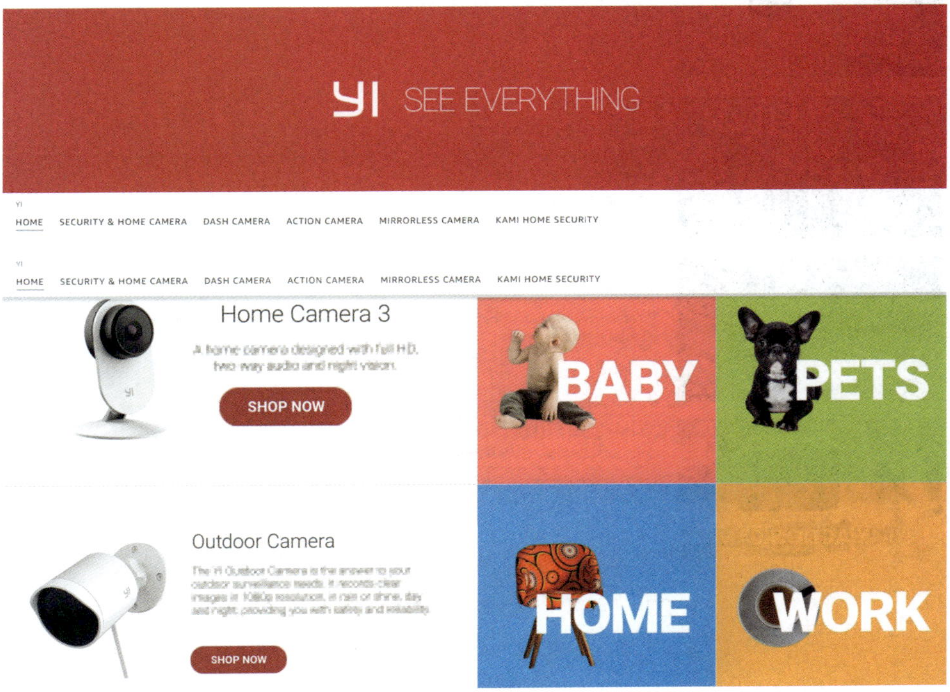

图11-24　“小蚁”的亚马逊美国站品牌店

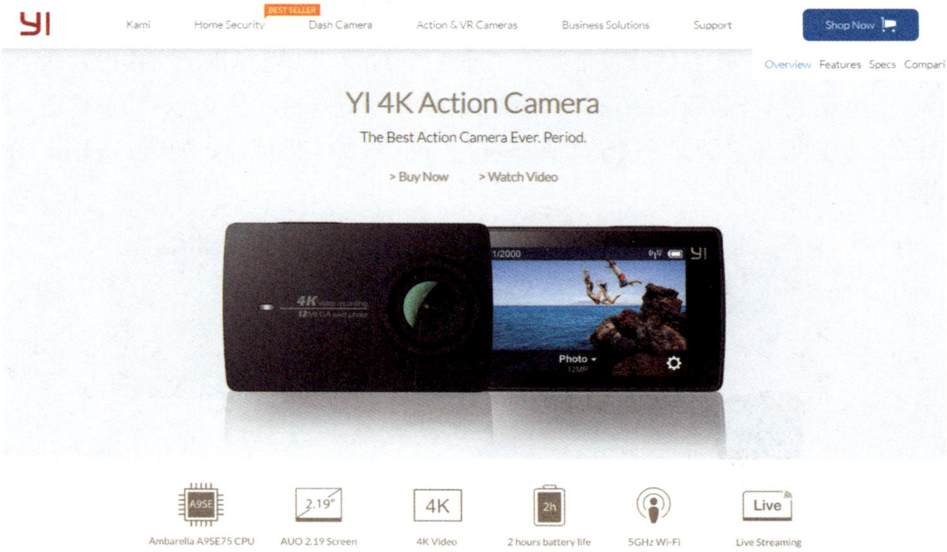

图11-25 “小蚁”的品牌独立站

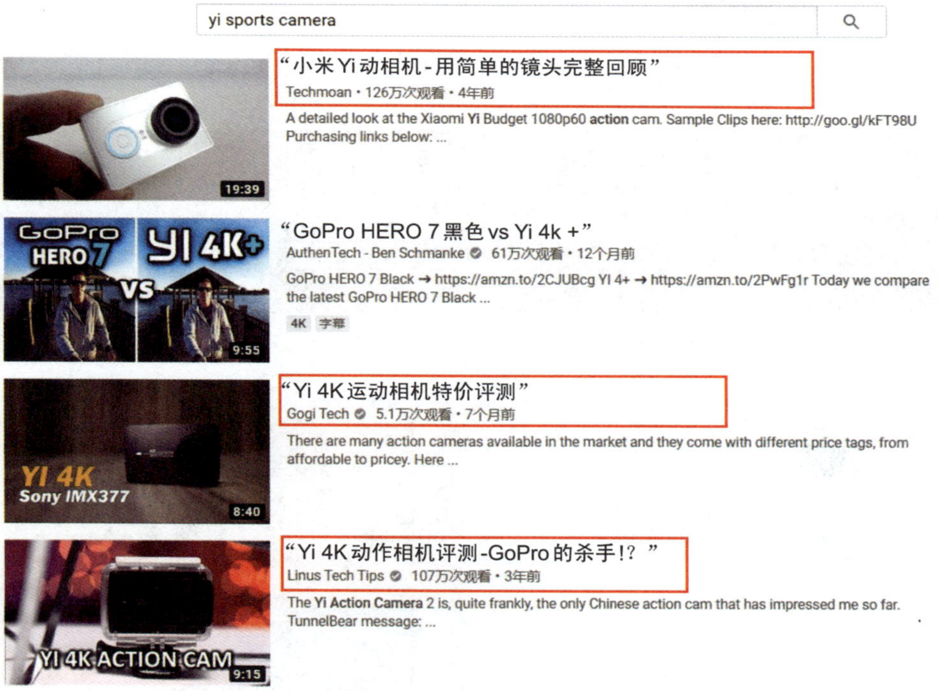

图11-26 “小蚁”在YouTube上的产品营销视频